weiblich – männlich
féminin – masculin

Schweizerische Gesellschaft für Wirtschafts-
und Sozialgeschichte

Société Suisse d'histoire économique et sociale

Band 13, 13. Jg. / Volume no 13, 13e année

Bisher erschienene Bände / Volumes antérieurs:

1 (1981)	Die Unternehmer / Le patronat
2 (1982)	Raumordnung der Wirtschaft / Organisation de l'espace économique
3 (1983)	Religiosität – Frömmigkeit / Religion populaire
4 (1984)	Das Gebirge: Wirtschaft und Gesellschaft / La montagne: économies et sociétés
5 (1986)	Strategien von Subsistenzökonomien / Stratégies des économies de subsistence
6 (1987)	Umwelt als Problem der Wirtschafts- und Geschichtswissenschaft / Histoire écologique
7 (1989)	Armut in der Schweiz / La pauvreté en Suisse
8 (1990)	Die Schweiz in der Weltwirtschaft / La Suisse dans l'economie mondiale
9 (1991)	Geselligkeit, Sozietäten und Vereine / Sociabilité et faits associatifs
10 (1992)	Die Bauern in der Geschichte der Schweiz / Les paysans dans l'histoire de la Suisse
11 (1993)	Frauen in der Stadt / Les femmes dans la ville
12 (1994)	Staatsfinanzierung und Sozialkonflikte (14.–20. Jh.) / Financement de l'Etat et conflits sociaux (14e–20e siècles)

Nr. 1, 5, 6, 7 = vergriffen / épuisés

Bestellungen / ordres Nr. 2–4
Prof. Dr. Hans-Jörg Gilomen, Historisches Seminar,
Karl Schmid-Strasse 4, CH-8006 Zürich

Rudolf Jaun, Brigitte Studer (Hg.)

weiblich – männlich
Geschlechterverhältnisse in der Schweiz: Rechtsprechung, Diskurs, Praktiken

féminin – masculin
Rapports sociaux de sexes en Suisse: législation, discours, pratiques

CHRONOS

Umschlag: Fritz Ritzmann
Umschlagbild: Pressebild zur Mobilisation im Herbst 1939 (RDB/ATP).
© 1995 Chronos Verlag, Zürich
ISBN 3-905311-81-X

Inhaltsverzeichnis / Table de matières

Geschlechterverhältnisse, Recht und Justiz –
Rapports sociaux de sexes, droit et justice

BRIGITTE STUDER
Kodifizierung, Rechtsbruch und Justizpraxis im Blickwinkel
der Geschlechterverhältnisse, 15.–19. Jahrhundert   11

SUSANNA BURGHARTZ
«Geschlecht» und «Kriminalität» – ein «fruchtbares» Verhältnis?   23

SIBYLLE MALAMUD
«Und von sölichs ir ere swarlich berürt». Frauen vor dem Zürcher
Ratsgericht im späten Mittelalter, 1450–1471   33

KATHARINA SIMON-MUSCHEID
Geschlecht, Identität und soziale Rolle. Weiblicher Transvestismus
vor Gericht, 15./16. Jahrhundert   45

ANNE-LISE HEAD-KÖNIG
Les femmes et la Justice matrimoniale dans les cantons suisses,
XVIIe–XIXe siècles. Crédibilité et protection de la femme
lors de contentieux matrimoniaux   59

LILIANE MOTTU-WEBER
L'«engagement des femmes mariées commerçantes» à Genève
sous l'Ancien Régime. Le procès de l'épouse Porte, ou comment
concilier «intérêt du commerce et sûreté des dots»   71

REGINA WECKER
Geschlechtsvormundschaft im Kanton Basel-Stadt. Zum Rechtsalltag
von Frauen – nicht nur im 19. Jahrhundert   87

ANNAMARIE RYTER
Ein Leben unter Geschlechtsvormundschaft. Anna Barbara Imhof aus
Wintersingen, 1840–1888   103

Geschlechterdiskurs und gesellschaftlicher Wandel
Le discours sur les rapports sociaux de sexes et le changement social

RUDOLF JAUN
Zur Akzentuierung der Geschlechtscharaktere in der Belle Epoque
der Schweiz   117

SABINA BRÄNDLI
«Männer müssen alle werden ...». Zum Funktionswandel
der moralischen Kritik im 19. Jahrhundert   129

LYNN BLATTMANN
Entgrenzungs- und Verbindungsrituale in schweizerischen
Studentenverbindungen, 1870–1914   145

MARIANNE RYCHNER UND KATHRIN DÄNIKER
Unter «Männern». Geschlechtliche Zuschreibungen in der Schweizer
Armee zwischen 1870 und 1914   159

MARTIN LENGWILER
Soldatische Automatismen und ständisches Offiziersbewusstsein.
Militär und Männlichkeit in der Schweiz um 1900   171

SIMONE CHIQUET
Viel Selbstbewusstsein – wenig Erfolg. Der Schweizerische
FHD-Verband, 1944–1948   185

EVA KLESLI
Education physique féminine entre 1900 et 1930   195

CHANTAL OSTORERO
Les rapports sociaux de sexes. Un élément constitutif de la modernité
de la pensée d'Auguste Forel? 205

PUENZIEUX DOMINIQUE UND RUCKSTUHL BRIGITTE
«Dem Schwachen ein Schutz, dem Laster ein Damm». Die Sorge
für «sittlich gefährdete» und «gefallene» junge Frauen: Ein Konzept
von Schutz und Kontrolle um die Jahrhundertwende 219

ANNA GOSSENREITER
Die Sterilisation in den 1920er und 1930er Jahren als Sozialpolitik und
medizinisches Mittel 231

Adressen der Autorinnen und Autoren / Adresses des auteures 245

Geschlechterverhältnisse, Recht und Justiz

Rapports sociaux de sexes, droit et justice

Brigitte Studer

Kodifizierung, Rechtsbruch und Justizpraxis im Blickwinkel der Geschlechterverhältnisse, 15.–19. Jahrhundert

Wie die meisten Allegorien ist Justitia weiblich. Doch das Verhältnis von Frauen und Recht ist ebenso ambivalent wie die Beziehung der Justiz zu ihrer Repräsentationsfigur. Dass sich aus dem dergestalt personifizierten Rechtswesen nicht auf eine Vormachtstellung der Frauen in diesem Bereich schliessen lässt, weiss man nämlich spätestens seit den Arbeiten von Maurice Agulhon zur republikanischen Imagerie und Symbolik.[1] Sei es, dass diese nicht immer zwingende Geschlechtswahl der Allegorie durch das grammatikalische Femininum bedingt gewesen sei, welches diesem wie anderen Abstracta anhaftet, oder dass es sich vielmehr dank der Polyfunktionalität der Frauenfigur erklären liesse, wie es Georg Kreis in bezug auf Helvetia formuliert.[2] In Anbetracht der konkreten Ausformungen des Rechts erscheint eines jedenfalls als gewiss: die Weiblichkeit der Repräsentationsfigur dient in erster Linie als Kompensationsmassnahme eines weithin generalisierbaren Machtgefälles zugunsten des männlichen Geschlechts. Was nicht heissen soll, dass Frauen stets jeglicher kodifizierten wie informellen Macht entbehren. Darum geht es nicht. Vielmehr geht es der Geschlechtergeschichte heute darum aufzuzeigen, inwiefern die Kategorie Geschlecht als konstitutives Element jeder sozialen Beziehung auch auf der Ebene des Rechts als Mittel zur Strukturierung und Legitimierung der realen wie der symbolischen Ordnungen dient.[3]

Die Aussagekraft dieses Konzepts soll an zwei engverwandten, doch nicht deckungsgleichen Bereichen aufgezeigt werden. Es handelt sich einerseits um die Rechtsformung, anderseits um den Rechtsbruch. Die Aufsätze dieser Sektion des hier vorliegenden Tagungsbandes sprechen sowohl die «Kodifizierungsgeschichte der Geschlechterdifferenz» (Dirk Blasius) wie die historische Kriminalitätsforschung an; wobei hiermit für die Schweiz relativ neue Forschungsgebiete betreten werden.

Der thematisch und chronologisch weitgespannte Bogen wird materiell von der Quellenart zusammengehalten, der den Beiträgen grossenteils zugrunde liegt:

Gerichtsakten im weitesten Sinne, wie Verhör- und Verhandlungsprotokolle, Anklage- oder Verteidigungsschriften, Kirchenratsregister, Bitt- und Forderungsschreiben. Es sind dies Überlieferungen, die von den Kontrollinstanzen Verwaltungs-, Polizei- und Justizorgane produziert wurden. Dennoch erlauben sie Einblicke nicht nur in die vorgegebene Ordnung der gerichtlichen und obrigkeitlichen bzw. staatlichen Instanzen, sondern auch in die oftmals andere Bedeutungshierarchie der Aussagen der vor Gericht Zitierten, der Angeklagten und Zeugen. Mehrere Welten treffen vor Gericht aufeinander.

Kriminologisch am augenfälligsten ist wohl der geringere Anteil des weiblichen Geschlechts an Delinquenz und Verbrechen. Es ist dies eine Konstante, die sich durch die Jahrhunderte zieht und auch heute noch ihre Gültigkeit hat. Epochenbedingte und konjunkturelle Schwankungen vermögen das Bild nicht grundsätzlich zu korrigieren. Auch regionale und prozessuale Varianten ergeben zwar nicht ganz unbedeutende Änderungen, doch Frauen bleiben durchgehend deutlich unterrepräsentiert. 1993 betrug ihr Anteil an allen Verurteilungen in der Schweiz 13,9%, an Gewaltdelikten 7%.[4] Natalie Zemon Davis nennt für die Zeit zwischen dem 13. und dem 18. Jahrhundert in Frankreich und England eine Variationsbreite der Anklagen gegen Frauen von 7–12% für Mord und Totschlag.[5] Dabei ist in Betracht zu ziehen, dass Kindstötung als späte Abtreibungsmassnahme im ausgehenden 20. Jahrhundert (zumindest in Westeuropa) von Ausnahmen abgesehen gänzlich verschwunden ist, während dieses Vergehen je nach juristischer Handhabung in früheren Zeiten einen bedeutenden Einfluss auf die weibliche Kriminalitätsrate ausüben konnte.[6] Nun sind bekanntlich statistische Langzeitdaten äusserst fragwürdig, zumal wenn man sich ins vor- und protostatistische Zeitalter begibt. Als unsicher erweist sich neben der Unvollständigkeit der Reihen besonders die Definition der Vergehen und somit die Vergleichbarkeit ihrer Anteile. Ab wann und in welchen Fällen gilt Totschlag z. B. als staatlich zu ahndendes Verbrechen und nicht mehr als legitimer Akt zur Wiederherstellung der Ehre?[7] Ebenso wäre zu prüfen, ob gestiegene Zahlen auf eine Zunahme der Kriminalität oder schlicht auf deren dichtere Erfassung rückschliessen lassen. Schliesslich gilt es, die Änderung der sozioökonomischen Bedingungen zu berücksichtigen, die in bestimmten Momenten zu einem Anwachsen gewisser Vergehen führen können. So lässt sich die Steigerung der «social crimes» (Eric Hobsbawm, E. P. Thompson) – Eigentumsdelikte, wie Obstdiebstahl, Feldfrevel, Beschaffung von lebenswichtigem Holz – in der ersten Hälfte des 19. Jahrhunderts zum Teil mit dem gestiegenen wirtschaftlichen Druck auf die Unterschichten erklären.[8] Zum Zwang der Existenzsicherung mag sich aber in vielen Fällen ein weiteres Motiv gesellt haben: der mehr oder weniger bewusste Widerstand gegen neue Herrschaftsverhältnisse, die den Lebenszusammenhang der einfachen Bevölkerung nachteilig veränderten. Durch die Brille der «Gleichzeitigkeit des Ungleichzeitigen» können sie schliesslich als Zeichen des Fortbestands einer älteren Lebenswelt gelesen werden, wo mancher Tätigkeit eine hohe symbolische Funktion innewohnte. Neue Eigentumsverhältnisse und neue soziale Codes verhinderten und kriminalisierten aber die zur Realisierung des grösseren Sinnzusammenhalts notwendigen Handlungen. In politischen Krisenzeiten konnten sich daher diese für die psychische Konstruktion des Individuums eminent wichtigen, doch unterdrückten Verhaltensweisen eruptiv Bahn brechen, wie Regina Schulte exemplarisch anhand der Wilderei in einem bayrischen Dorf gezeigt hat.[9]

Die eben skizzierten Fragestellungen geben verkürzt auch wichtige Etappen der Entwicklung der Zugangsweisen zur historischen Kriminalitätsforschung der letzten zwei Jahrzehnte wider.[10] Von der Perzeption der Unterschichten vornehmlich als Opfer sozioökonomischer Verhältnisse hat sich die Betrachtung zur Wahrnehmung der Widerspenstigkeit des «Volks» gegen soziale Disziplinierungsmassnahmen verschoben. Anders ausgedrückt, haben sozialwissenschaftliche Erklärungsansätze einen Beitrag zum Verständnis unterschiedlicher Normensysteme und der sozialen Bedingungen kriminellen Handelns geliefert. Nun richtet sich der Blick vermehrt auf das innere Gefüge von Gesellschaften.[11] Justiz erscheint nicht mehr nur oder vornehmlich als Waffe der Obrigkeit zur Durchsetzung der von ihr definierten Normen, zur Verfolgung von Randgruppen und zur Sicherung ihrer Macht, Justiz wird neuerdings auch unter der Perspektive ihrer Nutzung von unten betrachtet.[12] Sie kann somit als eine Ausdrucksform des Sozialen gelesen werden. Vor allem für das Spätmittelalter und die frühe Neuzeit, wo die sich erst entwickelnde Staatlichkeit im Vergleich zur Moderne noch breiteren Raum für abweichende Verhaltensstandards liess, führt diese Betrachtungsweise zu interessanten neuen Einsichten. Zum einen bietet sie einen Schlüssel zur Erforschung spezifischer Lebenswelten, zum andern ermöglicht sie die Überwindung eines zu einfachen Modells von Herrschaft, wo sich nur oben und unten gegenüberstehen. Unter dem Einfluss von Michel Foucault, im Zuge der Mikrohistorie und der historischen Anthropologie, wird Justiz solchermassen zum diskursiven Feld, wo gesellschaftliche Normen Gegenstand von «social bargaining» sind. Die Justiz – die Gerichte, die Polizei und andere Institutionen sowie ein juridisches Regelwerk – erscheint somit auch als obrigkeitliches Angebot zur Regelung sozialer

Konflikte. Auf diesem Kampffeld stehen sich diverse, wiewohl oft ungleiche Partner gegenüber; neben der Herrschaft wird es von den Klägern und Klägerinnen und den Angeklagten genutzt. Insofern Gerichte Orte gesellschaftlicher Auseinandersetzungen sind, wo sozial relevantes Verhalten definiert wird, ist der Zugang zu ihnen eminent wichtig. Er bestimmt nämlich den Zutritt zu einer bestimmten Form von Öffentlichkeit. Er bedeutet die Chance, sich Gehör zu verschaffen, und erweist sich somit als eine Machtfrage.

Diese Betrachtungsweise öffnet zahlreiche Fenster auf die Geschlechterverhältnisse. Denn nicht nur die Häufigkeit und die Art der Verbrechen, auch die Konfliktmuster und die Konfliktrituale unterscheiden sich deutlich geschlechtsspezifisch. Werden die Gerichte als Orte gesehen, wo soziale Konflikte beigelegt werden, ist zu fragen, welche Codes die Justiz wo regelt – vor allem männliche oder eher weibliche und vor welcher gerichtlichen Instanz? *Susanna Burghartz*, die andernorts der Frage nachgegangen ist, warum weibliche Konfliktformen selten vor Gericht verhandelt wurden,[13] zeichnet in ihrem Beitrag zu diesem Band ein Forschungsprogramm, das mit der Berücksichtigung der Kategorie Geschlecht Ernst macht, und weist auf eine Reihe möglicher Erkenntnisse hin. Sie konstatiert, dass die Potentialitäten der Kategorie Geschlecht trotz gegenteiliger Behauptungen von der historischen Kriminalitätsforschung noch kaum ausgelotet worden sind. Anhand eines wissenschaftsgeschichtlichen Überblicks zeigt die Autorin auf, wie schwer die Kriminologie in ihrer Konzeption der Geschlechterdifferenz – in diesem anderen Wissenszweigen gleich – an der Erbschaft des 19. Jahrhunderts trägt, als das methodisch-theoretische Instrumentarium fast aller Disziplinen ausgearbeitet wurde.[14] Der Hang, Geschlecht zu «naturalisieren», d. h. jeweilige Geschlechtseigenschaften der «Natur der Frau» zuzuschreiben, ihrem Wesen oder ihrem Körper, lässt sich sogar in die jüngste Zeit verfolgen. Bis vor kurzem erlebten solche Ansätze über die Soziobiologie, in der Verhaltensweisen auf Erbanlagen zurückgeführt werden, erneuten Auftrieb. Indessen lassen auch Zugangsweisen mittels der Sozialisationstheorie oder der These informeller Sozialkontrollen die Frage aus, inwiefern die Konstruktion von Kriminalität mit der Konstruktion von Geschlecht, und zwar für Frauen wie für Männer, verknüpft ist. Kriminelles, normabweichendes Verhalten ist daher immer im Zusammenhang mit der jeweils geltenden Definition von «Weiblichkeit» bzw. von «Männlichkeit» zu sehen, deren Grenzziehung stets neu ausgehandelt wird – auch vor Gericht.

Sybille Malamud erörtert in ihrem Beitrag die Frage nach der geschlechtsspezifischen Nutzung des Machtfeldes Justiz anhand der Protokolle des Zürcher Ratsgerichts von 1450 bis 1471. Diese Rechtsinstanz behandelte vor allem leichtere Vergehen, die nur Bussen, nicht aber körperliche Strafen oder die Todesstrafe nach sich zogen. Die von der Autorin vorgenommene prosopographische Erhebung zeigt, dass die Mehrzahl der Klägerinnen und Angeklagten keineswegs den sozial Desintegrierten, Marginalen, Armen oder Unverheirateten zugerechnet werden können; sie kommt mithin zu einem anderen Ergebnis als z. B. Nicole Castan in bezug auf das Delikt des Kindsmordes, wo die Verurteilung vor allem Frauen traf, die ohne den Schutz einer Familie waren.[15] Das aus den Zürcher Quellen abzulesende Sozialprofil lässt sich mit dem Inhalt der Konflikte erklären: die Mehrzahl der Fälle drehte sich um Ehrenhändel, die sich in der Nachbarschaft abspielten. Die Art der Konfliktaustragung erweist sich deutlich als geschlechtsspezifisch. Während bei Frauen Verbalinjurien im Vordergrund standen, wurden Auseinandersetzungen bei Männern in erster Linie über Gewaltrituale geregelt. Auch der Bezugspunkt der Ehre ist je nach Geschlecht unterschiedlich. Bei Frauen richtet er sich strikt auf das Familiäre und da besonders auf die Sexualität und die Mutterschaft; nur in diesen Bereichen sind Frauen zur Wahrung ihrer Ehre verpflichtet.

Diese enge Umzäunung ihrer Pflichten verschaffte ihnen in anderen Bereichen grössere Freiräume. So konnten Frauen, die in männliche Domänen der Kriminalität einbrachen, in der Praxis meist mit milderen Strafen rechnen als Männer, welche die gleichen, aber eben männlich konnotierten Delikte begingen. Anderseits provozierte die Gewaltanwendung seitens von Frauen im häuslichen Umfeld eine besonders starke Missbilligung, da sie die grundlegenden Werte der Familie gefährdete. Derartige soziale und symbolische Trennlinien zwischen den Geschlechtern waren im frühneuzeitlichen Europa noch stärker funktional als räumlich bestimmt.[16] So gehörte die Strasse im Ancien régime durchaus zu den weiblichen Territorien. Sie war Teil der Öffentlichkeit von Frauen, wo sich viele ihrer Arbeitsbeziehungen abspielten, wo sie lokale Ordnungsaufgaben wahrnahmen und wo sie gegebenenfalls rebellierten. Dabei war ein Mass an Gewalttätigkeit von Frauen, das die heutigen Toleranzschranken gegenüber weiblichem Verhalten weit überschreiten würde, gang und gäbe.[17] Die dennoch vorhandenen Grenzziehungen zwischen den jedem Geschlecht zugeschriebenen Handlungsradien und Verhaltensweisen scheinen aber erst mit dem Beginn der frühen Neuzeit zunehmend direkt an die Geschlechtsidentität gebunden worden zu sein.

In der vorindustriellen Gesellschaft war es zu einem guten Teil noch die Kleidung, welche die Geschlechtszugehörigkeit und den Stand signalisierte. Dieses Faktum nimmt *Katharina Simon-Muscheid* als Ausgangspunkt ihrer Überlegungen zum weiblichen Transvestismus und zu seiner verstärkten Wahrnehmung wie gerichtlichen Repression nach dem Ausklang des Mittelalters. Im 16. Jahrhundert begann man die mit dem Kleidertausch verbundene Verwischung der Geschlechtergrenzen bei Frauen zu verurteilen. Im Zuge neuer medizinischer Fragestellungen wie allgemeiner gesellschaftlicher Veränderungen wuchs offenbar das Bedürfnis nach einer eindeutigen Definition der Geschlechterrollen und der Geschlechtsidentität. Die falschen Zeichen wirkten störend. Doch bis weit ins 17. und 18. Jahrhundert machten Frauen, aber auch Männer, von den Möglichkeiten des Rollentauschs Gebrauch. Der damit einhergehende Sinn war indessen nicht für beide Geschlechter derselbe. Während er bei Frauen praktische und symbolische Bedeutung zugleich hatte, da er ihnen Verhaltensweisen erlaubte, die nicht der weiblichen Geschlechtsrolle entsprachen, und ihnen ausserdem einen höheren sozialen Status gewährte, hofften Männer vor allem auf eine mildere Bestrafung bei verbrecherischen Taten.[18]

Der säkulare Prozess, im Laufe dessen die kulturellen Leitbilder von Weiblichkeit und Männlichkeit mit dem biologischen Geschlecht tatsächlich in Einklang kamen, scheint erst in der bürgerlichen Gesellschaft seine vollkommene Ausformung gefunden zu haben. Vorstellungen weiblicher Schwäche und Schutzbedürftigkeit standen dennoch den meisten Rechtsnormen vom 15. bis zum 19. Jahrhundert Pate. Der zugestandene Schutz war indessen in strikte hierarchische Verhältnisse eingebettet, nämlich ständische und patriarchalische, deren innere Ordnung im Zuge des sozialen und ökonomischen Wandels von der mittelalterlichen Agrargesellschaft zur modernen Industriegesellschaft grundlegenden Änderungen unterzogen wurde. Dabei ist es unter dem Blickwinkel der Geschlechterverhältnisse besonders augenscheinlich, dass die mit dieser epochalen Transformation einhergehende wachsende Verrechtlichung zwischenmenschlicher Beziehungen keineswegs linear in Richtung gleicher individueller Rechte verlief. Verdeutlichen lässt sich dies am Beispiel der Ehegerichtsbarkeit, die allmählich an die Stelle der sich verdünnenden sozialen Kontrolle trat, um renitente Väter zur Heirat zu zwingen. Anstelle des Brauchtums, wonach voreheliche sexuelle Beziehungen zumindest bei eintretender Schwangerschaft eine Verehelichungspflicht nach sich zogen, wurden Frauen und Kinder in die Illegitimität abgedrängt. Eine Entwicklung, die in dem 1804 eingeführten Code Napoléon kulminierte, der jegliche Paternitätssuche untersagte. Dieses das europäische Privatrecht des 19. Jahrhunderts revolutionierende Gesetzeswerk entfaltete auch in einigen Schweizer Kantonen seine Wirkung auf das Ehe- und Scheidungsrecht.[19] Es galt damals als modernste Kodifikation, die das Gleichheitsprinzip mit ganzer Entschiedenheit verwirklichte, indem sie jegliches Stände- und Sonderrecht abschaffte. Dass man diesen Grundsatz auf der Ebene der Geschlechter aussparte, wurde von der Historiographie bis vor kurzem kaum thematisiert. Erst Beatrix Mesmer hat sich vor einiger Zeit grundsätzliche Gedanken zu dieser «Inkonsequenz des Liberalismus» auch im Zivilrechtlichen gemacht.[20] Es waren in erster Linie wirtschaftliche Beweggründe, die den Bruch mit verschiedenen Rechtsgrundlagen des modernen Staatsdenkens wie individuelle Handlungsfähigkeit, Rechtseinheit und Rechtssicherheit motivierten. Die Bewahrung der herkömmlichen Verfügungsgewalt des Hausvaters bzw. des Ehemanns über das Familienvermögen zum Zweck der Kapital- und Erbschaftssicherung mochte zwar in gewissen Fällen mit anderen Prinzipien kollidieren, wie schon in der Zeit der Aufklärung ideell und praktisch erkannt wurde. Dennoch blieben solch partikularistische Interessen bis ins 20. Jahrhundert hinein gesetzesmächtig.

Der Frage, welche Möglichkeiten Frauen offenstanden, um Heiratsversprechen und Vaterschaftspflichten gerichtlich einzuklagen, geht *Anne-Lise Head-König* in ihrem vergleichenden Überblick von der nachreformatorischen Zeit bis zur revidierten Bundesverfassung von 1874 nach, die erstmals das individuelle Recht auf freie Eheschliessung garantierte. Es zeigt sich, dass die Lage kantonal höchst unterschiedlich war, zumal in der Schweiz zu den konfessionellen und ländlich-städtischen noch ausgeprägte regionale Differenzen traten. Wenn in der Mehrzahl der Kantone ab dem 17. Jahrhundert Frauen als Zeuginnen auftreten durften – obwohl ihre Aussagefähigkeit vielerorts mit erschwerenden Konditionen behaftet war –, so ist anderseits zu konstatieren, dass sich in den katholischen Orten die Heiratschancen einer Frau nach dem Tridentinum drastisch schmälerten, da dem Beischlaf keine Rechtswirkung als Eheversprechen mehr zugeschrieben wurde. In den protestantischen Kantonen fand dieselbe Entwicklung leicht zeitverschoben statt. Es kommen indessen örtlich noch zahlreiche andere Wirkungsfaktoren ins Spiel. Eherechtliche Bestimmungen dienten zunehmend auch politischen Steuerungsimperativen; so wurde ihnen über die Disziplinierung der Unterschichten teils der Zweck der gesellschaftlichen Moralisierung zugeschoben, teils derjenige der Schonung der kommunalen Armenpflegekassen. Je nachdem setzte man mannigfaltige Heiratsbeschränkungen ein, um die Nuptialität potentiell armengenössiger Gemeindebewohner möglichst tief zu halten; in selteneren Fällen bemühte man sich im Gegenteil, heiratsunwillige Männer zur Eheschliessung anzuhalten, um «öffentliche Unordnung» zu vermeiden. In der ersten Hälfte des 19. Jahrhunderts, als die gesamtschweizerische Illegitimitätsquote im Zuge einer gesteigerten räumlichen Mobilität ihren Höhepunkt erreichte, hatte sich das Bild schliesslich zu einem interkantonal extrem vielfältigen Mosaik der Rechtszersplitterung diversifiziert.[21]

Einen aufschlussreichen Fall des Zusammenpralls zweier Rechtssätze, der Rechtssicherheit im Handelsverkehr und der Sicherung der von der Frau in die Ehe gebrachten Güter, schildert *Liliane Mottu-Weber*. Der Prozess der Kauffrau Judith Porte, geborene de Choudens, 1761/62 gegen ihre Gläubiger hätte beinahe eine grundlegende Änderung des Genfer Zivilrechts zur Folge gehabt. Doch die rund 1000 Bürger, die im Generalrat Einsitz hatten, votierten schliesslich gegen die Gesetzesänderung. Welches war die rechtliche Stellung einer verheirateten Geschäftsfrau? Inwieweit war sie für ihre Schulden haftbar? Welches war ihre Handlungsfähigkeit? Das dem römischen Recht nachempfundene Ziviledikt der Rhonestadt von 1568 sah einen weitgehenden Schutz des Frauenguts vor, das durch Gütertrennung aus der ehelichen Schuldmasse ausgegliedert werden durfte.[22] Demgegenüber forderten die Gläubiger, dass die Kauffrau ihren Zahlungspflichten nachzukommen habe, da ansonsten die Glaubwürdigkeit handeltreibender verheirateter Frauen auf dem Spiel stehe. Sie rechtfertigten ihr Anliegen mit dem Argument, die Ehefrau Porte sei einer «öffentlichen Händlerin» («marchande publique») gleichzusetzen, die in ihrem eigenen Namen und nicht im Auftrag ihres Gatten geschäftlich tätig sei. Obwohl die Gläubiger vor Gericht zuerst Recht erhielten und der Genfer Generalrat eine Gesetzesänderung ausarbeitete, die diesem Entschluss Rechnung trug, war die Mehrheit schliesslich der Meinung, das Geschäftsinteresse rechtfertige keinesfalls die Aufgabe der «Ruhe und des Vermögens der Familie». Und noch weniger, dass der Arbeitsertrag der Ehefrau nicht mehr dem Ehemann gehören sollte.

Auch die 1848 realisierte einheitliche Verfasstheit des Schweizer Bundesstaates behielt für Frauen partikularistische Rechte bei, wie *Regina Wecker* darlegt. Insbesondere das Institut der Geschlechtsvormundschaft tangierte die eben erst entstehende Sicherheit des Handelsverkehrs. Trotzdem sollte es bis 1881 dauern, bis es gesamtschweizerisch aufgehoben wurde. Im Kanton Basel-Stadt war dies wenig zuvor, 1876, geschehen. Doch stand, wie die Autorin argumentiert, hinter diesem Entschluss nicht die Berücksichtigung weiblicher Gleichheitsansprüche.

Es waren vielmehr praktische Gründe, die diesen Schritt bewirkt hatten. Zuerst meldeten sich zahlreiche organisatorische Schwierigkeiten bei der Durchsetzung der Geschlechtsvormundschaft, da nicht der Wohn-, sondern der Bürgerrechtskanton bestimmend war, ob und in welcher Form eine Frau dieser Massnahme unterstellt wurde. Um nicht in seiner Rechtssicherheit getroffen zu werden, hätte also der Geschäftspartner einer Frau umständlich prüfen müssen, welchen Bestimmungen sie unterstellt war, bevor er mit ihr Geschäftsbeziehungen aufnahm. Ursprünglich diente diese die Frauen als Minderjährige behandelnde Einrichtung der generationenübergreifenden Vermögenswahrung, dem Schutz der Armenkassen und dem Erhalt des Kapitals in Basel. Mit wachsender Beteiligungsmöglichkeit anderer sozialer Schichten als nur der alteingesessenen Familien an den politischen Entscheiden, für welche nicht mehr solch längerfristige Interessen im Vordergrund standen, verlor zudem die Geschlechtsvormundschaft unehelicher Frauen an ökonomischer Bedeutung. Anders verhielt es sich mit der ehelichen Vormundschaft. Auch das allseits wegen der freien Wahl des Güterstands und des Sonderguts der Ehefrau als fortschrittlich gelobte Schweizerische Zivilgesetzbuch von 1912[23] sicherte dem Gatten zwei Drittel des in der Ehe erwirtschafteten Vermögens.
Ein Beispiel, wie sich die Geschlechtsvormundschaft auf unverheiratete (ledige, geschiedene oder verwitwete) Frauen in der Praxis auswirkte, bringt *Annamarie Ryter* in ihrem Beitrag. Der vermöglichen Köchin Anna Barbara Imhof aus Wintersingen im Kanton Baselland gelang es trotz wiederholter Rekurse an den Regierungsrat nicht, über ihr ererbtes Geld zu verfügen. Sie hätte ohne Einwilligung des Vormunds auch keinen Vertrag abschliessen oder vor Gericht auftreten dürfen. Sogar als der Kanton diese gesetzliche Institution 1879 aufhob, sollte sie auf Antrag ihres Schwagers, der sich somit einer eventuellen, wenngleich unwahrscheinlichen Unterstützungspflicht entziehen wollte, weiterhin unter Bevormundung bleiben, was sie dank einem Einspruch verhindern konnte. Es waren demnach handfeste materielle Interessen, welche die Fortdauer der schon im Mittelalter bekannten Praxis – allerdings eher in Form einer Beistandsschaft – im Kanton begünstigten und sie im 19. Jahrhundert (im Gegensatz zu Deutschland) eher noch verstärkten. Zur bäuerlich-konservativen Haltung der Gemeindebehörden gesellte sich der ihnen 1853 gesetzlich garantierte Zugriff auf das Vermögen aller nicht verheirateten Ortsbürgerinnen. Ausserdem wurde die Geschlechtsvormundschaft vor allem bei kleineren Vermögen als patentes Mittel der Armenpolitik eingesetzt; bei Verarmung griff die dörfliche Verwaltung auf die Zwangsersparnisse zurück.

Der abschliessenden Bemerkung der Autorin, es bestünden auf dem Gebiet der Rechtsgeschichte noch unzählige Forschungslücken, kann nur beigepflichtet werden. Fest steht beim jetzigen Wissensstand aber, dass das Bild einer im 19. Jahrhundert dem Gleichheitspostulat durch und durch entsprechenden demokratischen Schweiz aus Frauensicht revisionsbedürftig geworden ist. Unter dem Blickwinkel der Geschlechterverhältnisse erscheinen nun deutlich die Grenzen des aus dem Zeitalter der Aufklärung datierenden universalen Geltungsanspruches der bürgerlichen Rechtsgleichheit. Was an seine Stelle treten soll, ist noch ungewiss. Ist das Gleichheitspostulat zu verabschieden? Wohl kaum. Die Geschichtsschreibung, würde ich meinen, leistet aber schon dadurch ihren Beitrag zu aktuellen Gesellschaftsfragen, indem sie das historisch Gewordene wie das von der geschichtlichen Entwicklung Ignorierte unserer Begrifflichkeit und unserer Denkkategorien aufzeigt.

Anmerkungen

1 Maurice Agulhon, *Marianne au combat. L'imagerie et la symbolique républicaines de 1789 à 1880*, Paris 1979; Ders., *Marianne au pouvoir. L'imagerie et la symbolique républicaines de 1880 à 1914*, Paris 1989.
2 Georg Kreis, *Helvetia im Wandel der Zeiten. Die Geschichte einer nationalen Repräsentationsfigur*, Zürich 1991, 70.
3 Konzeptuell grundlegend dazu: Joan W. Scott, «Gender. A Useful Category of Historical Analysis», *The American Historical Review* 91 (1986), 5, 1053–1075.
4 Auskunft des Bundesamts für Statistik, 17. Juli 1995. Genau genommen bezieht sich die zweite Angabe auf 1990; die Zahlenverhältnisse sind jedoch seit den 50er Jahren, d. h. seitdem für die Schweiz statistisch verlässliche Aussagen gemacht werden können, stabil.
5 *Der Kopf in der Schlinge. Gnadengesuche und ihre Erzähler*, Berlin 1988, 100.
6 Siehe u. a. Richard van Dülmen, *Frauen vor Gericht. Kindsmord in der Frühen Neuzeit*, Frankfurt a. M. 1991. Der Autor vertritt im übrigen die Meinung, dass der Anteil von wegen schwerer Verbrechen verurteilter Frauen in manchen deutschen Städten nicht gering war.
7 Vgl. Claude Gauvard, «L'homicide est-il un crime? Honneur et violence en France aux XIVe et XVe siècles», *Traverse* (1995) 1, 59–69.
8 Siehe insbesondere Dirk Blasius, *Bürgerliche Gesellschaft und Kriminalität. Zur Sozialgeschichte Preussens im Vormärz*, Göttingen 1976.
9 *Das Dorf im Verhör. Brandstifter, Kindsmörderinnen und Wilderer vor den Schranken des bürgerlichen Gerichts. Oberbayern 1848–1910*, Reinbek bei Hamburg 1989.
10 Siehe u. a. die Forschungsberichte von Dirk Blasius, «Kriminologie und Geschichtswissenschaft. Bilanz und Perspektiven interdisziplinärer Forschung», *Geschichte und Gesellschaft* 14 (1988), 136–149 und Gerd Schwerhoff, «Devianz in der alteuropäischen Gesell-

schaft. Umrisse einer historischen Kriminalitätsforschung», *Zeitschrift für historische Forschung* 19 (1992), 388–414.
11 Vgl. dazu u. a. Heinz Reif (Hg.), *Räuber, Volk und Obrigkeit. Studien zur Geschichte der Kriminalität in Deutschland seit dem 18. Jahrhundert*, Frankfurt a. M. 1984.
12 Grundlegend: Arlette Farge, Michel Foucault (Hg.), *Le désordre des familles. Lettres de cachet des Archives de la Bastille*, Paris 1982. Zur Rezeption im deutschen Forschungszusammenhang: Andreas Blauert, Gerd Schwerhoff (Hg.), *Mit den Waffen der Justiz. Zur Kriminalitätsgeschichte des späten Mittelalters und der Frühen Neuzeit*, Frankfurt a. M. 1993 und darin insbesondere Martin Dinges, «Michel Foucault, Justizphantasien und die Macht», 189–212.
13 «Kein Ort für Frauen? Städtische Gerichte im Spätmittelalter», in: Bea Lundt (Hg.), *Auf der Suche nach der Frau im Mittelalter*, München 1991, 49–64.
14 Zur Dauerhaftigkeit wissenschaftlicher Prämissen des letzten Jahrhunderts in diversen Gebieten der Historiographie inklusive der Geschlechtergeschichte siehe auch Brigitte Studer, «Das Geschlechterverhältnis in der Geschichtsschreibung und in der Geschichte des 19. und 20. Jahrhunderts», *Feministische Studien* (1989) 1, 97–121.
15 Nicole Castan, «Criminelle», in: Georges Duby, Michelle Perrot (Hg.), *Histoire des femmes en Occident, III, XVIe–XVIIIe siècles*, Paris 1991, 469–480, hier 475–476. Siehe auch Dies., «La criminalité dans le ressort du Parlement de Toulouse, 1630–1730», in: *Crimes et criminalité en France sous l'Ancien Régime, 17e/18e siècles* (Cahiers des Annales 33), Paris 1971, 91–107.
16 Uschi Bender-Wittmann et al., «Grenzüberschreitungen: Frauen in Männerkleidung als Widerlegung der Alltagstheorie der Zweigeschlechtlichkeit», in: Mireille Othenin-Girard et al. (Hg.), *Frauen und Öffentlichkeit. Beiträge der 6. Schweizerischen Historikerinnentagung*, Zürich 1991, 99–114.
17 Als Beispiele unter den zahlreichen Arbeiten zur weiblichen Beteiligung an Volksaufständen, Brotkrawallen, Strassenaufruhren und Bauernrevolten bis ins 19. Jahrhundert: Arlette Farge, «Evidente émeutière», in: Georges Duby, Michelle Perrot (Hg.), *Histoire des femmes en Occident, III, XVIe–XVIIIe siècles*, Paris 1991, 481–496; Michelle Perrot, «La femme populaire rebelle», in: Christiane Dufrancatel et al. (Hg.), *L'histoire sans qualités. Essais*, Paris 1979, 123–156.
18 Für diese Unterscheidung siehe Natalie Zemon Davis, «Women on Top», in: Dies., *Society and Culture in Early Modern France. Eight Essays,* Stanford 1975, 124–151.
19 Es waren dies vor allem Westschweizer Kantone. Andere Kodifikationen inspirierten sich an der österreichischen, die an Zürich angrenzenden Kantone an der zürcherischen Gesetzgebung.
20 *Ausgeklammert – eingeklammert. Frauen und Frauenorganisationen in der Schweiz des 19. Jahrhunderts*, Basel, Frankfurt a. M. 1988, insbesondere 30–37.
21 Zum Problem der Illegitimität am Beispiel des Kantons Zürich siehe neuerdings auch Eva Sutter, *«Ein Act des Leichtsinns und der Sünde». Illegitimität im Kanton Zürich: Recht, Moral und Lebensrealität (1800–1860)*, Zürich 1995.
22 Zum ehelichen Güterrecht in den Westschweizer Kantonen zwischen dem 13. und 16. Jahrhundert in vergleichender Sicht siehe Marie-Ange Valazza Tricarico, *Le régime des biens entre époux dans les pays romands au Moyen Age. Comparaison des droits vaudois, genevois, fribourgeois et neuchâtelois (XIIIe–XVIe siècle)*, Lausanne 1994.
23 Siehe z. B. Bund schweizerischer Frauenvereine (Hg.), *Das neue Zivilgesetzbuch und die Schweizerfrauen. Eine Wegleitung*, Bern 1912, 3–5.

SUSANNA BURGHARTZ

«Geschlecht» und «Kriminalität» – ein «fruchtbares» Verhältnis?

Geschlecht als analytische Kategorie[1] und Kriminalität scheinen in der neueren historischen Forschung kaum in ein methodisch-theoretisches Verhältnis zueinandergesetzt zu werden;[2] jedenfalls hinterlässt die Lektüre einschlägiger Fachzeitschriften diesen Eindruck. Im folgenden möchte ich einige Beobachtungen, Anmerkungen und Überlegungen zu diesem Verhältnis vortragen, ohne einen systematischen Anspruch zu erheben.[3]

Kriminologie

Bisher scheint die Kategorie Geschlecht als analytische Kategorie in der Theoriebildung für die Kriminologie und ebenso für die historische Kriminalitätsforschung weitgehend inexistent zu sein.[4] Dieser Befund erstaunt zunächst, weil Geschlecht dasjenige Merkmal ist, das – auch historisch – am leichtesten zu fassen ist. Sehen wir uns aber die Geschichte der Kriminologie an, so wird dieser Befund verständlicher. Wenn in dieser Geschichte Geschlecht überhaupt als Kategorie ins Blickfeld kam, dann unter dem Stichwort Frauenkriminalität, eine Abweichung, die erklärt werden musste. Frauenkriminalität wurde als Sonderfall behandelt, für den Erklärungen bevorzugt im Wesen bzw. in der Biologie «der Frau» zu finden waren und bisweilen immer noch sind. Die Feststellung, dass die «allgemeine» Kriminalitätsrate von Frauen in allen Gesellschaften wesentlich geringer ist als diejenige der Männer, auch wenn mit zirka 3–20% erhebliche Schwankungen auftreten, hat die Kriminalität von Frauen zu einem bevorzugten Thema kriminalbiologischer und kriminalanthropologischer Theoretiker gemacht.[5] Gemessen an den Männern, wurden und werden Frauen auch im Bereich der Kriminalität zu defizitären Wesen. Immer wieder wird die geringere Kriminalitätsrate von Frauen darauf zurückgeführt, dass sie physisch schwächer und psychisch passiver seien als Männer. Mit Hilfe des von Paul Möbius konstatierten «physiologischen Schwachsinn des Weibes» wurde Ende des 19. Jahrhunderts die niedrige Frauenkriminalität erklärt. In ihrer klassischen Studie «Das Weib als Verbrecherin und Prostituierte» von 1894 kamen Cesare Lombroso und Guglielmo Ferrero zum Ergebnis, dass die weibliche Form des Verbrechens die Prostitution sei. Immer wieder wurden auch Menstruation, Schwangerschaft und Menopause als Ursachen weiblicher Delinquenz behauptet. Otto Pollak betonte 1950 den «hidden character» der weiblichen Kriminalität. Danach löste sich das Problem der geringeren Frauenkriminalität durch die angeblich viel höhere Dunkelziffer der von Frauen begangenen Verbrechen; die «maskierte Kriminalität» der Frauen brachte er mit anderen «Heimlichkeiten» der Frauen, wie Menstruation und vorgetäuschter Orgasmus, in Zusammenhang. Verbreitet ist auch die Annahme, Frauen seien besonders häufig die eigentlichen Anstifterinnen von Verbrechen, ohne sie aber selbst auszuführen. Die Entbiologisierung der kriminologischen Erklärungsansätze und ihre Soziologisierung (z. B. im «labeling-approach»)[6] hat bemerkenswerterweise nicht zu einem Einbezug der Kategorie Geschlecht in die allgemeine Kriminologie und historische Kriminalitätsforschung geführt, obwohl Geschlecht in den unterschiedlichsten Gesellschaften und Zeiten, aber auch bei sehr vielen verschiedenen Delikten ein zentrales Unterscheidungsmerkmal ist. Neuerdings betonen Sozialisationstheoretiker vor allem die geringeren Kriminalitätsneigungen und -möglichkeiten von Frauen aufgrund der kulturell bedingten Sozialisation in spezifisch weiblichen Rollen. Als Erklärung wird angeführt, dass die Handlungsräume von Frauen nach wie vor primär im privaten Bereich liegen und abweichendes Verhalten dort vor allem informell kontrolliert wird, also nicht vor Gericht kommt.[7] Im Anschluss daran wird schliesslich auch ein Zusammenhang zwischen zunehmender Frauenemanzipation und steigenden weiblichen Kriminalitätszahlen postuliert; Frauenkriminalität wird so zur Kehrseite der Emanzipation erklärt. Erst in jüngster Zeit ist auch im deutschen Sprachraum feministische Kritik an der Kriminologie laut geworden; so kommen etwa Carmen Gransee und Ulla Stammermann in ihrem Aufsatz «Feminismus und kritische Kriminologie» zu folgendem Fazit: «Eine feministisch reformulierte kritische Kriminologie müsste, [...] die geschlechtsspezifische Konstruktion von Kriminalität in der empirischen Analyse konkreter Beispiele aufzeigen. Zu fragen wäre, ob die Konstruktion von Kriminalität mit den normativen Mustern von Weiblichkeit verschmilzt, ja ob vielleicht sogar die Bilder und Symbole des ‹Weiblichkeitsdiskurses› die Konstruktion weiblicher Kriminalität massgeblich bestimmen.»[8] Selbst hier wird interessanterweise Geschlecht ausschliesslich auf Frauen und Weiblichkeit bezogen.

Historische Kriminalitätsforschung

Unbestritten ist auf jeden Fall, dass Kriminalitätsraten, wie auch immer sie definiert und berechnet werden, geschlechtsspezifisch erhebliche Unterschiede ausweisen, dass im allgemeinen die Frauenkriminalitätsrate erheblich niedriger ist (7–20%), aber auch erhebliche Unterschiede je nach Zeitraum und vor allem je nach Delikt bestehen.[9] Für mich resultiert daraus als erste Forderung, dass bei allen Untersuchungen Geschlecht als wichtige statistische Kategorie zu berücksichtigen ist, was noch keineswegs überall der Fall ist.[10] Dies sollte unabhängig vom Aggregierungsniveau geschehen, also unabhängig davon, ob ein einzelnes Delikt (z. B. Diebstahl), ein Gericht, ein Kriminalitätsbereich (z. B. Gewaltdelikte oder Jugendkriminalität) oder aber die Gesamtkriminalität untersucht werden soll. Wichtig ist prinzipiell, dass die Kategorie Geschlecht ebenso auf Männer wie auf Frauen angewendet wird und nicht nur nach Frauenkriminalität im Unterschied zur allgemeinen Kriminalität gefragt wird. Weiter ist Geschlecht schon bei der Kategorienbildung zu berücksichtigen, damit nicht geschlechtsspezifische Unterschiede und geschlechtsspezifisch unterschiedliche Entwicklungen hinter vermeintlich neutralen Kategorien verschwinden. So hat z. B. Jacques Chiffoleau in seiner Untersuchung zur Kriminalität in Avignon Gewalt- und Verbaldelikte, zwei geschlechtsspezifisch ausgesprochen unterschiedlich besetzte Deliktbereiche, in der Kategorie «violence» zusammengefasst, weil dies – laut Chiffoleau – dem zeitgenössischen Gewaltbegriff entsprach, der auch verbale Angriffe als Gewalt interpretierte.[11] Ähnliches gilt im Bereich der Sexualdelikte, wo u. a. zwei für Männer und Frauen so unterschiedlich konnotierte und sanktionierte Phänomene wie Prostitution und Homosexualität zusammengefasst sein können. Soll von der Kriminalitätsrate auf historisches Verhalten zurückgeschlossen werden, so kommen zusätzlich die Aspekte der selektiven Sanktionierung und Kriminalisierung ins Spiel: beispielsweise bei der unterschiedlichen Bewertung des Ehebruchs von Männern und Frauen oder in den grossen Unterschieden in der Wahrnehmung und Verfolgung männlicher und weiblicher Homosexualität.[12] Solange die männliche Kriminalität als Norm gesetzt wird, von der die Frauenkriminalität defizitär, d. h. mit einer geringeren Kriminalitätsbelastung, abweicht, kommt die Tatsache, dass es sich bei der «allgemeinen» Kriminalität um die Kriminalität von Männern handelt, nicht als erklärungsbedürftig ins Blickfeld. Wird diese Kriminalität aber als spezifische Kriminalität von Männern untersucht, so muss bei den historischen Erklärungen zu Ursachen und gesellschaftlichen Zusammenhängen der beobachteten Veränderungen im Bereich der Kriminalität überprüft werden, ob die angeführten historischen Entwicklungen tatsächlich für Männer und Frauen unterschiedlich stattgefunden haben. In einem weiteren Schritt sind daher kriminologische und kriminalitätshistorische Untersuchungen daraufhin zu überprüfen, ob sie die konstatierten geschlechtsspezifischen Unterschiede erklären können oder zumindest in die Erklärung mit einbeziehen, so z. B. beim langfristigen Wandel von der Gewalt- zur Eigentumskriminalität, der bisher geschlechtsneutral analysiert und zivilisationstheoretisch und/oder durch säkulare ökonomische Strukturveränderungen erklärt wird. Das Vorhaben, geschlechtsspezifische Unterschiede in die Erklärung mit einzubeziehen, stösst allerdings beim derzeitigen Forschungsstand sowohl in der historischen Kriminalitätsforschung wie auch in der Geschlechtergeschichte auf Schwierigkeiten. Mir scheinen daher zur Zeit theoretisch informierte Einzelstudien, die versuchen, komplexe Fragestellungen unter Berücksichtigung der Kategorie Geschlecht zu entwickeln, vielversprechender als voreilige Versuche zu gross angelegten Synthesen und Langzeitanalysen. Denn wie können allgemeine kriminalitätshistorische Analysen und Erklärungen von langfristigen gesellschaftlichen Veränderungen Gültigkeit beanspruchen, wenn sie die Kriminalitätsentwicklung der Hälfte der Bevölkerung nicht berücksichtigen und nicht zu erklären versuchen? Dabei darf allerdings die Interferenz der Kategorie Geschlecht mit anderen wesentlichen Kategorien wie Schicht, Alter, ethnische Zugehörigkeit, Religion, spezifische Gruppenzugehörigkeiten, Beruf etc. nicht aus den Augen verloren werden, damit nicht Geschlecht als Metakategorie zu einer neuen ontologisierten und damit schliesslich wieder biologisierten Männer- und Frauenkriminalität führt.[13] Da sowohl kriminelles Verhalten im einzelnen wie auch die Entwicklung von Gesamtkriminalitätsraten als gesellschaftliches Phänomen je komplexe Ursachen haben, muss zur Erklärung eine je nach Fragestellung unterschiedliche Gemengelage verschiedener Faktoren herangezogen werden, in der Geschlecht allerdings jeweils angemessen zu berücksichtigen ist. Dass der Faktor Geschlecht nicht ausgeblendet werden darf, gilt auch dann, wenn der Frauenanteil an der Kriminalitätsrate, und zwar an der allgemeinen oder an deliktspezifischen, gleich – und d. h. meist gleich niedrig – bleibt, weil auch eine langfristig relativ konstante geschlechtsspezifische Kriminalitätsrate unterschiedliche historisch-gesellschaftliche Ursachen *und* Bedeutungen haben kann.

Geschlechtergeschichte

Im folgenden möchte ich auf einige Punkte eingehen, an denen mir die Verbindung von Kriminologie und historischer Kriminalitätsforschung mit Geschlechterforschung für die Geschlechtergeschichte besonders interessant zu sein scheint. Eine Frauen- und Geschlechtergeschichte, die Gesellschaftsgeschichte sein will, muss sich für die Erforschung historischer Kriminalität interessieren, weil die Definition von Kriminalität und deren Verfolgung wesentliche Mittel zur Konstruktion abweichenden Verhaltens sind. Diese Konstruktion und damit auch die Grenzziehung von Norm und Abweichung erfolgt zu wesentlichen Teilen durch Gesetze, den Justizapparat und vor Gericht. Was als abweichendes Verhalten definiert und was als solches wahrgenommen und verfolgt wird, wird geschlechtsspezifisch unterschiedlich festgeschrieben. Die Konstruktion von abweichendem Verhalten ist auf diese Weise eng verbunden mit der Konstruktion von Geschlecht bzw. mit der Produktion von Bildern von Männlichkeit und Weiblichkeit. Ulrike Gleixner hat diese Konstruktionsarbeit in einer interessanten Untersuchung zu Unzuchtsverfahren in der Altmark im 18. Jahrhundert exemplarisch herausgearbeitet.[14] Denkt man diesen Ansatz weiter, so ergibt sich, dass die Sanktionierung abweichenden Verhaltens nicht nur der Ausgrenzung, Unterdrückung und Disziplinierung negativ konnotierten und als dysfunktional festgestellten Verhaltens dient. Im kriminellen Verhalten und seiner Ahndung kann es gleichzeitig darüber hinaus auch um die akzeptierte Produktion von Weiblichkeit und Männlichkeit gehen. Wenn Geschlecht als Kategorie ins Blickfeld kommt, kann sich kriminelles Verhalten von Männern bzw. Frauen nicht nur als Abweichung, sondern auch als Normerfüllung oder möglicherweise -übererfüllung von Ansprüchen an Männlichkeit oder Weiblichkeit erweisen; als Abweichung von und/oder Übereinstimmung mit einem System von Normen, die ebensowenig wie die handlungsleitenden Motive der Beteiligten durchgehend kongruent sein müssen. Entsprechend sind abweichendes Verhalten und sozial akzeptiertes Verhalten keineswegs immer nur dichotomisch (erlaubt/nicht erlaubt) aufeinander bezogen, sondern durchaus auch als strukturelle Kontinuität organisiert. Deutlich wird dies etwa an den Verboten des «Übertrinkens» in frühneuzeitlichen Stadtgesellschaften, in denen innerer Frieden und innere Ruhe in einer unaufhebbaren Spannung zu Forderungen von Männlichkeit und Zunftgeselligkeit standen.[15]
Aufschlussreich sowohl für die historische Kriminalitätsgeschichte und ihre Gesellschaftsanalysen wie auch für die Geschlechtergeschichte erscheint unter

dem Aspekt der Konstruktion die Untersuchung der besonderen Handlungsräume und -felder, die jeweils den Geschlechtern als Konflikträume und -felder zugewiesen werden. So kann danach gefragt werden, wo und wie überhaupt die Konflikte, die – wenn auch unterschiedlich – in jeder Gesellschaft entstehen, geschlechtsspezifisch ausagiert, gelöst oder verschoben inszeniert werden können. Beispielsweise könnte die Untersuchung der Geschichte der Giftmorde möglicherweise eine Verschiebung des Deliktes, seiner Konnotationen und seines Assoziationsumfeldes weg vom politischen Mord hin zu einer vor allem familiären Konfliktinszenierung und -lösung im «typischen» Ehegattengiftmord zutage fördern.[16] Mit der Frage nach Konflikträumen und -feldern und mit der Frage nach den Orten, an denen bestimmte Konfliktlösungen sanktioniert werden, werden gleichzeitig die Grenzen der historischen Kriminalitätsforschung überschritten, wenn etwa neben dem Gefängnis auch Fremdenlegion bzw. Solddienst oder Psychiatrie als geschlechtsspezifische Orte für «Abweichler» ins Blickfeld rücken.

Für die Geschlechtergeschichte scheint daher im Moment weniger die Erforschung der vermeintlich tatsächlichen historischen Gesamtkriminalitätsentwicklung[17] anregend als vielmehr die Frage danach, was in den Gerichtsquellen im Hinblick auf geschlechtsspezifische Handlungsräume, Normen, Positiv- und Negativstereotype und Konflikte an Informationen enthalten ist. Gerichtsquellen werden so zu Fenstern der Gesellschaft, die spezifische Einblicke ermöglichen. Ich verweise etwa auf die Untersuchung von Regina Schulte «Das Dorf im Verhör»,[18] in der sie mit Brandstiftung, Kindsmord und Wilderei einen männerspezifischen, einen frauenspezifischen und einen Bereich, in dem Sexualität eine zentrale Rolle spielte, analysiert und zueinander in Beziehung setzt. Gleichzeitig geben diese Gerichtsfälle Informationen darüber, welche Konfliktbewältigungsformen Frauen und Männern überhaupt zur Verfügung standen. Ansätze, die davon ausgehen, dass vor Gericht gesellschaftlich relevante Inszenierungen stattfinden, können darüber hinaus Gerichte als Orte thematisieren, an denen wesentliche Konstruktionsarbeit für Geschlecht als soziale Kategorie geleistet wird, oder doch zumindest als Orte, an denen andere gesellschaftliche Geschlechterkonstruktionen reproduziert und verfestigt werden. Kriminelles Verhalten und seine Inszenierung vor Gericht dienen dann auch der Aufrechterhaltung oder aber Reformulierung und Verschiebung geschlechtsspezifischer Grenzziehungen. Vor Gericht werden immer auch Handlungen und Konfliktlösungen verhandelt und beurteilt, die in gesellschaftlich zentralen Konflikten begründet liegen.[19] Weil diese Konflikte geschlechts-

spezifisch unterschiedlich erlebt und bewältigt werden konnten, sind sie sowohl für die Geschlechtergeschichte wie auch für eine geschlechtergeschichtlich informierte Gesellschaftsgeschichte interessant.
Schliesslich könnte der Einbezug der Kategorie Geschlecht auch nützlich sein, um von einer im Bereich der Kriminologie und historischen Kriminalitätsgeschichte allzu einseitig täterzentrierten Perspektive wegzukommen und stärker die TäterIn-Opfer-Konstellation zu beachten und damit die Frage nach Machtverhältnissen und psychischer Dynamik, die in der TäterIn-Opfer-Beziehung aber auch in der Dreieckskonstellation zwischen TäterIn, Opfer und staatlicher Sanktionsinstanz bzw. Gesellschaft angelegt sind; alle diese Beziehungen sind und waren mit Sicherheit starken historischen Veränderungen unterworfen. Zu denken ist etwa an die Frage der Opfervertretung und an die Abtretung des Vergeltungsanspruchs des Opfers an Gerichte und den Staat, die historisch keineswegs immer freiwillig erfolgte, aber auch an die Frage nach psychischen Abhängigkeitsbeziehungen zwischen Opfer und TäterIn einerseits,[20] der psychischen Dynamik im Verhältnis von Verhörenden und Verhörten andererseits, wie sie in neueren Untersuchungen zu Hexenprozessen zumindest ansatzweise herausgearbeitet worden sind.[21]
Abschliessend möchte ich nochmals betonen, dass Geschlecht eine wesentliche Kategorie für Kriminologie und historische Kriminalitätsforschung ist bzw. werden muss, und zwar als Kategorie, die nicht nur auf Frauen, sondern ebenso auf Männer zu beziehen ist. Ihre Eingrenzung auf die Frage nach Frauenkriminalität – wie übrigens auch nach Männerkriminalität – birgt jedoch immer die Gefahr der Ontologisierung und damit die Gefahr wieder in die Nähe von Argumentationsmustern zu kommen, wie sie kriminalbiologische und kriminalanthropologische Theoretiker benutzt haben. Dabei gerät die gesellschaftliche Anstrengung und Arbeit, welche die Konstruktion von Geschlecht und ihre Aufrechterhaltung – auch vor Gericht – bedeutet, nur allzu leicht aus dem Blick.

Anmerkungen

1 Zu diesem Konzept nach wie vor grundlegend: Joan W. Scott, «Gender: A Useful Category of Historical Analysis», *American Historical Review* 91 (1986), 5, 1053–1075. Die Diskussion um die Konstruktion von Geschlecht hat in der Auseinandersetzung mit Judith Butler, *Gender Trouble*, 1990 an Schärfe gewonnen.
2 Für erste Überlegungen im deutschsprachigen Bereich vgl. Claudia Ulbrich, «‹Kriminalität› und ‹Weiblichkeit› in der Frühen Neuzeit. Kritische Bemerkungen zum Forschungs-

stand», *Kriminologisches Journal* (Beiheft 1995), «Geschlechterverhältnis und Kriminologie»; die übrigen Beiträge dieses Bandes sind mir leider erst nach Abschluss meines Manuskriptes zugänglich gewesen); Susanna Burghartz, «Kein Ort für Frauen? Städtische Gerichte im Spätmittelalter», in: Bea Lundt (Hg.), *Auf der Suche nach der Frau im Mittelalter*, München 1991, 49–64; Robert Jütte, «Geschlechtsspezifische Kriminalität im Späten Mittelalter und in der Frühen Neuzeit», *Zeitschrift für Rechtsgeschichte, germ. Abt.* 108 (1991), 86–116.

3   Ich behalte die ursprüngliche Vortragsform mit entsprechend wenigen Anmerkungen bei, weil es sich bei den folgenden Überlegungen um einen Diskussionsbeitrag, nicht um systematische Ausführungen handelt, die den Forschungsstand bzw. den Stand der Diskussion zwischen zwei Ansätzen abdecken könnten.

4   Zwar weisen Gerd Schwerhoff und Andreas Blauert in der Einleitung zu ihrem Band auf die Bedeutung der Kategorie Geschlecht und die Kongruenz von historischer Kriminalitätsforschung und Geschlechtergeschichte hin, die Lektüre der einzelnen Beiträge zeigt aber, dass diese Aussage noch stark programmatischen Charakter hat. Gerd Schwerhoff, Andreas Blauert (Hg.), *Mit den Waffen der Justiz. Zur Kriminalitätsgeschichte des späten Mittelalters und der Frühen Neuzeit*, Frankfurt a. M. 1994, 9 f.

5   Für das folgende vgl. Alfred Springer, «Kriminalanthropologie und Kriminalitätspsychopathologie des weiblichen Geschlechts. Eine ideologiekritische Studie», *Kriminalsoziologische Bibliographie* 6 (1979), 23–24, 67–82; Mechthild Rotter, «Die Frau in der Kriminologie», *Kriminalsoziologische Bibliographie* 6 (1979), 23–24, 83–100.

6   Der «labeling-approach» betont u. a. die Konstruktion des Verbrechens und die Selektion der Verbrecher. Er fragt nach der Praxis gesellschaftlicher Kontrollinstanzen und nach den Prozessen der Verfestigung kriminellen Verhaltens aufgrund sozialer Reaktionen und deren stigmatisierenden Folgen für die Betroffenen. Vgl. Günther Kaiser, *Kriminologie*, 7. Aufl., Heidelberg 1985, 96 ff.

7   Vgl. Stichwort «Frauenkriminalität», in: Günther Kaiser et al. (Hg.), *Kleines Kriminologisches Wörterbuch*, 2. Aufl., Heidelberg 1985, 118–123.

8   Carmen Gransee, Ulla Stammermann, «Feminismus und kritische Kriminologie. Oder: Was kann eine sich kritisch verstehende Kriminologie vom Feminismus lernen?», *Kriminologisches Journal*, 23 (1991), 2, 82–96, hier 91 f.; Dies., *Kriminalität als Konstruktion von Wirklichkeit und die Kategorie Geschlecht. Versuch einer feministischen Perspektive* (Hamburger Studien zur Kriminologie 14), Pfaffenweiler 1992.

9   Els Kloek, «Criminality and Gender in Leiden's *Confessieboeken*, 1678–1794», *Criminal Justice History. An International Annual* 11 (1990), 1–29 kommt für Leiden in den Jahren 1678–1794 zu einer Frauenkriminalitätsrate von 41–44%, sie verweist zudem auf die Arbeiten von Anne-Marie Roets und Lotte van de Pol, die entsprechend hohe Zahlen für Gent und Amsterdam konstatierten.

10 Vgl. etwa neuere Artikel in *Criminal Justice History* zur langfristigen Entwicklung von Kriminalität und ihrem Zusammenhang mit der Entstehung und Entwicklung des modernen Staates, in denen nach wie vor Männerkriminalität mit allgemeiner Kriminalität gleichgesetzt wird. Dies wird vor allem dann zum Problem, wenn aus der Entwicklung und Veränderung der Männerkriminalität allgemeine Rückschlüsse auf die Änderung von Verhaltens- und Internalisierungsmustern ohne jede geschlechtsspezifische Differenzierung gezogen werden.

11 Jacques Chiffoleau, *Les justices du pape. Délinquance et Criminalité dans la région d'Avignon au quatorzième siècle*, Paris 1984.

12 Vgl. Robert Jütte, «Geschlechtsspezifische Kriminalität», 114.

13 Vgl. Claudia Ulbrich, «‹Kriminalität› und ‹Weiblichkeit›».
14 Ulrike Gleixner, *«Das Mensch» und «der Kerl». Die Konstruktion von Geschlecht in Unzuchtsverfahren der Frühen Neuzeit (1700–1760)*, Frankfurt a. M. 1994.
15 Lyndal Roper, «Männlichkeit und männliche Ehre», in: Karin Hausen, Heide Wunder (Hg.), *Frauengeschichte – Geschlechtergeschichte* (Geschichte und Geschlechter, Bd. 1), Frankfurt a. M. 1992, 154–172.
16 Das heisst nicht, dass nicht auch politische Morde in einem familiären Rahmen, der dann aber auch politisch war, stattfinden konnten. Vgl. Silke Göttsch, «‹Vielmahls aber hätte sie gewünscht, einen anderen Mann zu haben› – Gattenmord im 18. Jahrhundert», in: Otto Ulbricht (Hg.), *Frauen und Kriminalität in der Frühen Neuzeit*, Köln, Wien 1995 (im Druck).
17 Von der Existenz einer «wirklichen Kriminalität» geht etwa noch Benoît Garnot, «Pour une histoire nouvelle de la criminalité au XVIIIe siècle», *Revue Historique* 584 (1993), 289–303 aus, so S. 294: «Il apparaît donc nettement que les observations sur l'évolution de la criminalité et de la répression, faites à partir des archives judiciaires, ne sont pas fiables et ne rendent pas compte de la réalité. Le traitement qu'en fait l'historien, même s'il a une apparence scientifique (chiffres, graphiques…), ne fait que reproduire les opérations de filtrage des institutions répressives, et pas la criminalité réelle.» Was wirkliche Kriminalität aber sein soll, bleibt unklar.
18 Regina Schulte, *Das Dorf im Verhör. Brandstifter, Kindsmörderinnen und Wilderer vor den Schranken des bürgerlichen Gerichts. Oberbayern 1848–1919*, Reinbek bei Hamburg 1989.
19 Vgl. z. B. Susanna Burghartz, «Frauen – Politik – Weiberregiment. Schlagworte zur Bewältigung der politischen Krise von 1691 in Basel», in: Anne-Lise Head-König, Albert Tanner (Hg.), *Frauen in der Stadt* (Schweizerische Gesellschaft für Wirtschafts- und Sozialgeschichte 11), Zürich 1993, 113–134.
20 Vgl. z. B. Arlette Farge, Michel Foucault, *Le désordre des familles. Lettres de cachet des Archives de la Bastille au XVIIIe siècle*, Paris 1982.
21 Lyndal Roper, *Oedipus and the Devil. Witchcraft, sexuality and religion in early modern Europe*, London 1994.

SIBYLLE MALAMUD

«Und von sölichs ir ere swarlich berürt»

Frauen vor dem Zürcher Ratsgericht im späten Mittelalter, 1450–1471

1463 klagte Annely Rubly, Cuony Studers Ehefrau, gegen das Ehepaar Hanns und Tristine Venden, dass der Fend gesagt habe: «‹Studerin, [...] du redest der welt wirss zuo dann yemant anders›. [...] Also lognet die genant Studerin nit, sy rette: ‹Ich wölt nit hundert pfund darumb nemen, das ich kein mentsch ein lug anseitte als mich din wip ein lug angeseit hät. Dann sy hät geredt, ich hab mit des schuolmeisters sun zeschaffent gehept [...].› Da rette der Fend: ‹Was min wip geredt hät, das redet sy noch hüt by tag, dann du kanst dich des nienen nit entschuldigen.› Da stiesse des obgenanten Fenden wip ir hopt zuo dem fenster uss und rette fräffenlich zuo ir: ‹Was ich geredt hab, das reden ich noch hüt by tag und du bist wol ein sölich wip. Hett ich dich angelogen, du liessest es nit erligen [...] und hab ich dich angelogen, so nim mich mit recht für.›
Und won ir sölichs ir ere swarlich berürt und sich ouch mit warheit niemer erfinden sölle [...]. Ir man habe sy ouch umb söliche red von im gestossen und welle sy nit wider zuo im nemen untzit dz sy sich sölicher red entslache.»[1]
Die Auseinandersetzung zwischen Annely Rubly und dem Ehepaar Vend zeigt, welch zentrale Rolle die Ehre[2] in der mittelalterlichen Gesellschaft spielte und welch grosse Bedeutung der Wiederherstellung der einmal verletzten Ehre zukam. Wer sich gegen Verleumdungen nicht zur Wehr setzte, galt als schuldig und lief Gefahr, seine Ehre zu verlieren. Ihr Verlust konnte zu schlimmen Beeinträchtigungen sozialer Beziehungen – in diesem Fall wurde die Betroffene von ihrem Ehemann verstossen – und der persönlichen Integrität führen. Die Ehre bildete das «soziale Kapital» und die Basis der gesellschaftlichen Existenz eines Individuums; sie war Voraussetzung seiner Integration, denn sie erst ermöglichte soziale Beziehungen.
Die Ehre einer Person stand in engem Bezug zur Öffentlichkeit. Sie wurde durch gesellschaftlich vorgeprägte, d. h. kodierte Handlungen öffentlich hergestellt,

verletzt und wiederhergestellt. Die Ehrenhändel konnten von provokanten Worten und Gesten bis zu erheblichen Gewalttätigkeiten führen. Gewalteinschränkend wirkte die mehr oder weniger starke Ritualisierung der Ehrenhändel. Zu fragen ist, wieweit Frauen an den Auseinandersetzungen um die Ehre beteiligt waren und ob die Konfliktabläufe geschlechtsspezifisch erfolgten oder nicht. Sind Frauen z. B. weniger gewalttätig, dafür um so wortgewandter? Wie beleidigten sich Frauen gegenseitig? Wie beleidigten sie Männer? In diesem Zusammenhang ist auch die Frage nach den Beteiligten besonders interessant: Wer waren die Frauen, die vor Gericht kamen? Aus welchen Schichten kamen sie, und in welcher Beziehung standen Täterinnen und Opfer?

Die Grundlage meiner Untersuchung sind die Protokolle des Zürcher Ratsgerichts. Sie eignen sich für meine Fragestellung, da sie viele detaillierte Informationen über Konfliktstoffe und -formen sowie Verhaltensweisen von Frauen und Männern im mittelalterlichen Zürich enthalten. Zudem liegen die Protokolle von 1376 bis 1798 in fast vollständiger Serie vor, was nicht nur eine qualitative, sondern auch eine quantitative Auswertung erlaubt. Wegen der Fülle des Materials habe ich mich allerdings auf den Zeitraum von 1450–1471 beschränkt.

Das Ratsgericht[3] verhandelte über Vergehen, die nicht die Todesstrafe oder körperliche Strafen nach sich zogen wie etwa Mord, Raub oder Diebstahl, sondern in der Regel mit Bussen bestraft wurden. Hauptsächlich hatte es sich mit Schlägereien und Raufhändeln aller Art, Friedensbrüchen und Beleidigungen zu befassen. Daneben richtete das Ratsgericht über Eigentums- und Betrugsdelikte, Verstösse gegen die Wirtschafts- und Zunftordnung, Sittendelikte sowie politische Vergehen.

Im folgenden soll die Erstellung von Sozialprofilen den Kontext weiblichen Konfliktverhaltens näher beleuchten. Weiter wird die Beziehung zwischen den Konfliktparteien dargestellt und versucht, anhand von Ehrenhändeln geschlechtsspezifische Konfliktlösungsformen und Verhaltensweisen aufzuzeigen.

Sozialprofile

In den letzten zwei Jahrzehnten sind auf dem Gebiet der historischen Kriminologie zahlreiche sozialgeschichtliche Studien über die Kriminalität in England, Frankreich, Italien und im deutschsprachigen Raum erschienen. Die Kategorie Geschlecht wird in den meisten Untersuchungen gar nicht oder nur am Rande berücksichtigt.⁴ Allgemein wird eine starke Untervertretung der Frauen vor Gericht und eine deutlich geringere Gewaltneigung festgestellt. Dieser Befund führte in den bisherigen Studien zur dominierenden Frage nach den Ursachen. Demgegenüber steckt die Forschung über die Frauen, die vor Gericht auftraten, noch in den Anfängen. Hier stellt sich die Frage, ob weibliche Delinquenz als Ergebnis von Desintegration, Marginalität, Armut oder des «Zivilstandes» zu interpretieren ist oder nicht.⁵

Anhand der Gerichtsprotokolle des Zürcher Ratsgerichts können keine systematischen Angaben zu den sozialen Merkmalen der Frauen vor Gericht gemacht werden. Informationen zu Herkunft, Wohnort, Beruf und Alter liegen nur in vereinzelten Fällen vor; für Frauen lässt sich allein der «Zivilstand» feststellen. Für die prosopographische Überprüfung der in den Gerichtsprotokollen in Erscheinung tretenden Frauen wurden die Steuerlisten der Stadt und Landschaft Zürich beigezogen.⁶ Diese Listen enthalten Angaben zum Wohnort und zum Steuerbetrag. Da für den untersuchten Zeitraum nur für die Jahre 1467–1470 vollständige Angaben zu allen Stadtteilen und nahezu allen Landgebieten vorliegen, wurden nur die Jahre 1466–1471 quantitativ ausgewertet.

Gesamthaft kamen in diesen Jahren 92 Täterinnen und 84 weibliche Opfer vor das Ratsgericht. Von ihnen konnten 80 Täterinnen (87,7%) und 73 Opfer (86,6%) in den Steuerlisten identifiziert werden. Die Mehrzahl der Frauen vor Gericht waren in und um Zürich wohnhafte und steuerzahlende Frauen. Es waren Frauen aus allen Schichten beteiligt. Die Verteilung der Steuerzahlerinnen vor Gericht nach Steuergruppen ergab, dass 30,4% aus der vermögensschwachen Unterschicht stammten.⁷ Rund zwei Drittel der Frauen gehörten zur Mittelschicht. Verschwindend klein (2,7%) war der Anteil der Frauen aus der Oberschicht mit einem Vermögen von über 500 Gulden; sie waren eindeutig unterrepräsentiert.⁸

Die Aufteilung der Täterinnen und Opfer vor Gericht nach ihrem «Zivilstand» ergab, dass 60% verheiratet und 36% alleinstehend oder verwitwet waren. Die Restgruppe, die sich hauptsächlich aus unverheirateten Frauen (wie z. B. Töchtern, Schwestern oder Nichten), die bei ihren Eltern oder Verwandten lebten, zusammensetzte, betrug nur gerade 4%. Interessanterweise waren Ehefrauen vor Gericht, verglichen mit deren Anteil an der gesamten weiblichen Bevölkerung in Zürich, deutlich übervertreten, während die anderen beiden Gruppen untervertreten waren.⁹

Die Erstellung der Sozialprofile der Frauen vor Gericht zeigte, dass Desintegration, Mobilität, Armut oder der «Zivilstand» nicht die bestimmenden Faktoren der Frauendelinquenz waren. Im Gegenteil: nicht Desintegration, sondern soziale Integration und enge soziale Beziehungen waren ausschlaggebend für die Konflikte. Mit Hilfe der prosopographischen Untersuchung konnte festgestellt werden, dass die Konfliktparteien meistens in enger Beziehung gestanden hatten. Enge Bindungen bieten eine breite Fläche für Feindseligkeiten: «je häufiger die Interaktion, desto mehr Gelegenheit für feindselige Interaktion».[10] Die in den Quellen fassbaren Konflikte, an denen Frauen beteiligt waren, spielten sich unter NachbarInnen ab; seltener kam es zu innerfamiliären Konflikten oder zu Auseinandersetzungen, die sich aus wirtschaftlichen Beziehungen oder Arbeitsverhältnissen ergeben hatten. Im folgenden wird deshalb nur auf nachbarschaftliche Konflikte näher eingegangen.

Nachbarschaftskonflikte

Viele der Streitigkeiten zwischen NachbarInnen erinnern an Zänkereien, wie sie sich heute noch ereignen. So gerieten 1466 die Wissin und ihre Nachbarin in Streit, weil sich diese darüber aufregte, dass die Wissin den übelriechenden Abfall vor ihrer Türe nicht wegräumte.[11]
Nachbarschaftliche Konflikte äusserten sich bei Frauen vor allem in gegenseitigen Beschimpfungen, Beleidigungen und Verleumdungen. Weshalb es gerade unter Nachbarinnen zu solchen Beschuldigungen kam, lässt sich folgendermassen erklären: Das nachbarschaftliche Milieu war ein eng verflochtenes, kleinräumiges Gefüge mit einem hohen Grad an sozialer Kontrolle. NachbarInnen wachten gegenseitig über das Einhalten gesellschaftlicher Normen; Verdachtsmomente führten zu öffentlichen Anschuldigungen und Denunziationen. Wieviel die NachbarInnen voneinander wussten, soll folgendes Beispiel veranschaulichen: Als 1470 Elsbetha Küntzlerin einige Kissen verloren hatte, wurde ihr zugetragen, «das die obgenant Schniderin ein kussin, das nit iro were, uff dem marckt über die bruggen heim getragen hett».[12] Die NachbarInnen mussten also über den Hausrat der Schniderin genau Bescheid gewusst haben.
Geschah etwas Ungewöhnliches – die Nachbarn hatten es gesehen oder zumindest davon gehört. Auch das Erscheinen fremder Personen im Nachbarhaus oder im Quartier wurde sofort wahrgenommen. Als Anna Sidlerin bei ihrer Rückkehr vom Markt zu ihrem Erstaunen feststellte, dass ihre Haustüre von innen verriegelt war,

waren es «ir nachburen kind», die ihr mitteilten, dass sich «da obnen in der kamer ein man und eine frow»[13] aufhielten.

Mutmassungen wurden zu Worten, ein Gerücht endete im Lauffeuer, die Geschwätzigkeit dehnte sich über das nachbarschaftliche Milieu aus, und man wurde zum «Stadtgespräch», bis es schliesslich dem Rat zu Ohren kam ... 1462 versuchte der Rat dem Gerücht über Amman Schuochtzers Frau, ihr Mann hätte sie mit ihrem Liebhaber erwischt, auf den Grund zu gehen.[14] Er verhörte insgesamt 23 Personen. Von den verhörten Zeuginnen und Zeugen konnten 17 identifiziert werden: 5 davon stammten aus Schuochtzers Nachbarschaft, 5 weitere aus den übrigen Stadtteilen, 7 wohnten in der Vogtei Horgen. Das Gerücht hatte sich über die verschiedensten Kanäle ausgebreitet. Einer der Zeugen, Hennsly Hass von Oberrieden, hatte es z. B. von Heini Waldmann aus Zürich und der Magd des Leutpriesters von Thalwil, die überhaupt «vil von disen dingen rede», gehört. Dem Leutpriester selbst war die Geschichte von zwei Ratsmitgliedern und drei Priestern während eines Nachtessens in Zürich erzählt worden.

Insbesondere in kleineren, vormodernen Gesellschaften war das Gerede[15] eine wichtige Form der Kommunikation, der Wissensweitergabe und der Festschreibung der Verhaltenscodices. Gerüchte verbreiteten sich überall da, wo Menschen zusammenkamen: beim gemeinsamen Essen, bei gegenseitigen Besuchen, beim Wasserholen am Brunnen, im Wirtshaus usw. Gegenstand des Geredes war «der andere». Die Zugehörigkeit zur Gemeinschaft setzte die Teilnahme am Gerede voraus, denn Mitreden hiess, sowohl das Heute wie auch die Vergangenheit, d. h. die Geschichten der vorigen Generationen, zu kennen. Das Gerede festigte die sozialen Bindungen innerhalb der Gemeinschaft und hielt AussenseiterInnen draussen. Gleichzeitig ermöglichte die «Etikettierung» des anderen als «Normabweichler», den TeilnehmerInnen ihre eigene Normkonformität und Dazugehörigkeit zu betonen.

Die soziale Integration eines Individuums in der Gemeinschaft beruhte auf dem guten Ruf, der durch öffentliche Anschuldigungen und das Gerede aufrechterhalten oder zerstört werden konnte. Als Elemente sozialer Kontrolle übten das Gerede, die Fama und der Leumund Macht aus. Einerseits gab den Frauen die Beteiligung am Gerede die Möglichkeit, auf eine informelle Art und Weise die «öffentliche Meinung» in einer Gesellschaft, in der Männer die formalen politischen Aktivitäten kontrollierten, zu beeinflussen. Andererseits erfüllten sie durch das Gerede eine wichtige Funktion in der Aufrechterhaltung der «rechten» Ordnung in ihrer unmittelbaren Umgebung aus. Das Gerede zwang die Leute, sich

den geltenden Normen anzupassen; die Furcht und Angst, durch abweichendes Verhalten den guten Ruf zu verlieren und aus der Gemeinschaft ausgeschlossen zu werden, war allgegenwärtig. Gerade Nachbarschaftskonflikte machen deutlich, dass der Druck, sich normgerecht zu verhalten, aus der nahen Umgebung, der nachbarschaftlichen Gemeinschaft, stammte.
Der Nachbarschaft als Instanz sozialer Kontrolle kam eine wichtige Bedeutung zu. Für die Einhaltung gesellschaftlicher Normen und die Sanktionierung von Fehlverhalten sorgte also nicht allein die Obrigkeit, wie dies aus manchen rechtshistorischen Werken hervorgeht. Die informelle Sozialkontrolle durch die Nachbarn und obrigkeitliche Sanktionen waren jedoch nicht zwei gegensätzliche Formen des Umgangs mit normabweichendem Verhalten; vielmehr waren sie miteinander verflochten und ergänzten sich.[16] Während der Rat zur Ahndung von Delikten auf die Mithilfe der BewohnerInnen z. B. durch Denunziation angewiesen war, nutzten diese das Ratsgericht zur Austragung ihrer Konflikte auf einer obrigkeitlich-sanktionierten Ebene.

Frauenehre versus Männerehre

Die in den Klagen genannten Beleidigungen sind sicher die expliziteste Form, in denen Ansichten über das andere Geschlecht ausgedrückt werden. Beleidigungen sind dann besonders wirkungsvoll, wenn sie Abweichungen von einem gewünschten Verhalten thematisieren und erfolgreich an den geltenden Konsens über allgemein akzeptierte Wertvorstellungen appellieren. Die Uniformität der Injurien zeigt, welch weitreichender Konsens bei der Bestimmung von normabweichendem Verhalten bestand. Implizit enthält die häufige Wiederholung bestimmter Beleidigungen Hinweise, welche Abweichungen von den herrschenden Normen besonders gefürchtet waren. In der Umkehrung lässt sich über Beschimpfungen aber auch eine Vorstellung vom «Idealbild» der Geschlechter eruieren.
Frauen und Männer bedienten sich des gleichen Repertoires an Beschimpfungen; Ehrverletzungen waren jedoch je nach Geschlecht der Person, die es zu beleidigen galt, inhaltlich verschieden. Bei Frauen zielten Beleidigungen vorwiegend auf sexuelle Devianz.[17] Man beschimpfte sie vor allem als «Hure», «Pfaffen- oder Mönchshure». Erst mit grossem Abstand folgten Verbalinjurien, die sich auf den Charakter (böse Frau) oder auf kriminelles Verhalten (Kindsmörderin, Diebin) bezogen. Der Ruf von Frauen wurde also in erster Linie über ihre sexuelle

Relation zu Männern definiert. Der Fall der Annely Rubly zeigt, wie gefährlich der Hurereivorwurf für eine Frau sein konnte. Einer Frau, die von ihrem Ehemann wegen Ehebruchs verstossen worden war, drohte der Makel der Hure. Als Hure verschriene Frauen riskierten, ins Frauenhaus gezogen zu werden, und damit einen sozialen Abstieg in die Randständigkeit. In Zürich erliess der Rat zwar erst 1498 eine schriftlich festgesetzte Verordnung, dass «liederliche» Frauen ins Frauenhaus gezogen werden dürfen, doch schien dieser Brauch schon früher existiert zu haben: 1468 klagte Greth Güllerin vor dem Rat, drei Männer «habent wellen die genant Elsinen, ir tochter, in das frowen huss ziehen und geredt, sy und ir tochter syent beid recht pfaffen huoren».[18]

Kränkungen konnten nicht nur durch Worte, sondern auch durch beleidigende und obszöne Gesten erfolgen, so z. B. das «Mantelaufwerfen» oder das Beschmutzen bzw. Zerreissen von Kleidern. Bei Frauen spielte das Herunterreissen oder die Wegnahme der Kopfbedeckung eine grosse Rolle. Die Kopfbedeckung war ein wichtiges weibliches Statussymbol. Je nachdem, ob die Frau ledig oder verheiratet war, trug sie einen anderen Kopfputz. Dieser hing auch eng mit ihrer unbefleckten sexuellen Ehre zusammen. Schon 1319 hatte der Zürcher Rat verordnet, «daz ein ieglich froewelin, die in offen hüsern sitzen [...], daz die tragen süln ir iegliche, swenne si für die herberge gat, ein rotes keppeli».[19] Die Farbe der Kopfbedeckung unterschied unehrenhafte Frauen – d. h. Frauen, die sich nicht nach der für sie geforderten sexuellen Norm verhielten – von ehrbaren Frauen.

Welch wichtige Bedeutung der weiblichen Kopfbedeckung in der Konfliktaustragung zukam, zeigen auch die Eigentumsdelikte. Die Entwendung des Kopftuches wurde dort besonders häufig beklagt. Diese Art von Diebstählen diente weniger der persönlichen Bereicherung als vielmehr der Kränkung der Ehre der Gegnerin. Eindeutig als Ehrverletzung ist die Handlung von Elsi Luerbuobin zu verstehen: diese hatte der Nessly Unholz vor mehreren Männern «ir tuechly ab irem hopt gezert» und «iro ouch ir tuechly genomen und die in iren gewalt getragen».[20]

Die weibliche Ehre wurde sowohl in Beschimpfungen als auch in beleidigenden Gesten von der sexuellen Komponente dominiert. Die häufigsten Bezeichnungen für Männer hingegen waren «Lügner», «Schelm» oder «Dieb». Ihr Verhalten im Bereich der Sexualität wurde praktisch nie thematisiert; Anspielungen auf ausserehelichen Geschlechtsverkehr oder Beziehungen zu Prostituierten waren äusserst selten. Männer entsprachen am ehesten ihrem durch Beleidigungen implizit formulierten «Idealbild», wenn sie bei der Produktion von Gütern und deren Austausch fair blieben oder gegebenenfalls eine Familie ernähren konnten.[21] Erst nachrangig sollten sich vor allem verheiratete Männer nicht sexuell abweichend verhalten.

In den untersuchten 22 Jahren waren verbale Ehrverletzungen mit 154 Fällen (56%) das weitaus häufigste Delikt der Frauen. Erst mit grossem Abstand folgten Gewaltdelikte mit nur gerade 39 Fällen (14%). Ganz andere Zahlen zeigten sich bei Männern: in nur fünf Jahren (1450–1454) begingen sie 512 Gewaltdelikte (50%), gefolgt von 180 Verbalinjurien (20%). Der Vergleich zeigt nicht nur den deutlich kleineren Anteil der Frauen an den Ehrenhändeln, sondern auch ihre geringere Gewaltneigung.

Der Grund für diesen Befund liegt weniger in der physischen Schwäche der Frauen als in den geschlechtsspezifischen Rollenerwartungen. Männer reagierten auf Ehrverletzungen meist mit körperlicher Gewalt, um damit ohne Verzug ihre männliche Stärke zu demonstrieren. Die Ehre der Männer war eng mit der «Wehr» verbunden.[22] Sich mit Waffen und Fäusten zu verteidigen gehörte zum Kern männlicher Ehre und Männlichkeit. Für Frauen hingegen gehörte die Anwendung von Gewalt nicht zu den zentralen Anforderungen ihrer Ehre. Frauen gingen bei verbalen Ehrverletzungen meist entweder direkt vor Gericht oder überliessen die Wiederherstellung ihrer Ehre den Männern. Wie selbstverständlich diese Rolle des Mannes war, belegen zahlreiche Konfliktsituationen, in denen sich die geschädigte Frau nicht selbst zur Wehr setzte, sondern ihren Mann herbeirief, ihm das ihr angetane Unrecht klagte und sich von ihm verteidigen liess.

Dem Ehemann oblag aber nicht nur die Rolle des Verteidigers und damit des Beschützers. Als Haushaltungs- oder Familienvorstand stand ihm ein Züchtigungsrecht gegenüber Frau, Kindern und Gesinde zu. An ihm lag es auch, ihr Verhalten zu kontrollieren und sie bei «Unregelmässigkeiten» zu bestrafen. Das Züchtigungsrecht des Ehemannes erstreckte sich nicht nur auf innerfamiliäre Konflikte; vielmehr waren Ehemänner nicht nur berechtigt, sondern auch verpflichtet, das Verhalten der Frau gegenüber Aussenstehenden zu bestrafen. Sehr deutlich kommt dies in der Klage von Adelheit Rüeggerin gegen Cuoni von Cuonsens Frau und ihrer Tochter zum Ausdruck: «So habint die obgenant frow und das meittly sy uss irem hus beschruwen [...] und sy under vil wortten gesalcket und gehueret.»[23] Darauf hätten sie und ihr Mann den Cuoni von Kuonsen gebeten, «mit sinem wip und meittly ze verschaffent, von soellicher red ze lassent. Das hab inen Cueni von Kuensen zue geseitt.» Doch die Klägerin wurde wieder beleidigt. Vor Gericht verlangte sie nun, dass der Vater gebüsst werde, weil «er ir und irem man zue geseitt hette, er welte inen soellicher schnöder wortten vor sin und er das nit getan hab». Obwohl Couni von Kounsen vom Rat für sein Versäumnis nicht bestraft wurde, zeigt der Fall, dass dieser Tatbestand zumindest einklagbar war.

Fazit

Zusammenfassend kann festgehalten werden, dass die weibliche Delinquenz nicht in erster Linie ein Produkt der Mobilität und «Entwurzelung» oder des «Zivilstandes» war. Im Gegenteil bildeten Stabilität, Integration und daraus resultierende enge soziale Beziehungen sowie häufige Interaktionen die Voraussetzung zur Entstehung von Konflikten. Die Konfliktparteien standen fast immer in einer engen Beziehung zueinander: zumeist waren es Streitigkeiten zwischen NachbarInnen. Die nachbarschaftlichen Auseinandersetzungen waren das Produkt von Konflikten innerhalb einer kleinräumigen Gemeinschaft, in der die Beziehungen vor allem auf personenbezogenen Bindungen beruhten und die soziale Kontrolle noch unmittelbar ausgeübt wurde. Der Nachbarschaft als Instanz sozialer Kontrolle kam zentrale Bedeutung zu. Frauen spielten hier eine wichtige Rolle; sie wachten über die Einhaltung der Normen und figurierten als «Kontrollinstanzen», indem sie ganz wesentlich die «öffentliche Meinung» durch das Gerücht indirekt beeinflussten und lenkten. Neben dieser Form informeller Sozialkontrolle nutzten Frauen das Ratsgericht, um die in der Nachbarschaft enge soziale Kontrolle und die daraus entstehenden Konflikte auf einer obrigkeitlich-sanktionierten Ebene auszutragen. Das Gericht bot den Frauen damit die Möglichkeit, auf einem formellen Weg an der Öffentlichkeit teilzunehmen; gleichzeitig diente es ihnen als Mittel, ihre Verhaltenscodices zu festigen und durchzusetzen.
Ehrenhändel waren mit Abstand die häufigsten Konflikte, die vor dem Ratsgericht verhandelt wurden. An dieser Form öffentlich-ritualisierter Kommunikation waren Männer und Frauen beteiligt – die Formen der Ehrenhändel waren jedoch eindeutig geschlechtsspezifisch. Verbale Ehrverletzungen bildeten bei Frauen meist den Hauptinhalt ihrer Konflikte; zu Gewaltandrohungen oder Schlägereien kam es kaum. Die in Ehrenhändeln häufige Anwendung von Gewalt war eine ausgeprägt männliche Form der Konfliktaustragung. Als Ergebnis der Untersuchung über Ehrenhändel muss aber anstelle des stereotypen Bildes der aufgrund

ihres «Wesens» weniger gewalttätigen Frau eine differenziertere Sicht treten. So wurden anhand der Ehrenhändel geschlechtsspezifische Rollenerwartungen sichtbar. Männer und Frauen verhielten sich in den Ehrenhändeln nach dem für sie geltenden Ehrencode. Die Verteidigung der eigenen Ehre sowie derjenigen der Frau mit körperlicher Gewalt war ein wichtiges Element männlicher Ehre. Die Ehrenhändel zeigten nicht nur in ihrer Ausprägung Unterschiede zwischen den Geschlechtern, sondern waren auch mit anderen Inhalten gefüllt: die meistgenannten Ehrverletzungen gegen Männer beinhalteten ihr unrechtmässiges Verhalten im wirtschaftlichen Bereich, die Sexualität war nur ein nachrangiges Kriterium; die weibliche Ehre betraf vor allem die sexuelle Integrität und wurde negativ durch das Symbol der Hure thematisiert.

Anmerkungen

1 Staatsarchiv Zürich (fortan StaZH), Rats- und Richtbücher, BVI 223, Fol. 100a/b.
2 Zum Ehrbegriff vgl.: Peter Berger, «On the Obsolence of the Concept of Honour», *European Journal of Sociology* 9 (1970), 339–347; Martin Dinges, «Die Ehre als Thema der Stadtgeschichte. Eine Semantik im Übergang vom Ancien Régime zur Moderne», *Zeitschrift für historische Forschung* 16 (1989), 409–440.
3 Zur Bedeutung und Funktion des Zürcher Ratsgerichts siehe Susanna Burghartz, «Disziplinierung oder Konfliktregelung? Zur Funktion städtischer Gerichte im Spätmittelalter: Das Zürcher Ratsgericht», *Zeitschrift für historische Forschung* 4 (1989), 385–407.
4 Zur Frauenkriminalität siehe: Susanna Burghartz, «Kein Ort für Frauen? Städtische Gerichte im Spätmittelalter», in: Bea Lundt (Hg.), *Auf der Suche nach der Frau im Mittelalter. Fragen, Quellen, Antworten*, München 1991, 49–64; Barbara Hanawalt, «The Female Felon in Fourteenth-Century England», in: Susan Mosher Stuard (Hg.), *Women in Medieval Society*, Pennsylvania 1976, 125–140; Nicole Gonthier, «Délinquantes ou victimes, les femmes dans la société lyonnaise du XVe siècle», *Revue historique* 549/1 (1984), 25–46; Kathleen E. Garay, «Women and Crime in Later Medieval England. An Examination of the Evidence of the Courts of Goal Delivery, 1388 to 1409», *Florilegium* 1 (1979), 87–109; Annik Porteau-Bitker, «Criminalité et délinquance féminines dans le droit pénal des XIIIe et XIVe siècles, *Revue historique de droit français et étranger* 58/1 (1980), 13–56; Andrew Finch, «Women and Violence in the Later Middle Ages. The Evidence of the Officiality of Cerisy», *Continuity and Change* 7 (1992), 23–45; Gerd Schwerhoff, «‹Mach, dass wir nicht in eine Schande geraten!› Frauen in den Kölner Kriminalfällen des 16. Jahrhunderts», *Geschichte in Wissenschaft und Unterricht* 44 (1993), 451–473; Jenny Kermode, Garthine Walker (Hg.), *Women, Crime and the Courts in Early Modern England*, London 1994.
5 Zum Zusammenhang von Desintegration, Marginalität und Kriminalität: Bronislaw Geremek, *Les marginaux parisiens aux XIVe et XVe siècles*, Paris 1976. Nach Claude Gauvard, *«De grace éspecial». Crime, Etat et Société en France du Moyen Age*, 2 Bde., Paris 1991, 325 f. war der «Zivilstand» der ausschlaggebende Faktor weiblicher Delinquenz, da ausserhalb der ehelichen Norm lebende Frauen in einer besonders fragilen Position gewesen seien.

6 *Die Steuerbücher von Stadt und Landschaft Zürich des XIV. und XV. Jahrhunderts*, herausgegeben mit Unterstützung der Antiquarischen Gesellschaft Zürich vom Staatsarchiv des Kantons Zürich, Bde. 3–8, Zürich 1941–1958.

7 Die Grenze zwischen Unter- und Mittelschicht wurde nach dem Vorschlag von Gerd Wunder, «Unterschichten der Reichsstadt Hall. Methoden und Probleme ihrer Erforschung», *Veröffentlichungen der Kommission für Geschichtliche Landeskunde in Baden-Württemberg*, Reihe B, Forschungen 41 (1967), 102 angesetzt. Er gibt einen Zehntel des arithmetischen Durchschnitts des städtischen Vermögens als Armutsgrenze an. Der Mittelwert der Stadt Zürich 1467 betrug 305 Gulden.

8 Die Oberschicht betrug in Zürich 1470 12,7%.

9 Die Aufteilung der Steuerzahlerinnen in Zürich präsentierte sich folgendermassen: 44% Ehefrauen, 45% Alleinstehende oder Witwen und 11% in Familien integriert lebende Frauen. Balz Wolfensberger, Matthias Scheller, *Die Frauen in den Zürcher Steuerlisten von 1467*, unveröffentlichte Seminararbeit, Zürich 1993, 30.

10 Lewis A. Coser, *Theorie sozialer Konflikte*, Neuwied, Berlin 1972, 85.

11 StaZH, BVI 225, Fol. 23a.

12 StaZH, BVI 227, Fol. 68a/b.

13 StaZH, BVI 221, Fol. 27a/b.

14 StaZH, BVI 223, Fol. 446–448b.

15 Zur Bedeutung des Geredes siehe: Max Gluckmann, «Gossip and Scandal», *Current Anthropology* 4 (1963), 307–316; Regina Schulte, «Bevor das Gerede zum Tratsch wird», in: Karin Hausen, Heide Wunder (Hg.), *Frauengeschichte – Geschlechtergeschichte*, Frankfurt a. M., New York 1992, 67–73; Daniel R. Lesnick, «Insults and threats in medieval Todi», *Journal of Medieval History* 17 (1991), 71–89.

16 Siehe auch Gerd Schwerhoff, «Frauen in Kölner Kriminalfällen», 468 f.

17 Auch andere Untersuchungen kommen – relativ unabhängig von der untersuchten Gesellschaft und dem Jahrhundert – zu ähnlichen Ergebnissen: Martin Dinges, «‹Weiblichkeit› in ‹Männlichkeitsritualen›? Zu weiblichen Taktiken im Ehrenhandel in Paris im 18. Jahrhundert», *Francia* 18/2 (1991), 87 f.; J. A. Sharpe, *Defamation and Sexual Slander in Early Modern England. The Church Courts at York*, York 1980, 15 f.; Daniel R. Lesnick, «Insults and threats», 76 f.; Laura Gowing, «Gender and the Language of Insult in Early Modern London», *History Workshop* 35 (1993), 2 f.

18 StaZH, BVI 226, Fol. 35a/b.

19 H. Zeller-Werdmüller (Hg.), *Die Zürcher Stadtbücher des 14. und 15. Jahrhunderts*, Bd. 1, Leipzig 1899, 17 f.

20 StaZH, BVI 218, Fol. 233a.

21 Martin Dinges, «‹Weiblichkeit› in ‹Männlichkeitsritualen›?», 87.

22 Zur Ehre von Männern: Susanna Burghartz, *Leib, Ehre und Gut. Delinquenz in Zürich Ende des 14. Jahrhunderts*, Zürich 1990; Lyndal Roper, «Männlichkeit und männliche Ehre», in: Karin Hausen, Heide Wunder (Hg.), *Frauengeschichte – Geschlechtergeschichte*, Frankfurt a. M., New York 1992, 154–172.

23 StaZH, BVI 218, Fol. 321a.

KATHARINA SIMON-MUSCHEID

Geschlecht, Identität und soziale Rolle

Weiblicher Transvestismus vor Gericht, 15./16. Jahrhundert

Einleitung

Kleidung bildete in vorindustriellen Gesellschaften ein komplexes Zeichensystem. Als äusserlich sichtbares Signal wies sie ihren Träger und ihre Trägerin der sozialen Gruppe zu, die ihm oder ihr aufgrund des sozialen Status innerhalb der streng vertikal, hierarchisch gegliederten Gesellschaft zukam.[1] Seit dem späten Mittelalter bemühten sich fürstliche und städtische Obrigkeiten, durch immer detailliertere Reglementierung die bestehende Ordnung aufrechtzuerhalten, um auf diese Weise der befürchteten Usurpation eines höheren Standes durch die entsprechende Kleidung und damit dem Verwischen der gesellschaftlich determinierten Standesgrenzen Einhalt zu gebieten.[2] Das richtige «Lesen» der Kleidercodes sollte es ermöglichen, eine (erwachsene) Person aufgrund ihrer Kleidung klar in den Dimensionen Geschlecht und Stand einzuordnen und auf diese Weise schon auf Distanz zentrale Informationen über eine Person einzuholen und selbst auszusenden.

Kleidung signalisierte Geschlechtszugehörigkeit, Zugehörigkeit zum Klerus oder zum Laienstand und – innerhalb dieser Kategorien – den sozialen Rang ihres Trägers und ihrer Trägerin. Darüber hinaus lieferte das differenzierte Zeichensystem der Kleidung zahlreiche weitere Angaben auf verschiedenen Ebenen, die es erlaubten, die Koordinaten der betreffenden Person innerhalb einer sozialen Gruppe noch schärfer zu fassen.

Einzelnen Kleidungsstücken kam dabei eine besondere symbolische Bedeutung zu: Der sprichwörtliche «Kampf um die Hosen», bei dem Mann und Frau um die (Unter-)Hose streiten – ein bis ins 16. Jahrhundert spezifisch männliches Kleidungsstück – symbolisierte die Umkehrung der «richtigen» Geschlechterordnung und die daraus folgende «Weiberherrschaft». Die Hose, die «Bruoch», als umstrittenes Symbol männlicher Macht stand damit für einen Geschlechterdiskurs, der sich in der zeitgenössischen Ikonographie und Schwankliteratur niederschlug.[3]

Einen weiteren Ausgangspunkt für unsere Überlegungen bieten Genuskonzepte, die den männlichen und den weiblichen Bereich streng voneinander trennen und mit polaren Merkmalen besetzen. Mary Douglas geht von der Vorstellung imaginärer Grenzlinien aus, die fest umgrenzte Kategorien voneinander trennen, so auch die mit «weiblich» bzw. «männlich» konnotierten Bereiche. Sie betrachtet deshalb die Grenzbereiche als Gefahrenzonen, weil dort die Grenzlinien und damit auch die eindeutigen Zuweisungen verschwimmen.[4] In den Grenzzonen verlieren Zeichen ihre Eindeutigkeit und werden ambivalent. Erscheinungen wie Transvestismus oder Homosexualität, die sich dem einfachen, polaren Ordnungsmuster entziehen, pflegen in Gesellschaften, die sich über diesen Code konstituieren, heftige Reaktionen auszulösen.[5]

Dieses anthropologische Konzept lässt sich gut auf die christlich geprägte Gesellschaft des Mittelalters und der Frühneuzeit anwenden, deren Genuskonzepte, durch die Schriften der Kirchenväter und der Theologen geprägt, vom gesammelten medizinischen Wissen mittelalterlicher Ärzte wissenschaftlich untermauert, in didaktische Anweisungsliteratur umgesetzt und in juristische Formeln gegossen, das Leben von Männern und Frauen in allen Bereichen beeinflussten. Zu geschlechtsspezifischen, von Familie, Gesellschaft und Kirche kontrollierten Normen verdichtet, grenzten sie die männlichen von den weiblichen Handlungsräumen ab und definierten die geforderten männlichen bzw. weiblichen Verhaltensformen (und deren Abweichungen) innerhalb der Gesellschaft allgemein und in der Beziehung zwischen den beiden Geschlechtern im besonderen. Übertretungen wurden geahndet als Verstösse gegen geschlechtsspezifische, gesamtgesellschaftliche und kirchliche Normen bzw. gegen göttliche Gebote.

Auf diese «Grenzüberschreitungen» im Zusammenhang mit Kleidung soll im folgenden das Augenmerk gelenkt werden. Um Missverständnisse zu vermeiden, ist es nötig, über den Begriff «Transvestismus» («cross dressing») zu sprechen. Gemeint ist nicht der Terminus technicus der modernen Psychologie, der Transvestismus als zwanghaften Wunsch nach der Kleidung des andern Geschlechts umschreibt. Bei der Untersuchung vorindustrieller Gesellschaften dient er in Ermangelung eines adäquaten Begriffs dazu, die Übertretung des Gebots aus dem Deuteronomium zu fassen, ohne dass das Phänomen von vornherein auf *ein* Motiv festgelegt – geschweige denn eine psychologische oder psychoanalytische Deutung vorweggenommen wird. Ausserdem sind die modernen, aus Medizin und

Psychologie entliehenen Termini nur schwer mit den zeitgenössischen Wahrnehmungsformen und Erklärungsmustern in Einklang zu bringen. Die Formen des weiblichen Transvestismus sind verschiedenartig: travestiert wird aus unterschiedlichsten Motiven, rituell bei bestimmten Anlässen, situationsbezogen oder aus einer spezifischen individuellen Situation oder Notlage heraus.[6]
Die Begründung für das Verbot lieferte über Jahrhunderte hinweg der Satz aus Deuteronomium 22, 5: «Ein Weib soll nicht Männertracht tragen, und ein Mann soll nicht Frauenkleider tragen; denn ein Greuel ist dem Herrn, deinem Gott, ein jeder, der solches tut.» Dieses Tabu prägte über Jahrhunderte die Haltung von Kirche und Obrigkeiten. Im 16. Jahrhundert griffen Reformatoren wie Calvin[7] in Predigten das Verbot auf und wandten sich damit gegen eine damals gängige Praxis. Und im Zusammenhang mit der Polemik gegen Theater und Schauspiel lieferte die Stelle aus dem Deuteronomium englischen Gegnern und Befürwortern die Basis ihrer Argumentation für oder gegen das Theater. «Cross-dressing» bedeutete eine Überschreitung der Geschlechtergrenzen und damit einen schwerwiegenden Verstoss gegen die von Gott gesetzten und von Kirche und Obrigkeit überwachten zentralen Ordnungsprinzipien. Denn auf ihnen beruhten nicht nur die Genuskonzepte, sondern auch das institutionalisierte hierarchische Gefälle zwischen den beiden Geschlechtern und damit letztlich die gesamte gesellschaftliche und staatliche Ordnung. Die Schlagworte «Vermännlichung» bzw. «Verweiblichung» prägen die englischen und französischen Diskurse über «cross-dressing» im 16. und 17. Jahrhundert, verbunden mit der ständigen Angst vor einer Aushöhlung der gegebenen ständischen Ordnung durch «Usurpation» von Kleidung, d. h. vor der Verwischung von Geschlechter- und Standesgrenzen.[8]
Im Prozess gegen Jeanne d'Arc spielten beide Aspekte eine wichtige Rolle. Jeanne wurde in zentralen Punkten der Anklage das Tragen von Männerkleidung grundsätzlich vorgeworfen und darüber hinaus die Tatsache, dass ihre Rüstung einen besonders hohen Rang signalisierte, wie er nur den adeligen Herren aus der Umgebung des Königs zustand. In Jeannes Vorstellung verband sich ihre Männerkleidung mit ihrem göttlichen Auftrag – ein magischer Zusammenhang, über den zu sprechen sie nicht gewillt war. Die sexuelle Ambivalenz, die sie als «Pucelle de France» und als Jungfrau in Männerkleidung signalisierte (sie hatte sich nie als Mann ausgegeben), löste Verwirrung und Aggressionen aus und brachte sie in den Ruf, eine mit magischen Kräften ausgestattete falsche Jungfrau, eine Hexe zu sein.[9] Jeanne war die berühmteste, keineswegs jedoch die einzige Frau des 15. Jahrhunderts, die öffentlich in Männerkleidung auftrat. Der Inqui-

sitor Johannes Niderer reihte sie in seinem «Formicarius» unter den vielfältigen Missetaten des Teufels in eine feststehende Kategorie von Frauen ein, «sub virili specie dicentes sese missas esse divinitus».[10] Dies war gemünzt auf die Prophetinnen und Mystikerinnen, die in der Öffentlichkeit ihre Stimmen erhoben, und auf die falschen Jeannes, die nach ihrem Tod während rund 20 Jahren in Männerkleidung und Rüstung öffentlich auftraten.
Solange sich der weibliche Transvestismus als berufsspezifisches Verhalten auf Randgruppen beschränkte wie im Fall der Florentiner Prostituierten des Spätmittelalters, wurde dies nur bei der Strafzumessung vermerkt. Im Unterschied zur Homosexualität, die als die grosse Bedrohung von Staat und Gesellschaft empfunden und hart bestraft wurde, bewirkten die weiblichen Prostituierten in Männerkleidern jedoch keinen öffentlichen Diskurs.[11]
Als literarisches Motiv waren während des 13.–15. Jahrhunderts Frauen in Männerkleidern durchaus präsent; zu denken ist an Boccaccio und an die «Legenda aurea», einen «Bestseller» des Spätmittelalters mit den zahlreichen Legenden frühchristlicher Frauen, die als Mönche verkleidet in Mönchsklöstern Aufnahme finden, dort falsche Verdächtigungen und Strafen für nicht begangene sexuelle Delikte geduldig ertragen, bevor sie – oft erst nach ihrem Tod – als «reine Jungenfrauen» erkannt und rehabilitiert werden.[12]
War weiblicher Transvestismus mit Ausnahme des hochpolitischen Inquisitionsprozesses von Jeanne d'Arc im 15. Jahrhundert noch kaum Gegenstand gerichtlicher Untersuchungen, so änderte sich dies grundlegend im 16. Jahrhundert.
Im folgenden will ich drei Aspekte skizzieren, als erstes Situationen und Lebensumstände, unter denen Frauen für kürzere oder längere Zeit Kleidung und Habitus des andern Geschlechts annahmen, und als zweites die Wahrnehmungen von und der Umgang mit dem Phänomen des weiblichen Transvestismus im 16. Jahrhundert und – damit eng verbunden – die Problematik der biologischen und der kulturellen Geschlechtsidentität.

Frauen in Männerrollen

Für den niederländischen Raum haben Rudolf Dekker und Lotte van de Pol gezeigt, dass im 17. und 18. Jahrhundert die Vorstellung für Frauen denk- und in die Praxis umsetzbar war, ein Leben in typischen Männerdomänen als Matrose oder Soldat zu führen. Als Motiv nannten die Frauen vor Gericht den Wunsch, aus

desolaten familiären und wirtschaftlichen Verhältnissen oder persönlichen Krisen auszubrechen, ihren Mann zu begleiten oder Patriotismus.
Das Phänomen des weiblichen Transvestismus setzte im 16. Jahrhundert ein und wird aufgrund einer immer dichter werdenden Überlieferung international fassbar. Auffällig ist, dass es sich dabei um eine Erscheinung handelte, die sich in den Niederlanden, in Frankreich, Spanien, Italien, England und im Deutschen Reich gleichzeitig manifestierte[13] und Juristen, Ärzte und geistliche Institutionen zunehmend verwirrte und beschäftigte. Hier stellt sich die Frage, ob tatsächlich vom 16. Jahrhundert an Frauen vermehrt travestierten, ob die Fälle vom 16. Jahrhundert an nur als neue Deliktkategorie ins Rampenlicht der Justiz gerieten oder ob mit der Renaissance ein neuer, schärferer Blick Kleidung, Körper und Habitus nicht mehr a priori als das akzeptierte, was sie zu sein vorgaben. Nicht nur Seefahrt und Kriegsdienst boten «verkleideten» Frauen die Chance, sich für kürzere Zeit oder lebenslänglich eine neue Identität zu schaffen. Als Bauernknechte und Handwerker zogen Frauen im 16. Jahrhundert in Männerkleidern auf Arbeitssuche über Land und verdingten sich für eine Saison oder für bestimmte Arbeiten bei Bauern. Die hohe Mobilität, die sich mit dieser Lebensweise verband, ermöglichte es ihnen, eher Arbeit zu finden, und zwar in besser bezahlten Positionen, die ihnen als Frau nicht zugänglich waren; ausserdem bot sie gleichzeitig einen gewissen Schutz vor Entdeckung.
Mit der Verwandlung des Äusseren war der erste Schritt getan, der die Umwelt, die auf einen bestimmten Code programmiert war, täuschen konnte. Vergessen wir nicht den Signalcharakter der Kleidung und die damit verbundene Rollenerwartung, die konditionierte Erwachsene zunächst über das wahre Geschlecht hinwegzutäuschen vermochte. Grundsätzlich waren alte Bekannte und Kinder die grosse Gefahr, die zu ihrer Entdeckung führen konnte, denn gerade letzteren fehlt noch die Konditionierung auf bestimmte Codes. In der Geschichte von des Kaisers neuen Kleidern ist es bekanntlich ein Kind, das den Schwindel aufdeckt.
Zum überzeugenden Rollenwechsel gehörte jedoch auch die Übernahme männlicher Gesten, Rede- und Verhaltensweisen in einer Männergesellschaft, kurz des gesamten Habitus. Als hilfreicher, vorläufiger Ausweg konnte es sich erweisen, einen jungen Mann, der noch nicht in die Rolle des erwachsenen Mannes eingeübt war, zu spielen.[14] Wurde die neue soziale Rolle als neue Geschlechtsidentität verinnerlicht und erfolgreich gespielt, tauchten neue Probleme auf. Für Heide Wunder impliziert Identität Selbstwahrnehmung und Selbstidentität, wobei Selbstwahrnehmung gespiegelt wird in der Fremdwahrnehmung sowie in der ständig

geforderten Auseinandersetzung mit normativ verlangter Eindeutigkeit der Geschlechtszugehörigkeit.[15]

Zu den geforderten gesellschaftlichen (von den Reformatoren propagierten) Normen gehörte die Ehe als Basis einer wirtschaftlichen Existenz. Wer sich in einem Handwerk etablieren wollte, brauchte eine Ehefrau. Dies entsprach nicht nur den kirchlichen und gesellschaftlichen Erwartungen, sondern war schlicht eine wirtschaftliche Notwendigkeit zum Aufbau einer eigenen Existenz. Wollten die «Landarbeiter» und «Handwerker» ihre neugeschaffene soziale Rolle behalten, so waren sie gezwungen, sich dem gesellschaftlichen und kirchlichen Druck zu beugen und auch zu heiraten. Diese Rolle konnten sie jedoch nur mit dem Einverständnis ihrer «Ehefrauen» gegen aussen spielen. Bestand dieser Konsens, so konnte die Beziehung als privates Problem behandelt und vor der Öffentlichkeit verborgen werden.

Solange Frauen in Männerkleidern mit ihren Gefährtinnen als Arbeitspaare über Land zogen und sich mit Gelegenheitsarbeit oder saisonalen Anstellungen begnügten, war die Gefahr einer Entdeckung des falschen Ehemanns relativ gering. Liess sich ein solches «Ehepaar» jedoch in einer Dorfgemeinschaft oder Stadt nieder oder suchte sich der ledige «Bauernknecht» oder «Handwerker» eine Heiratslizenz zu verschaffen, so konnten die Verwandten der Ehefrau, ihr Liebhaber, die Dorföffentlichkeit und der Aussteller der Heiratslizenz zur Gefahr und die Heirat zum öffentlichen Skandalon werden. Denn sobald Zweifel an der sexuellen Identität des Ehemannes laut wurden, hatte das «falsche» Ehepaar mit einer gerichtlichen Untersuchung zu rechnen.[16] Hatte sich das Paar zerstritten, so wurde der falsche Ehemann erpressbar; nahm sich die Frau einen Liebhaber, so konnte es für sie von Vorteil sein, das Geheimnis der sexuellen Identität ihres «Ehemannes» preiszugeben, um als «getäuschte» Ehefrau auf eine Scheidung zu drängen.

Die ältesten drei Prozesse und Berichte aus dem Gebiet des Oberrheins und des benachbarten Frankreich stammen aus der Mitte des 16. Jahrhunderts. Die travestierenden Frauen verdienten ihren Lebensunterhalt als Bauernknechte und Handwerker. Alle drei spielten ihre Männerrolle in der Arbeit und in der Öffentlichkeit problemlos, bis ihre falsche Identität z. T erst nach etlichen Jahren aufgedeckt wurde:

«Von einer frowen, so in manszkleidung gerichtet wart», berichtet der Chronist Fridolin Ryff[17] zum Jahr 1537. Diese Frau wurde bei Grenzach im Rhein ertränkt, nachdem sie sich mehrere Jahre lang in Männerkleidung in verschiedenen

Dörfern des Markgräflerlands als Bauernkecht verdingt, gedroschen und andere typische Männerarbeit verrichtet hatte.[18] In allen Dörfern, in denen sie um Arbeit nachgesucht hatte, war sie als Mann bekannt gewesen; niemand hatte während dieser ganzen Zeit an ihrem Geschlecht gezweifelt, nicht einmal die eigene Ehefrau – laut Ryff. Weder der dauernde Streit in dieser Ehe noch das «spillen, prasen und in allem luder ligen wie ein ander liederlicher gsel» führte zu ihrer Entdeckung, sondern ein Diebstahl. Erst anlässlich der Folter im Gefängnis der Burg Rötteln wurde das wahre Geschlecht der namenlosen Frau entdeckt, worauf sie ertränkt wurde.

Ein weiterer solcher Fall wurde rund zehn Jahre später ausführlich zwischen der Landgrafschaft Fürstenberg und der Obrigkeit von Freiburg i. B. verhandelt.[19] Unter dem Namen Hans Kaiser oder «Schnitterhensli» hatte sich Anna Dietzschi über Jahre hinweg als wandernder Landarbeiter – zuerst zusammen mit «seiner Frau», dann alleine – verdingt, hatte die Funktion eines Bannwarts ausgeübt und schliesslich die Tochter seines mehrjährigen Arbeitgebers geheiratet. Vor Gericht behauptete seine Ehefrau, sie habe anderthalb Jahre nicht sicher gewusst, ob Schnitterhensli Mann oder Frau sei, bis sie ihn beim Wasserlassen[20] überrascht habe. Agatha verriet ihren Ehemann nicht sofort. Sie liess sich mit einem andern Mann ein und drohte dem zürnenden, sich wie ein eifersüchtiger Ehemann gebärdenden Schnitterhensli mit Entlarvung. Für eine Zeitlang schien sich eine Art «ménage à trois» eingespielt zu haben, bis Agatha ihren Schwager über den wahren Sachverhalt aufklärte. Dieser denunzierte daraufhin Schnitterhensli bei der Obrigkeit und machte damit die Geschichte nach achtjähriger Ehe publik, damit Agatha sich scheiden lassen konnte. Auch in diesem Fall hatte die Dorföffentlichkeit nichts geahnt.

Einen dritten Fall schildert Michel de Montaigne unter weiteren «histoires mémorables»: Sieben oder acht junge Mädchen aus Chaumont hatten beschlossen, sich fortan als Männer zu kleiden und ihr Leben als Männer zu verbringen. Eine von ihnen liess sich unter dem Namen Marie in Vitry als Weber nieder und verdiente ihren Lebensunterhalt «wie ein Mann», bevor sie nach einer aufgelösten Verlobung nach Montier-en-Der weiterzog und dort eine Frau heiratete. Von einem Bekannten aus Chaumont wieder erkannt, wurde sie vor Gericht gestellt und zum Galgen verurteilt.[21]

Einige dieser Fälle aus dem 16. Jahrhundert weisen mit den niederländischen des 17. und 18. Jahrhunderts und sogar noch mit Fällen aus dem 20. Jahrhundert erstaunliche Parallelen auf, so z. B. das Verhalten der Ehefrauen vor Gericht. Ihre

Aussagen, sie hätten nicht gemerkt, dass ihr Ehemann in Wirklichkeit eine Frau sei, wirken stereotyp. Kann diese Schutzbehauptung als Versuch interpretiert werden, sich mit dem Argument jungfräulicher Unkenntnis vom Vorwurf zu entlasten, eine derart «widernatürliche», gegen göttliche und menschliche Gebote verstossende Beziehung eingegangen zu sein, um auf diese Weise der Schande und der Strafe zu entgehen?[22] Eine Konstante bildet auch die mildere Bestrafung der Ehefrau, während die Strafe für die travestierende Frau, die den männlichen Part übernommen hatte, unterschiedlich hart ausfällt. Die Bandbreite der verhängten Strafe reicht von Verbrennen (Häretiker, Hexen, «Sodomiten»), Ertränken, Hängen (einer zumindest in unserer Gegend typischen Männerstrafe im Unterschied zum Ertränken, das als typische Hinrichtungsart für Frauen gilt), lebenslänglicher Verbannung, öffentlicher Auspeitschung bis zu längeren oder kürzeren Kerkerstrafen.[23]

Diskurse über «sex», «gender» und Kleidung

Für unsere Fragestellung ist es sinnvoll, die im 16. Jahrhundert so plötzlich einsetzende Aufmerksamkeit für das Phänomen des weiblichen Transvestismus im Zusammenhang mit den andern Diskursen um «sex», «gender» und Kleidung zu betrachten, die gleichzeitig die Gemüter der Menschen des 16. Jahrhunderts beschäftigten. Transvestismus wurde zu dieser Zeit ins Blickfeld der Öffentlichkeit und der öffentlichen Diskurse gerückt. Neu war das Phänomen an sich keineswegs, neu war jedoch die Intensität und die Gleichzeitigkeit verschiedener Diskursstränge, die das Thema aufgriffen und die sich gegenseitig beeinflussten. Für Justiz, Medizin, Kirche, Literatur und Theater wurde das Thema Transvestismus gleicherweise zum Faszinosum.
Aus verschiedenen Gründen und in unterschiedlichen Kreisen manifestierte sich das Interesse am Bereich zwischen den beiden klar definierten und klar definierbaren Polen «männlich» und «weiblich», nachdem diese offensichtlich ins Wanken geraten waren. Ein geschärfter Blick, eine neue Art der Wahrnehmung, neue Sensibilitäten für den Unterschied zwischen Sein und Schein in bezug auf Sexualität, Körper und Kleidung, auf Rollenmuster und deren Umkehr bildeten dazu die Voraussetzung. Zur Debatte standen damit die Fragen nach der kulturellen, der sozialen und der sexuellen Identität, die gleichzeitig über mehrere Diskurse geführt wurden. Ich möchte dies abschliessend thesenartig zusammenstellen:

– Seit dem 16. Jahrhundert häuften sich die Prozesse gegen Frauen, die Männerkleider getragen und für kürzere oder längere Zeit erfolgreich eine Männerrolle gespielt hatten. Weiblicher Transvestismus wurde dadurch zum Gegenstand ausführlicher gerichtlicher Untersuchungen und somit auch greifbar in den Gerichtsquellen.[24] Ihren Aussagen können wir entnehmen, dass sie ausserhalb des Normensystems, das den weiblichen Handlungsraum einschränkte (und damit auch die Verdienstmöglichkeiten reduzierte), in wirtschaftlichen Krisen ihr Auskommen in Männerdomänen suchten, indem sie ihren Migrationsradius ausweiteten und in Männerberufe auswichen (Wanderarbeiter, Bauernknecht, Handwerker). Was die Gerichte interessierte, waren jedoch andere Aspekte, nämlich ihre «wahre» sexuelle Identität, ihr Vorleben als Frau, Ehefrau oder Mutter und die Art der Beziehung zu ihrer «Ehefrau». Um die Diskrepanz zwischen Kleidung, sozialer Männerrolle und sexueller Identität aufzuklären, pflegten die Richter auf die Medizin und deren neue wissenschaftliche Erkenntnisse zurückzugreifen, um mit deren Hilfe in einem schwer fassbaren, nicht definierten Zwischenbereich Recht sprechen zu können.

– Im medizinischen Bereich entwickelten sich neue Fragestellungen. Das Augenmerk richtete sich auf gynäkologische Probleme und von da auf anatomische Anomalien («Monster», Hermaphroditen, Geschlechtswechsel). Auch im medizinischen Diskurs, der von Ärzten, Chirurgen und Hebammen geführt wurde, war das Bestreben, klare Definitionen für die Zugehörigkeit zum männlichen bzw. weiblichen Geschlecht festzulegen, ein zentrales Anliegen. Im Brennpunkt des Interesses stand der «Zwischenbereich», der mit Rückgriff auf das Wissen der antiken Autoren (Aristoteles, Plinius) beschrieben wurde und in dem Kriterien gefunden werden mussten, nach denen Personen mit nicht eindeutiger Geschlechtszugehörigkeit dem einen oder andern Geschlecht zuzuweisen waren. In diesem Zusammenhang entwickelten die Gelehrten die alte Vorstellung vom anatomisch gesehen unvollkommenen Wesen «Frau» weiter, deren innere Geschlechtsorgane herausklappen konnten, wodurch sie Identität und Sozialstatus eines Mannes erreichte.[25]

– In den juristischen, medizinischen *und* kirchlichen Kompetenzbereich gehörten die Fälle, in denen die neue Geschlechtsidentität legitimiert werden musste. Nach den juristischen und medizinischen Überprüfungen war in diesen speziellen Fällen ein kirchliches Ritual nötig, das durch eine neue Namengebung die neue Identität sanktionierte. Marie la barbue z. B., die bis zum Alter von 22 Jahren eine Frau gewesen war, erhielt ihren neuen Namen vom Bischof von Châlons in

Anwesenheit der versammelten Gemeinde. Aus Marie wurde damit offiziell Germain.[26] In andern Fällen konnten sich Mediziner und Juristen nicht zu einem Entschluss durchringen, zu welchem Geschlecht die betreffende Person zu rechnen sei. Die Ambivalenz blieb – im Unterschied zu Maries Fall – unaufgelöst.

– Die humanistischen Schriftsteller und Gelehrten nahmen spektakuläre Fälle von Transvestismus in ihre Reiseberichte und Sammlungen von Denkwürdigkeiten auf neben Berichten über Hermaphroditen, «Monster» und Schilderungen der Sitten und Gebräuche exotischer Völker. Als Kuriosa, Unterhaltung, Belehrung und Nervenkitzel erhielten sie damit ihren festen Platz in der «kulturgeschichtlichen» Literatur der Zeit. In Michel de Montaignes «Journal de voyage» finden sich solche Geschichten, die er z. T aus medizinischen Werken des Chirurgen Ambroise Paré übernahm; der gelehrte Luzerner Stadtschreiber Renward Cysat (1545–1614) berichtet zwischen einer Abhandlung über Trunkenheit und Tierkrankheiten über «Hermaphroditen» oder «Androgyn» in Schwaben und unter den «nackenden lüten in Florida».[27]

– Blicken wir nach England, so sehen wir eine weitere Spielart des Umgangs mit Transvestismus: Die auffällige Präsenz dieses Themas in den elisabethanischen Theaterstücken und die Tatsache, dass die (als Männer verkleideten) jungen Frauen von jungen Männern dargestellt wurden, lösten heftige Reaktionen für oder gegen das Theater aus. Die Gegner argumentierten in ihren Streitschriften mit dem biblisch begründeten Tabu und verbanden den befürchteten Zerfall der von Gott determinierten Geschlechterordnung mit dem Zerfall der gesellschaftlichen und staatlichen Ordnung.[28] Dieses Spielen mit sexueller Ambivalenz und bewusst eingesetzter Androgynie wird von englischen und amerikanischen Historikerinnen und Historikern in enge Beziehung gesetzt zum Habitus der englischen Königin selbst, die ihre Identität zwischen «Frau» und «König» oszillieren liess.[29]

– Transvestismus gehörte zum festen, trotz kirchlicher und obrigkeitlicher Verbote unausrottbaren, seit dem Mittelalter bekämpften Bestand des Karnevals und der Narrenfeste, d. h. zur verkehrten Welt mit ihren Ritualen, welche die Hierarchien für eine begrenzte Zeit auf den Kopf stellten. Trotz Verboten und Bestrafungen liessen sich jedoch Frauen und Männer nicht davon abhalten, sich zu diesem Anlass weiterhin zu «verkleiden».[30]

– Einen weiteren Aspekt möchte ich hier bloss andeuten, nämlich die Aufstände, in denen Frauen Männerkleidung trugen, und besonders diejenigen, in denen aufständische Männer sich als Frauen verkleideten, um vom niedrigeren Status der Frauen zu profitieren: Frauen galten bekanntlich als weniger vernunftbegabt und rational und konnten deshalb auch weniger zur Verantwortung gezogen werden für ihre Taten, d. h. sie wurden milder bestraft als Männer.[31] Dieses Motiv für situationsbezogenen männlichen Transvestismus wird jedoch erst in der frühen Neuzeit richtig fassbar.

Anmerkungen

1 Allgemein zur Semiotik der Kleidung in vorindustriellen Gesellschaften die Aufsätze in Neithard Bulst, Robert Jütte (Hg.), *Zwischen Sein und Schein. Kleidung und Identität in der städtischen Gesellschaft* (= Saeculum 44, 1, 1993).
2 Dazu besonders die folgenden drei Aufsätze aus dem Sammelband Neithard Bulst, Robert Jütte: zur obrigkeitlichen Normierung des Kleidungsverhaltens und zur «distinction» Gerhard Jaritz, «Kleidung und Prestige-Konkurrenz. Unterschiedliche Identitäten in der städtischen Gesellschaft unter Normierungszwängen», in: Neithard Bulst, Robert Jütte, *Zwischen Sein und Schein*, 8–31; Neithard Bulst, «Kleidung als sozialer Konfliktstoff», 32–46; mit geschlechtergeschichtlichem Ansatz Katharina Simon-Muscheid, «‹Und ob sie schon einen dienst finden, so sind sie nit bekleidet dernoch›. Die Kleidung städtischer Unterschichten zwischen Projektion und Realität im Spätmittelalter und in der frühen Neuzeit», 47–64; Robert Jütte, «Stigma-Symbole. Kleidung als identitätsstiftendes Merkmal bei spätmittelalterlichen und frühneuzeitlichen Randgruppen (Juden, Dirnen, Aussätzige, Bettler)», 65–89.
3 Claudia Ulbrich, «Unartige Weiber. Präsenz und Renitenz von Frauen im frühneuzeitlichen Deutschland», in: Richard van Dülmen (Hg.), *Arbeit, Frömmigkeit, Eigensinn. Studien zur historischen Kulturforschung*, II, Frankfurt a. M. 1990, 13–42; Gerhard Jaritz, «Die Bruoch», in: Gertrud Blaschitz et al. (Hg.), *Symbole des Alltags – Alltag der Symbole*, Festschrift Harry Kühnel, Graz 1992, 395–407.
4 Dazu Mary Douglas, *Reinheit und Gefährdung. Eine Studie zu Vorstellungen von Verunreinigungen und Tabu*, Frankfurt a. M. 1988.
5 Kirsten Hastrup, «The Semantics of Biology», in: Shirley Ardener (Hg.), *Defining Females. The Nature of Women in Society*, Oxford 1993, 34–50, bes. 36 f.; Rudolf Dekker, Lotte van de Pol, *Frauen in Männerkleidern. Weibliche Transvestiten und ihre Geschichte*, Berlin 1990, 58–62.
6 Zur Geschichte des Transvestismus: Marjorie Garber, *Vested Interests. Cross-dressing and Cultural Anxiety*, New York, London 1992; zum Problem, die zeitgenössischen Termini «Hermaphrodit» und «Tribade» mit den modernen Kategorien «Transvestiten», «Homosexuelle/Lesben», «Transsexuelle» in Einklang zu bringen: Rudolf Dekker, Lotte van de Pol, *Frauen in Männerkleidern*, 67–91; Eveline Berriot-Salvadore, «Le discours de la médecine et la science», in: Georges Duby, Michelle Perrot (Hg.), *Histoire des femmes*, III, XVIe–XVIIIe siècles, sous la direction de Natalie Z. Davis et Arlette Farge, Paris 1991, 360–395; zum medizinischen Diskurs im 19. und 20. Jahrhundert: Vern L. Bullough, Bonnie Bullough, *Cross Dressing, Sex, and Gender*, Philadelphia 1993; alle mit weiterführender Literatur.
7 Ioannis Calvini opera quae supersunt omnia, ediderunt Guilielmus Baum, Eduardus Cunitz,

Eduardus Reuss, vol. XXVIIII, Brunsvigae 1885, *Le deuxiesme sermon sur le chap. XXII. V. 5–8,* 17–29.
8 Marjorie Garber, *Vested Interests,* 21–40; Aileen Ribeiro, *Dress and Morality,* London 1986, bes. 59–73; Jean E. Howard, «Cross-dressing, the Theater, and Gender Struggle in Early Modern England», in: Lesley Ferris (Hg.), *Crossing the Stage. Controversies on Cross-dressing,* London, New York 1993, 20–46; Laura Levine, «Men in Women's Clothing: Anti-theatricality and Effeminization from 1579–1642», *Criticism* 28 (1986), 121–143; zum französischen Diskurs Nicole Pellegrin, «L'androgyne au XVIe siècle: pour une relecture des savoirs», in: Danielle Haase-Dubosc, Eliane Viennot (Hg.), *Femmes et pouvoirs sous l'ancien régime,* Paris 1991, 11–48.
9 Marina Warner, *Joan of Arc. The Image of Female Heroism,* London 1981, bes. Kap. 7, 139–158; Katharina Simon-Muscheid, «Gekleidet, beritten und bewaffnet wie ein Mann. Annäherungsversuche an die historische Jeanne d'Arc», in: Hedwig Röckelein, Maria E. Müller, Charlotte Schoell-Glass (Hg.), *Jeanne d'Arc. Die Geschichte konstruiert sich eine Figur* (erscheint 1996); Andrée und Georges Duby (Hg.), *Les procès de Jeanne d'Arc,* Paris 1973, 10 weisen auf die zeitgenössischen Predigten hin, die das Tragen von Männerkleidern durch junge Frauen und umgekehrt als Steigerung von «luxuria» und «superbia» deuten, die der Ankunft des Antichrist vorausgehen.
10 Zitiert nach André Vauchez, *Les laïcs au Moyen Age. Pratiques et expériences religieuses,* Paris 1987, 284.
11 Richard C. Trexler, «La prostitution florentine au XVe siècle», *Annales E. S. C.* 36 (1981), 6, 983–1015; zu den effeminierten «mignons» am Hofe Heinrichs III. von Frankreich: Nicole Pellegrin, *«L'androgyne».*
12 Zur Tradition des weiblichen Transvestismus in den frühchristlichen Legenden: Marina Warner, *Joan of Arc,* 148–158; nach Caroline W. Bynum, *Holy Feast and Holy Fast,* Berkeley, Los Angeles, London 1987, 417 sind sie Projektionen männlicher Ängste, denn «female cross-dressing was a threatening symbol to men».
13 Nach Rudolf Dekker, Lotte van de Pol, *Frauen in Männerkleidern,* 12 finden sich die frühesten Fälle 1533 (Frankreich), 1544 (Deutsches Reich), 1550 (Niederlande), 1642 (England). Weitere Prozesse fanden in Spanien (2. Hälfte 16. Jahrhundert) und am Oberrhein (1537 bzw. 1547) statt; zwischen 1565 und 1605 wurden im englischen Bridewell mehrere Frauen in Männerkleidung aufgegriffen und der Prostitution bezichtigt (Jean E. Howard, «Cross-dressing», 22).
14 Beispiele für dieses Verhalten bei Rudolf Dekker, Lotte van de Pol, *Frauen in Männerkleidern,* in den «reinen» Männergesellschaften auf den Schiffen und im Heer.
15 Heide Wunder, «Geschlechtsidentitäten. Frauen und Männer im späten Mittelalter und am Beginn der frühen Neuzeit», in: Gisela Bock, Karin Hausen, Heide Wunder (Hg.), *Frauengeschichte – Geschlechtergeschichte,* Frankfurt a. M., New York 1992, 131–136.
16 So Elena/Eleno de Cespedes, die vom Vikar, von dem sie die Heiratslizenz beschaffen wollte, wegen ihres bartlosen Gesichts für einen Eunuchen gehalten, nach der Heirat als Frau oder Hermaphrodit verdächtigt und von der Inquisition verurteilt wurde, weil sie mit Hilfe des Teufels ihr Geschlecht geändert habe (Vern und Bonnie Bullough, *Cross Dressing,* 94–96).
17 *Chronik des Fridolin Ryff,* Basler Chroniken, Bd. 1, Leipzig 1872, 150.
18 Dazu Dorothee Rippmann, «Frauenarbeit im Wandel. Arbeitsteilung, Arbeitsorganisation und Entlöhnung im Weinbau am Oberrhein (15./16. Jahrhundert)», in: Heide Wunder, Christina Vanja (Hg.), *Frauen in der ländlichen Gesellschaft der Frühen Neuzeit* (im Druck).

19 Sully Roeken, Cornelia Brauckmann, *Margaretha Jedefrau*, Freiburg i. B. 1989, 295–298.
20 Dies wird auch verkleideten «Matrosen» zum Verhängnis, siehe Rudolf Dekker, Lotte van de Pol, *Frauen in Männerkleidern*; karikierend von einem Mann in Frauenkleidern zur Fasnachtszeit nachgeahmt und bestraft, Staatsarchiv Basel, Ratsbücher O.7, 1543, 45v: «Hans von Warse der metzger gsell [...] ist mit andern jungen gsellen in butzen wiss mit frowen cleideren angethon, umbher zogen [...] under anderem nyder gehuret und sich des wassers, wie ein wyb, entplöst, das nu gar schantlich und ergerlich gsin [...].»
21 *Journal de voyage de Michel de Montaigne*, édition présentée, établie et annotée par François Rigolot, Paris 1992, 6: «Ce qu'elle disoit aimer mieux souffrir que de se remettre en estat de fille. Et fut pendue pour des inventions illicites à supplir au défaut de son sexe.»
22 Im Prozess gegen den «Colonel» Valerie Arkell-Smith in den 1920er Jahren wird seine Ehefrau vor Gericht gefragt: «When did you discover she was a woman?» Antwort: «Not until I read about it in the newspaper.» Julie Wheelwright, *Amazons and Military Maids. Women Who dressed as Men in the Pursuit of Life, Liberty and Happiness*, London 1989, 4.
23 Ins Gewicht fällt, ob die travestierende Frau mit Hilfe eines «Instruments» die fehlende männliche Anatomie vortäuschte. Siehe dazu auch Stephen Greenblatt, *Verhandlungen mit Shakespeare. Innenansichten der englischen Renaissance*, Berlin 1988, 66–84.
24 In der in den Anmerkungen zitierten Literatur finden sich neben den spektakulären Fällen auch zahlreiche Hinweise auf routinemässige Verurteilungen von Frauen, die in Männerkleidern auf der Strasse aufgegriffen wurden.
25 Joan Cadden, *Meanings of Sex Difference in the Middle Ages. Medicine, Science, and Culture*, Cambridge 1993, bes. 209–227; Ambroise Paré, *Des monstres et prodiges*, Edition critique et commentée par Jean Céard, Genève 1971, 24–30 und Anm. 162–164; Jaques Duval, *Des Hermaphrodites*, Rouen 1603; Jean Céard (éd.), *Le corps à la Renaissance*, Actes du 30e colloque de Tours 1987, Paris 1990; Michel Foucault, *Sexualität und Wahrheit*, Bd. 1, *Der Wille zum Wissen*, Frankfurt a. M. 1977.
26 Stephen Greenblatt, *Verhandlungen*, 72–84; Michel de Montaigne, *Journal*, 6 f., ohne auf die Bedeutung der neuen Namengebung einzutreten; Ambroise Paré, *Monstres*, 29 f.: «Et tantost apres avoir rapporté a l'Evesque [...] par son authorité et assemblee du peuple il receut le nom d'homme [...].»
27 *Quellen und Forschungen zur Kulturgeschichte von Luzern und der Innerschweiz*, hg. v. Josef Schmid, Bd. 4, 3. Teil, Renward Cysat, *Collectanea Chronica und Denkwürdige Sachen pro Chronica Lucernensi et Helvetiae, Collectanea zur Geschichte der Stadt Luzern*, 3. Teil, Luzern 1972, 227–228.
28 Siehe dazu die in Anm. 8 angeführte Literatur.
29 Leah S. Marcus, «Shakespeare's Comic Heroines, Elizabeth I, and the Political Use of Androgyny», in: Mary Beth Rose (Hg.), *Women in the Middle Ages and the Renaissance*, Syracuse 1986, 135–153.
30 Natalie Z. Davis, «Women on Top», in: Natalie Z. Davis, *Society and Culture in Early Modern France*, Stanford 1975, 124–151; Claudia Ulbrich, «Unartige Weiber. Präsenz und Renitenz von Frauen im frühneuzeitlichen Deutschland», in: Richard van Dülmen (Hg.), *Arbeit, Frömmigkeit, Eigensinn*, Frankfurt a. M. 1990, 13–42, 24 betont, dass die Rollenumkehr bei einem Mann als Spass betrachtet wurde, bei einer Frau jedoch als «Unzucht» galt.
31 Arlette Farge, «Evidentes émeutières», in: *Histoire des femmes*, III, 481–496, bes. 490 f.; Rudolf Dekker, «Women in revolt. Popular protest and its social basis in Holland in the seventeenth and eighteenth centuries», *Theory and Society* 16 (1987), 337–362.

ANNE-LISE HEAD-KÖNIG

Les femmes et la Justice matrimoniale dans les cantons suisses, XVIIe–XIXe siècles

Crédibilité et protection de la femme lors de contentieux matrimoniaux

Les contentieux fréquents que l'on peut observer dans tous les cantons suisses quant à la formation du lien matrimonial sont révélateurs de la position et du statut différents des femmes et des hommes dans les divers cantons suisses. Ce sont eux que nous avons analysés dans le cadre d'une étude en cours qui porte sur le mariage en Suisse du XVIe siècle à la Constitution de 1874 et pour laquelle les registres des divers consistoires protestants, locaux et cantonaux, forment un corpus de sources important. Pour la présente esquisse, j'ai retenu les deux catégories de contestations les plus fréquentes dont avait à juger la justice matrimoniale: celle qui portait sur la validité des promesses de mariage et celle qui résultait de la situation particulière engendrée par la *copula carnalis* et le rôle qu'elle a pu jouer parfois pour contraindre au mariage un homme récalcitrant. Les démêlés des femmes avec la Justice matrimoniale, lorsqu'il s'agit de faire exécuter des promesses de mariage qu'elles jugent être valides ou faire célébrer un mariage à la suite d'une conception hors mariage, mais jugée légitime par la mère enceinte de l'enfant à naître, permettent d'appréhender le degré de crédibilité variable que la justice accorde au témoignage des femmes et à celui des hommes selon les espaces régionaux. En outre, ils sont révélateurs de l'évolution qu'a subie la position des femmes dans les diverses sociétés qui composent alors la Suisse. Il convient de souligner néanmoins que les rapports que la Justice matrimoniale entretenait avec ceux qui étaient appelés à comparaître devant elle se sont modifiés de manière fondamentale aussi pour d'autres raisons. Notamment, parce que l'on se trouve face à une justice progressivement instrumentalisée par le pouvoir politique dans un processus assez long qui va, en gros, de la fin du XVIe au XIXe siècle. Pouvoir politique dont les objectifs étaient soit de limiter la reproduction sociale de certaines couches de la population soit de faire porter le poids de la prise en charge des éléments les plus fragilisés de la population par les familles et parentés dont ils étaient issus et non pas par l'ensemble de la société. On comprend dès lors le rôle important qui revient à la Justice matrimoniale dans les divers cantons en matière de mariage, puisque de ses décisions dépendaient et la conclusion d'un certain nombre de mariages et la marginalisation ou, au contraire, l'intégration dans la société des femmes demanderesses dans les causes matrimoniales, surtout lorsqu'elles étaient enceintes.

L'évolution divergente des justices matrimoniales cantonales

L'on a donc affaire, du XVIe au XIXe siècle, à une conception de la justice matrimoniale qui n'est pas immuable et à un pouvoir judiciaire dont la doctrine se modifie et dont les objectifs se transforment en fonction des mutations que subit la société. La conséquence – indirecte – de la diversité des politiques cantonales en matière de justice matrimoniale a été parfois une protection accrue de la femme dans la défense de ses droits au moment de la formation du lien matrimonial dans certaines aires géographiques, mais parfois aussi, et tout au contraire, une marginalisation des femmes qui n'avaient pas respecté strictement les normes alors en vigueur dans d'autres cantons. Donc une justice matrimoniale qui passe par plusieurs phases et visions, ceci pour tous les cantons et pour les deux confessions dominantes dans l'espace helvétique.

Pour des raisons évidentes, les cantons catholiques ne permettent guère une analyse aussi poussée de la position des femmes devant la justice matrimoniale. La réception des décrets tridentins a eu pour effet de réduire les contestations matrimoniales dans les cantons catholiques. Les décisions du Concile de Trente en matière matrimoniale ont supprimé, pour le pouvoir judiciaire tout au moins, l'ambiguïté qui résultait de promesses de mariages se transformant en mariage par le seul fait de la consommation charnelle. En effet, après le Concile de Trente, les fiançailles ne déploient plus d'effets juridiques, même accompagnées de la consommation charnelle. Dès lors, les procès pour cause de mariage sont en recul dans les pays catholiques et l'on a affaire surtout à des procès de paillardise qui impliquent une femme enceinte de façon illégitime et le père présumé de l'enfant.

En revanche, l'on observe, non sans surprise, des différences considérables quant à la portée juridique des promesses de mariage dans les divers cantons protestants, les divergences de conception apparaissant dès la fin du XVIe siècle, et s'accentuant jusque dans la seconde moitié du XIXe siècle. Il est vrai que les doctrines des premiers réformateurs en matière de fiançailles ne différaient que de peu. Ainsi, à Genève, les premières ordonnances matrimoniales calviniennes du XVIe siècle impliquaient encore que les promesses de mariage étaient déjà créatrices du lien matrimonial,[1] un point de vue partagé alors par les autres réformateurs protestants de la Suisse, Farel et Zwingli, mais dont les successeurs de Calvin s'écarteront sensiblement aux XVIIe et XVIIIe siècles. Leur conception du rôle des fiançailles deviendra plus restrictive, du fait notamment des prérequis formels exigés par le Consistoire pour que soit reconnue la validité des promesses de mariage.[2]

Ensuite, l'on constate aussi une évolution différenciée entre cantons de même obédience religieuse. Deux phénomènes surtout, mais décalés dans le temps, ont eu pour effet de modifier de manière fondamentale le fonctionnement de la justice matrimoniale dans bon nombre de ces cantons. Le premier facteur a été un certain recul par rapport à un fondamentalisme biblique, c'est-à-dire une conception où les préceptes bibliques étaient pris et appliqués à la lettre, tant dans des cantons d'obédience farélienne que zwinglienne. Ils impliquaient l'obligation pour tout homme ayant séduit une femme de l'épouser, quelle qu'ait été sa réputation, ceci en application du précepte biblique selon lequel «quiconque despucellera et deshonnorera une vierge que iceluy luy doibve constituer doct et mariage et l'avoir pour femme».[3] Ceci même en l'absence de promesses de mariage, les parties étant présumées consentantes par le seul fait de la *copula*. On comprend cependant que les effets très contraignants de cette politique qui assurait le mariage à la femme en toutes circonstances aient entraîné un certain nombre d'abus[4] auxquels les cantons se sont efforcés de remédier par une législation plus détaillée, permettant de définir plus précisément les circonstances dans lesquelles la partie demanderesse pouvait obtenir le mariage. Le second facteur, qui explique les divergences importantes que l'on constate dans des cantons alémaniques pourtant voisins, a été la perte de l'influence immédiate en matière religieuse que l'église zurichoise exerçait sur les cantons protestants proches, par le simple fait de la cessation de l'essaimage des pasteurs zurichois dans les cantons voisins. Dès le second tiers ou la seconde moitié du XVIIe siècle, ces derniers ont disposé d'un nombre suffisant de ressortissants susceptibles d'exercer les fonctions pastorales. Et, du même coup, il y a eu identification accrue des conceptions doctrinales ecclésiastiques et des conceptions sociétales du pouvoir civil dans les divers cantons. Ceci a eu pour effet que les conceptions matrimoniales du judiciaire, et surtout dès le XVIIIe siècle, sont devenues parfois un instrument servant diverses visées du politique, que ce soit la moralisation de la société ou le contrôle social des couches inférieures. La justice matrimoniale et ses émanations locales surtout ont été des armes d'autant plus redoutables au service du politique que tout canton protestant était libre de légiférer à sa guise pour tout ce qui touchait au mariage (formation, vie commune des couples, divorce, remariage, illégitimité et entraves éventuelles que les autorités estimaient devoir dresser au mariage de certains couples). L'on observe donc l'existence d'une panoplie d'ordonnances contraignantes, accompagnées d'exhortations et de pressions diverses, de mesures préventives et d'interdits expliquant les jugements différents qui ont été rendus et qui finissaient par dresser, sur de courtes distances, parfois entre des communautés voisines, là même où régnaient l'unité religieuse et des activités économiques similaires, des différences énormes dans la position des femmes enceintes avant le mariage ou en dehors du mariage, en raison de règles favorisant ou prévenant le mariage souhaité par l'une des parties comparaissant devant la justice matrimoniale.

Il faut souligner aussi que, dans les différents cantons, les tentatives d'instituer un modèle cohérent de fonctionnement de la justice matrimoniale reflétaient un certain nombre de phénomènes structurels auxquels la société d'alors a réagi avec des emphases très diverses selon les cantons. Pour l'essentiel, il s'agissait de répondre à des préoccupations lancinantes: l'augmentation démographique et concurremment celle du nombre de pauvres, puisque la prise en charge par la commune d'origine était la règle pour les communes rurales, de bon ou de mauvais gré, à partir du XVIIe siècle, ce qui incitait certaines communautés à déployer des efforts considérables pour éviter que des nupturiants ou des enfants nés hors du mariage ne tombassent à leur charge. D'où une vision très différente du rôle qu'il fallait imputer aux naissances hors mariage, selon qu'elles étaient accompagnées de promesses de mariages ou non: soit elles étaient le signe d'un dérèglement contre lequel il fallait sévir, parce qu'il aurait pu être imité, soit il s'agissait de conceptions prénuptiales tolérées par la société, même si le mariage, pour des raisons indépendantes de la volonté des nupturiants, n'avait pu avoir lieu.

Les motifs de la comparution devant la justice matrimoniale ont été très divers et répondaient à des préoccupations différentes. Il y a tout d'abord une initiative non négligeable propre aux consistoires eux-mêmes du fait de leur préoccupation avec la régulation de la conduite. Ils prenaient donc souvent l'initiative de convoquer ceux dont on supposait qu'ils avaient enfreint les lois consistoriales.[5] Ensuite, il semble que, selon les sphères culturelles, et pour des raisons qui restent encore inexpliquées, femmes et hommes aient eu recours à l'intervention du Consistoire dans des proportions très inégales. En Suisse occidentale, on observerait un comportement assez inattendu: une minorité seulement de femmes par rapport au nombre de procès de paillardise chercherait à obtenir satisfaction par l'intermédiaire de la justice matrimoniale, notamment dans le pays de Neuchâtel,[6] alors que dans les régions alémaniques, les femmes seraient bien plus nombreuses à actionner la justice en s'appuyant soit sur une promesse de mariage, soit sur une grossesse pour obtenir l'exécution des promesses et pour demander que l'auteur des promesses et/ou le père présumé de l'enfant soit contraint au mariage.

Deux modèles principaux de fonctionnement

L'on peut déceler, dans les cas de grossesse en dehors du mariage et de promesses de mariage non tenues, deux modèles de fonctionnement de la justice matrimoniale.

Dans le premier modèle, les promesses de mariage avaient encore force légale, et contraignaient au mariage ceux qui avaient échangé les promesses, et ceci d'autant plus qu'il y avait eu engendrement d'un enfant. Et en cas de validité incertaine, une grossesse, lorsqu'elle était accompagnée d'une «demi-preuve» (l'expression est de Samuel Ostervald) ou de présomptions corroborantes, pouvait amener le juge à prononcer l'obligation du mariage. On voit que la décision de la justice tenait compte ici d'une longue tradition populaire à laquelle les gouvernements essayeront de s'opposer, mais qui a réussi à survivre dans certains cantons jusque dans la seconde moitié du XIXe siècle. La conséquence en a été que la femme n'était pas pénalisée du fait d'une cohabitation avant le mariage, lorsqu'elle pouvait invoquer des promesses. Elle était protégée contre celui qui souhaitait se dérober à l'obligation du mariage.

Mais dans ce modèle apparaît cependant une très nette différenciation entre les aires culturelles protestantes, celles de la Suisse plus occidentale d'une part et celles de la Suisse plus centrale et orientale d'autre part. Car, lors de leur comparution devant le tribunal, les femmes de ces deux espaces visaient, me semble-t-il, des objectifs très différents. En Suisse occidentale, il s'agissait pour elles tout d'abord d'obtenir, pour le moins, la prise en charge de l'enfant par le père et ensuite d'obtenir l'exécution des promesses de mariage. En Suisse alémanique, il s'agissait pour la femme enceinte d'obtenir tout à la fois réparation faisant suite à une transgression et d'être épousée par la partie défenderesse. Sans doute, la marginalisation de la femme qui avait accouché d'un enfant illégitime était-elle plus grande en Suisse alémanique, d'où la nécessité du mariage, presque à tout prix, pour oblitérer la faute commise et l'absence quasi permanente de désistement de la part de la femme, lorsque le Consistoire exhortait l'homme récalcitrant au mariage. Exemplaire à cet égard est le cas de Jeanne Crétigny, d'Apples dans le pays de Vaud. Dans un premier temps, le Consistoire local lui a reconnu le droit d'être épousée, parce qu'elle avait accouché d'un enfant et qu'elle possédait des promesses signées devant témoins «sans que [leur auteur] y fusse contraint ni ayant paru qu'il usse bu outrement». Mais dans un second temps, celle-ci devait finalement décider de renoncer à épouser le père de l'enfant, auquel l'enfant avait été attribué, en invoquant l'opposition marquée de sa future belle-mère au mariage.[7]

Le second modèle propagé par la justice matrimoniale a émergé au cours du XVIIe siècle dans divers cantons. Il comprenait des exigences de formalisation élevées pour que les fiançailles soient valides: rôle des témoins, du contrat écrit, du consentement parental, de l'égalité des statuts, etc. Ces exigences nouvelles ont eu pour effet des difffcultés accrues pour que soient reconnues les prétentions au mariage des femmes enceintes hors du mariage. Dans ce contexte, seule une petite minorité de promesses contestées et de procès de paillardise se terminaient par la reconnaissance de l'enfant illégitime et par la célébration d'un mariage. D'où une marginalisation certaine des femmes condamnées. Ce rôle accru des prérequis a été typique de l'église de Genève, par exemple. Mais on retrouve certaines des exigences du modèle genevois dans d'autres cantons alémaniques, tels que Berne et Bâle, à la fin du XVIIIe et dans la première moitié du XIXe siècle.

L'on constate d'ailleurs que la politique des cantons qui, au XIXe siècle, ont adopté le Code civil, et ont interdit, par conséquent, toute recherche en paternité, n'a pas fait l'unanimité. Certains cantons protestants ont maintenu la conception archaïque d'une certaine validité des promesses de mariage, parce que moins préjudiciable à l'augmentation des illégitimes, l'argument étant le moindre taux d'illégitimité lorsque la recherche était autorisée, et que le père était forcé au mariage avec la mère.[8]

L'accent mis sur l'importance des normes dans les cantons appartenant au second modèle explique les difficultés rencontrées par les femmes enceintes hors mariage pour faire valoir leurs prétentions. Cette évolution est très visible à Genève, et elle est mise en évidence dans deux analyses de procès de paillardise.[9] Il existe tout d'abord une divergence énorme entre femmes et hommes quant au rôle des promesses de mariage comme élément explicatif du début de leurs relations sexuelles. Lors des procès qui ont eu lieu entre 1760 et 1764, 76,3% des femmes et 23,7% des hommes seulement avancent que des promesses ont été faites par l'autre partie et expliquent ainsi le début de leurs relations sexuelles. Une génération plus tard, lors des procès de 1790 à 1794, 48,7% des femmes invoquent des promesses ou la séduction pour excuser leurs relations sexuelles, alors que 6,3% seulement des hommes avouent de tels motifs. Mais pour l'une et l'autre période, ce qui frappe, c'est bien la faible proportion de mariages consécutifs aux procès. Et c'est donc bien la crédibilité des femmes qui est en jeu ici. Au total, il n'y aura que 20% de procès dans la première période analysée et 8,2% de procès de la seconde période qui se termineront par un mariage. Et dans les années 1790, bien que 30% seulement des enfants soient attribués à la mère, ce sont, en fin de compte, 60% des enfants qui sont à la charge de leur mère, le père reconnu de l'enfant par le consistoire ayant pris la fuite ou déserté la ville et les autorités ne prenant aucune mesure susceptible de remédier à cette situation.

Témoignage et crédibilité des femmes: le rôle du serment

Sans doute cette proportion réduite de mariages reflète-t-elle la difficulté des femmes de trouver des témoins susceptibles de confirmer leurs assertions,[10] témoins qui devaient avoir assisté à l'échange des promesses au sujet desquelles certains législateurs précisaient qu'elles devaient avoir été faites en des termes non équivoques. Dans des sociétés dominées par l'oralité, la preuve testimoniale revêtait une importance primordiale, soit pour compléter d'autres preuves, telles que le gage ou l'échange de cadeaux, soit pour se substituer à une promesse écrite inexistante dans un monde rural encore peu alphabétisé. D'ailleurs, l'importance des témoins est soulignée par la loi zurichoise qui rappelait expressément aux juges de ne pas faire foi trop rapidement aux propos des parties.[11] Toutefois, même la norme de la présence de témoins à l'échange de promesses de mariage mentionnée par certains statuts matrimoniaux protestants n'a pas toujours été contraignante. Dans certains cantons, notamment alémaniques, l'absence de témoins ne rendait pas invalide l'échange de promesses. Il s'y est donc maintenu, dans une certaine mesure, la conception catholique prétridentine de la validité des promesses conclues sans témoins. Ce point de vue a été celui, implicite, de la jurisprudence zurichoise jusqu'en 1698, en dépit de textes de loi contraires. Le code matrimonial rédigé en 1698 précisait, en effet, qu'à l'avenir, toute personne qui aurait eu connaissance d'un engagement matrimonial par ouï-dire ne serait plus habilitée à témoigner en faveur de l'une des parties. En fait, en cas de dissension entre les parties, c'est bien sur le témoignage que la justice matrimoniale devait se fonder pour départager les parties, notamment en l'absence d'autres preuves.

Outre le nombre de témoins, la question de savoir qui était habilité à témoigner dans un procès matrimonial a été fondamentale et l'on constate ici aussi une évolution différente des cantons quant à la validité des témoignages, ce qui influençait directement l'issue des procès. Au XVIe siècle, les exigences des villes protestantes ne différaient alors guère: la présence de deux témoins était requise, alors que ce nombre s'élevait même à trois dans certaines régions rurales élevées. Mais c'est sur la qualité des témoins qu'apparaissaient les plus fortes différenciations selon les régions. Si la plupart des statuts s'accordaient pour refuser le témoignage des proches parents, sinon comme témoins à décharge de la partie adverse, il existait souvent aussi une discrimination importante en fonction du sexe. Il ne fait guère de doute que les femmes avaient souvent plus de difficultés à faire reconnaître leurs prétentions, en raison de la moindre crédibilité dont elles jouissent alors en tant que femme, un état de choses que confirme la moindre valeur accordée le plus souvent aux témoins de sexe féminin. Dans la plupart des régions, les hommes «de bien et dignes de foi» sont, au XVIe siècle, encore seuls habilités à témoigner, avec quelques exceptions, il est vrai. Certains statuts, ceux de Zurich et de Glaris, par exemple, reconnaissaient ainsi déjà expressément aux femmes la capacité de témoigner, lorsqu'elles étaient âgées de plus de seize ans, et ce n'est sans doute pas un hasard que les jugements des Tribunaux matrimoniaux de ces deux cantons ont été souvent favorables aux femmes, lorsqu'elles demandaient l'exécution de promesses de mariage. Progressivement, toutefois, le nombre de statuts qui, au cours du XVIIe siècle, ont reconnu aux femmes la capacité de témoigner, s'est accru, l'âge à partir duquel les femmes étaient admises à témoigner variant cependant considérablement. Particulièrement curieuses étaient les dispositions en vigueur dans certaines régions romandes, ainsi dans le pays de Vaud. Alors qu'au XVIe siècle, seul le témoignage masculin était admis, l'on assiste à un relâchement de la norme au XVIIe siècle, le Coutumier de Lausanne admettant, en 1618, comme équivalent du témoignage de deux hommes de bien, celui de quatre femmes sans reproche, la terminologie utilisée dans les Lois et Statuts du pays de Vaud en 1730 étant encore plus explicite, à savoir que le témoignage de deux femmes ou filles d'âge suffisant, c'est-à-dire de plus de quinze ans, de bonne fame et réputation, neutres et non suspectes valait autant que celui d'un homme de bien. Mieux encore, il était préférable pour une femme du Mandement d'Aigle d'être enceinte, lorsqu'elle devait témoigner, puisque son témoignage valait alors, et dans cette circonstance uniquement, celui d'un homme.[12]

La plupart des lois consistoriales laissaient une grande liberté aux juges matrimoniaux dans l'appréciation des preuves et des moyens à utiliser pour découvrir la vérité.[13] En l'absence de preuves suffisantes et de témoins dignes de foi, la décision de recourir à d'autres méthodes pour découvrir la vérité, notamment le serment, revenait au juge consistorial, une décision primordiale pour le sort de la femme qui était enceinte, puisque toute décision d'un Tribunal matrimonial de ne pas reconnaître la validité d'une prétention matrimoniale avait pour corollaire obligatoire, jusqu'à la fin du XVIIIe siècle pour le moins, l'illégitimité de l'enfant à naître.

La plupart des législations matrimoniales prévoyaient donc le recours au serment. Toutefois certaines le rejetaient absolument ou limitaient son usage à l'existence de certains critères, notamment celui de l'égalité de condition des deux parties. Il faut cependant relever ici l'usage différent du serment, selon les circonstances, à savoir une action en justice à la suite d'un échange de promesse ou une action en justice du fait d'une *copula* suivie de grossesse. Dans le premier cas, l'on constate parfois une modification de l'usage du serment qui a eu pour effet de transformer les circonstances dans lesquelles se formait le lien matrimonial. En effet, dès le XVIe siècle la possibilité pour la partie demanderesse – souvent la femme – de prouver la validité d'un engagement matrimonial oral par le serment a pratiquement disparu, alors que ce dernier pouvait encore être utilisé par la partie défenderesse. Ceci permettait ainsi à cette dernière de se disculper de l'existence d'un engagement valide. D'où d'ailleurs l'émergence d'autres types de preuves, telles que la présence de témoins, le gage, la promesse écrite. Dans le second cas, cependant, lorsqu'il y avait eu grossesse, le serment était encore pratiqué. Le recours au serment était souvent considéré comme l'*ultimum remedium* par un certain nombre de législateurs, lorsque le Tribunal ne parvenait pas à trancher le différend. C'était le cas dans plusieurs cantons, notamment à Glaris, les Rhodes Extérieures, et dans la partie protestante du Toggenbourg. Le pouvoir du juge quant à l'issue du procès ne doit pas être sous-estimé, parce que c'était à lui qu'il appartenait de décider s'il fallait déférer le serment à la femme pour qu'elle puisse prouver son accusation par le serment que l'on appelait supplétoire, ou à l'homme, pour qu'il puisse se purger de l'accusation portée contre lui, par le serment purgatoire. Il apparaît ainsi que dans les cantons où prédominait le souci de l'insertion de la femme et de l'enfant à naître dans un clan familial, la justice matrimoniale recourait plus fréquemment au serment supplétoire, ce qui avait pour conséquence un taux d'illégitimité bien moindre du seul fait de mesures institutionnelles favorisant le mariage et qui servaient ainsi à l'inclusion des femmes et de l'enfant à naître dans un clan familial qui devait en avoir la charge en cas de nécessité.

Mais un rôle non négligeable, qui explique l'issue de certains procès matrimoniaux urbains, c'est-à-dire le faible taux de nuptialité consécutif à une procédure matrimoniale, et par conséquent le fort taux d'illégitimé des enfants conçus hors du mariage, est imputable à un autre facteur: celui de la méconnaissance de la pratique législative du lieu des instances décisionnelles. La transgression de la norme est, en effet, aussi un problème lié à la mobilité, puisque ce qui était admis dans certains cantons était interdit dans d'autres cantons.[14] Et l'opposition était vive aussi entre monde urbain et monde rural avec leurs valeurs morales différentes. Christian Simon a montré comment, au XVIIIe siècle, lors des contestations matrimoniales entre ressortissants de villages de la campagne bâloise, le transfert des cas à la justice matrimoniale supérieure, à savoir à celle de la ville de Bâle, a créé une situation préjudicielle aux femmes, puisque la ville connaissait et appliquait d'autres normes que celles de la campagne et que toute relation sexuelle hors du mariage y était suspecte *a priori*.[15]

Conclusion

Ainsi donc, les fortes fréquences d'illégitimité que l'on enregistre parfois dans certains cantons au XIXe siècle ont été le produit de contextes fort différents qui reflétaient l'emphase différente du législateur cantonal. D'une manière très réductrice – parce qu'il faudrait nuancer – l'on peut proposer une classification de quelques justices matrimoniales cantonales selon les critères suivants:[16] pour les juges matrimoniaux de Berne et de Bâle, c'est la vision de la primauté accordée au statut social respectif des nupturiants, et dans le cas bâlois également le consentement parental; pour ceux de Lucerne et dans une mesure moindre de Zurich, c'est l'ingérence du pouvoir civil qui vise à limiter la reproduction des pauvres, et par conséquent les hommes tout autant que les femmes sont fragilisés devant la justice pour faire reconnaître leurs prétentions matrimoniales; pour ceux de Glaris et des Rhodes Extérieures, c'est l'insertion de la femme et de l'enfant dans une famille. La primauté de cette vision a eu d'ailleurs pour corollaire un nombre élevé de mariages imposés par la justice et d'enfants qui naissaient peu après le mariage de leurs parents.

Dans le cas du canton de Glaris, les statuts matrimoniaux conféraient même au juge matrimonial le droit de décider d'un mariage, sans preuve aucune, lorsqu'il s'avérait que la femme avait été séduite par des paroles rusées et mensongères et il était également prévu le cas de la séduction masculine, celui où un homme aurait été séduit par une «femme frivole»: le juge ne pouvait pas, dans ce cas, imposer l'exécution du mariage, mais il avait néanmoins la compétence d'intervenir auprès de l'homme et de sa parenté pour que le mariage se fasse, afin d'éviter «le désordre public». D'où un taux cantonal de naissances illégitimes qui reste le plus bas de Suisse jusque dans la seconde moitié du XIXe siècle (1,8% dans les années 1851–1860), et en même temps, un taux de conceptions prénuptiales énorme, supérieur à la moitié des premières naissances au XIXe siècle dans certaines communautés.

Même dans les cantons où la législation n'a pas été aussi favorable à la femme et surtout à l'enfant à naître, il est probable cependant que l'influence exercée par les mariages imposés sur le comportement matrimonial d'autres couples a été importante, bien que non quantifiable. Il ne faut pas négliger l'effet dissuasif des jugements prononcés par les Tribunaux matrimoniaux et qui, joint au montant élevé des sanctions que devait payer la partie coupable ont convaincu vraisemblablement un certain nombre de partenaires récalcitrants à préférer le mariage à une action judiciaire dont le résultat était incertain.

Notes

1 Cornelia Seeger, *Nullité de mariage, divorce et séparation de corps à Genève au temps de Calvin: Fondements doctrinaux, Loi et jurisprudence*, Genève 1989, 99 (Mémoires et Documents, publiés par la Société d'Histoire de la Suisse romande, 18).

2 Emile Rivoire (éd.), *Les Sources du droit du canton de Genève, t. 3: de 1551 à 1620*, Aarau 1933, 338.
3 Dominique Favarger et Maurice de Tribolet (éd.), *Les sources du droit du canton de Neuchâtel, vol. 1: les sources directes*, Aarau 1983, 183.
4 «Il se trouve beaucoup de tromperies et gros dangers comme nous l'avons experimentez journellement, parce que plusieurs filles se disoyent estre vierges et ne l'estoyent pas et prenoyent en vigueur de tel statut les juvenceaux a querelle et les gagnoyent» (Dominique Favarger et Maurice de Tribolet [éd.], *Les sources du droit*).
5 Ainsi, les Consistoires locaux convoquent les femmes qu'ils soupçonnent d'être enceintes sans être mariées et leur ordonnent de ne pas s'absenter de chez elles et à leurs père et mère de veiller sur elles jusqu'à ce que preuve soit faite qu'elles ne sont pas enceintes (par ex., Archives cantonales vaudoises, désormais ACV, Bda 3/1, n. fol., 30. Mai 1770).
6 Jeffrey R. Watt, *The Making of Modern Marriage. Matrimonial Control and the Rise of Sentiment in Neuchâtel, 1550–1800*, Ithaca, London 1992, 112 ss.
7 ACV, Bda 3/1, n. fol., 24. Februar 1761.
8 On précisait ainsi que la politique de la recherche en paternité avait pour conséquence qu'en Appenzell un enfant seulement sur 42 naissait illégitime, alors que cette proportion était de un sur douze en France (cf. *Appenzellisches Monatsblatt* [1827], 177).
9 Geneviève Perret, *La paillardise à Genève (1760–1764): Etude sur la sexualité et les mœurs d'après les procès criminels*, mémoire de Licence, Univ. de Genève, Départ. d'histoire économique, Genève 1982; François Burgy, *Procès en paillardise à Genève, de 1790 à 1794*, mémoire de Licence, Univ. de Genève, Départ. d'histoire générale, Genève 1980.
10 Ainsi, les Ordonnances ecclésiastiques de Genève du 3 juin 1576 précisent qu'il y ait «pour le moins deux tesmoins, gens de bien et de bonne reputation, et qui sçachent en quelle autorité se font les promesses» (cf. Emile Rivoire [éd.], *Les sources du droit*, 338). Rappelons aussi qu'entre 1618 et 1664, Genève a été la seule ville à exiger la présence d'un pasteur aux fiançailles, sous peine de les déclarer nulles.
11 Susanne Rost, *Die Einführung der Ehescheidung in Zürich und deren Weiterbildung bis 1798*, Zürich 1935.
12 *Code des Loix des Trois Mandemens de la Plaine du Gouvernement d'Aigle publié par ordre de LL. EE.*, Berne 1772, 326.
13 La justice ne lésinait parfois pas sur les moyens puisque, outre l'emprisonnement, la torture était encore fréquemment utilisée au XVIIe siècle pour arracher la vérité aux parties, parfois même au XVIIIe siècle dans quelques rares cantons.
14 Un bel exemple de différences des conditions requises dans la formation du lien matrimonial est celui de Glaris où, au XVIIIe siècle, tout individu est capable de contracter mariage de sa seule volonté, sans autorisation parentale, dès l'âge de seize ans, alors que dans d'autres cantons, il faut encore obtenir le consentement parental après 25 ans, même lorsque l'on a atteint l'âge de la majorité.
15 Christian Simon, *Untertanenverhalten und obrigkeitliche Moralpolitik. Studien zum Verhältnis zwischen Stadt und Land im ausgehenden 18. Jahrhundert am Beispiel Basels*, Basel, Frankfurt a. M. 1981, 242 (Basler Beiträge zur Geschichtswissenschaft, 145).
16 Cette classification s'appuie sur l'étude en cours sur le mariage que j'ai entreprise.

Liliane Mottu-Weber

L'«engagement des femmes mariées commerçantes» à Genève sous l'Ancien Régime

Le procès de l'épouse Porte, ou comment concilier «intérêt du commerce et sûreté des dots»

Les faits

Judith, fille de Jean-Antoine de Choudens, et Jacques, fils d'Antoine Porte, tous deux enfants de Bourgeois de Genève, s'étaient mariés le 12 octobre 1738. Elle lui avait apporté ce jour-là une dot de 14'000 florins, complétée plus tard par divers apports en argent, qui avaient d'abord permis à Jacques de négocier en horlogerie et joaillerie puis, à partir de 1745, d'ouvrir un second petit commerce – de toilerie et de draperie – dont Judith s'était plus particulièrement occupée.[1] En 1748, cette dernière s'était même associée pour six ans avec une autre femme, Suzanne Dionville, épouse de Jean-Jacques Trot.[2] Mais leur société avait assez vite connu des difficultés, qui avaient amené les deux marchandes à se séparer en 1752. Judith avait donc poursuivi son activité seule, d'autant plus que son mari était parti le 15 décembre de la même année pour Naples, où il devait vendre des montres jusqu'en 1760. Grâce à son commerce, Judith Porte, née de Choudens, parvint à entretenir sa famille et à élever ses quatre enfants en dépit de l'absence de son mari.

En 1760, toutefois, à l'époque du retour de ce dernier, et peut-être précisément du fait que ses affaires en Italie avaient mal tourné, les deux époux se trouvèrent soudain dans une situation financière très précaire. Leurs créanciers devenant de plus en plus insistants, Judith de Choudens se pourvut en séparation de biens le 11 avril 1760: la loi autorisait en effet une épouse à retirer sa dot des mains de son mari pour en reprendre l'administration lorsque le mauvais état des affaires de celui-ci risquait d'entraîner la ruine de la famille. L'«assécuration» qui protégeait sa dot lui ayant été accordée, ses créanciers décidèrent de s'unir contre elle, faisant désigner l'un d'entre eux pour les représenter; un inventaire judiciel des «meubles et effets, marchandises et utencilles de ménage» de Judith fut immédiatement dressé.³ Une procédure s'engagea; elle aboutit le 14 août 1761 à une sentence du Petit Conseil en faveur de la femme Porte, qui, étant considérée comme «non tenue des dettes contractées dans le commerce qu'elle a[vait] géré pour le compte de son mari», fut autorisée à prélever sur les biens de ce dernier, «préférablement aux créanciers de ce même commerce, ses droits dottaux et tous ses avantages matrimoniaux». Or, ce prélèvement de la dot et des différents apports de Judith de Choudens réduisait pratiquement à néant les espoirs des créanciers de se voir remboursés. Ils adressèrent donc un recours contre cette décision au Conseil des CC (Deux-Cents).⁴ Celui-ci se prononça huit mois plus tard à quelques voix près en faveur des créanciers, auxquels il accorda la mainlevée de tous les effets du commerce, ne réservant à la marchande que la somme de 250 écus (2650 florins).⁵

L'«affaire de la femme Porte» aurait pu en rester là: on ne trouve que peu de traces de ce qu'il advint par la suite de ce couple de marchands. Jacques Porte mourut quinze ans plus tard à l'âge de 60 ans. Lors de sa propre mort, en janvier 1791, Judith de Choudens ne laissa guère plus de 1200 florins d'effets de ménage à ses deux enfants présents à Genève: les deux autres étaient partis pour l'étranger et l'on était sans nouvelles d'eux depuis de longues années.⁶ Mais toute cette affaire avait fait grand bruit dans la cité. Peu de temps après la décision du Conseil des CC, cinq Citoyens et Bourgeois se rendirent chez le Procureur général Jean-Robert Tronchin pour lui remettre une «représentation» exigeant que les Conseils «expliquent» les articles des Edits civils tant utilisés par les deux parties: l'on craignait en effet que de semblables procès se répètent et le «public» estimait par conséquent «important pour l'Etat d'avoir des loix qui ne soyent point susceptibles de double sens, tant pour éviter les procès que pour la sureté du bien des femmes et de celui des négocians». Ils désiraient en outre que cette explication soit à l'avenir insérée dans les Edits pour y servir de loi.⁷ Le lendemain, le Procureur présenta un long réquisitoire au Petit Conseil; il y demandait non seulement la suppression de certaines ambiguïtés contenues dans le titre XIII des Edits civils, mais encore une révision générale de ces Edits. Une commission fut alors nommée «afin qu'on pût connaître sans équivoque quels sont les engagements que peuvent prendre les femmes mariées qui négocient sous leur nom au vû et sçû de leurs maris». Elle commença par présenter deux projets de révision, l'un de tout le titre XIII, et l'autre de l'article V seulement. Une nouvelle version de cet article fut repoussée le 13 septembre 1762 par le

Conseil des CC. Une seconde commission, comprenant cette fois-ci un négociant et un avocat, se réunit ensuite six fois en trois mois et rédigea un projet de modification de l'article V. Accepté en Conseil des CC les 14 et 17 décembre 1762 par 71 voix contre 40, ce projet fut rejeté par 812 voix contre 176 par le Conseil général réuni le 23 décembre suivant.[8]

Bien qu'une proposition eût été faite en janvier 1763 au Petit Conseil de travailler à nouveau «à l'explication de l'article concernant les femmes commerçantes» et qu'une commission eût été nommée pour examiner le fameux article V du titre XIII, ce n'est qu'à l'occasion de la vaine tentative de révision des Edits civils de 1783 que le statut des femmes marchandes fit de nouveau l'objet de discussions.[9] Beaucoup plus tard, le projet de Code civil de 1796 devait réaffirmer que la femme mariée pouvait faire du commerce en tant que «commis de son mari» et par conséquent conclure les conventions qui en dépendent, pourvu que cela ne fût pas à l'insu ou en l'absence de celui-ci; si elle ne pouvait comparaître devant les tribunaux comme demanderesse qu'avec l'autorisation de son mari, elle pouvait toutefois être poursuivie directement pour toutes ses négociations: mais les sentences rendues contre elle en cette qualité seraient exécutoires contre son mari, qui seul était obligé par ses conventions (art. 16 et 17 du titre XIII). Comme dans les Edits civils de l'Ancien Régime, cette femme marchande n'était toujours pas tenue pour responsable de ses engagements financiers et restait considérée comme simple «facteur» de son mari. Les lois du XIXe siècle ne devaient changer que peu de chose à cet état de fait.

Les procès: les arguments du couple Porte et ceux de leurs créanciers

Des débats qui eurent lieu en août 1761, époque de la sentence du Petit Conseil en faveur de Judith Porte, puis en mars 1762, lorsque le Conseil des CC revint sur cette décision, on sait peu de chose. Par bonheur, toutefois, comme c'était souvent le cas pour les recours dans les causes civiles, au cours des longs mois qui séparent les deux procès, les «parties adverses» firent chacune imprimer deux «factums» rédigés par leurs avocats.[10] Grâce à ces quelque 40 pages, pour l'une, et 45 pages pour l'autre, les arguments avancés par les deux parties nous sont donc connus.

Afin de rendre l'exposé plus clair, voici tout d'abord les articles des Edits civils sur lesquels les débats portaient:

«Titre XIII

IV. Les femmes mariées sont sous la puissance de leurs maris, & ne peuvent ester en jugement, contracter ou disposer de leurs biens, sans leur autorité.
V. Toutefois si les fils de famille, & femmes mariées, pendant qu'ils sont dans la maison de leurs péres & maris, font quelque négoce à leur veü & sçeu, ils pourront être convenus, & ester en jugement sans leur autorité, & les sentences renduës contre lesdits fils de famille, ou femmes mariées, seront éxécutoires contre les péres & maris, sous lesquels tel négoce aura été fait.
VI. Mais si le fils de famille négocioit de quelque autre marchandise, que celle du pére, & séparément d'avec lui; le pére n'en sera pas responsable en ses biens propres; & la sentence ne pourra être éxécutée, que sur la marchandise, pécule, ou autres biens apartenans au fils.
VII. La femme sous puissance de mari, ne pourra s'obliger, contracter, cautionner, ou ratifier pour son mari, ni là ou il a interêt, si elle n'est autorisée par deux de ses plus proches parens, ou alliés, ou voisins connus, à défaut de parens ou alliés, & que ce soit des personnes prudentes, majeurs & capables de pouvoir eux-mêmes contracter

Titre XXXVI. Des faillites, & peines contre ceux qui fraudent leurs créanciers

XIX. Les femmes de l'un ou l'autre des associés, ni aucun de leurs créanciers particuliers par acte portant hipothèque, qui ne seront pas créanciers de la société, ne pourront prétendre sur les meubles, marchandises, effets ou crédits de la société, faite par l'un ou l'autre des associés qu'après que tous les créanciers de la société auront été paiés».[11]

Principaux arguments utilisés en faveur de Judith de Choudens, femme Porte

La sentence du Petit Conseil du 14 août 1761 avait considéré Judith Porte comme «dame et maîtresse de ses droits» du fait de la séparation de biens qui lui avait été accordée; elle n'était par conséquent pas tenue des dettes contractées dans le commerce qu'elle avait géré pour le compte de son mari et pourrait donc prélever «préférablement aux créanciers» ses droits dotaux et tous ses avantages matrimoniaux sur les marchandises, effets et dettes actives de ce commerce. César Bérard, curateur judiciellement établi à ces marchandises et représentant des créanciers, devrait y renoncer en sa faveur.[12]

– Dans le premier factum, reprenant l'histoire du couple Porte-de Choudens de son mariage à la fin du séjour d'Italie, l'avocat Jacques Mercier s'emploie à démontrer que Judith n'a entrepris ce commerce que pour le compte de son mari: elle n'y a pas mis ses fonds propres, elle n'en a tiré aucun profit personnel et c'est Porte qui a loué les boutiques dans lesquelles le négoce s'est fait; unique propriétaire de ce commerce avant son départ pour Naples, Porte l'est resté durant sa longue absence.

– Certes, les créanciers tentent d'obtenir que les effets apparaissant dans l'inventaire leur soient attribués. Mais si l'on satisfaisait à leur demande, non seulement ils ne seraient pas payés de leurs créances – car les actifs sont loin de compenser le passif – mais encore cette «pauvre femme» perdrait une dot considérable et serait réduite à la mendicité, «étant privée de moyen d'exister et de pourvoir à ses besoins et à ceux de ses quatre enfants». Cette cause devait être considérée comme celle de toutes les femmes qui, à l'instar de la femme Porte, viendraient implorer le secours de la Loi contre le commerce que leur mari les aurait contraintes d'entreprendre.

– S'appuyant ensuite sur l'article V du titre XIII des Edits civils, Mercier s'oppose à ce qu'on rende la sentence exécutoire sur les biens de la femme, alors que la loi dit que les «jugements seront exécutés contre le mari». Préposée ou commis de son mari, elle ne peut être obligée pour son préposant. Même si cet article permet aux femmes mariées de faire du commerce, le mari reste l'unique chef de sa maison et de sa famille; sans son autorité, insiste-t-il, qui seule anime sa femme, cette dernière est regardée en droit comme un corps sans âme: elle ne peut rien faire sans l'autorité de son mari (art. IV). Certes, quand publiquement il avait fait ouvrir une boutique à sa femme, il était censé par cet acte public donner à celle-ci une autorisation générale de faire tout ce qui dépend de ce commerce. Elle pouvait donc agir, conclure des contrats, acheter et vendre sans le consulter: l'autorisation particulière à chaque acte de ce commerce était superflue. De même, ayant exercé seule ce commerce et connaissant le mieux les faits, elle seule devait répondre à l'action intentée contre elle. Mais cela entraînait-il qu'elle devait être exposée à perdre sa dot du simple fait que son mari avait voulu profiter de son industrie et lui avait ordonné d'exercer un commerce dont elle n'avait tiré aucun profit? Non, la sagesse de la loi avait prévenu cette injustice en spécifiant que «la sentence sera exécutoire contre les maris».

– Enfin, l'exception prévue dans l'article VI pour les fils de famille ne concerne pas les femmes mariées: ces fils sont tacitement émancipés par leur père et par conséquent uniques propriétaires des fruits de leur commerce. Or, il n'existe pour la femme mariée aucune émancipation de sa personne, ni tacite ni expresse; elle demeure toujours sous la puissance de son mari (art. IV). Elle ne peut pas non plus être considérée comme solidairement responsable avec son mari, comme c'est le cas dans des pays étrangers [allusion à la France], où existe entre les conjoints la communauté légale, que l'on ne connaît pas à Genève.

– Elargissant le débat au droit civil en général, l'avocat Mercier conclura en citant l'adage *Eum sequi debent incommoda quem sequuntur commoda*: «celui-là seulement doit souffrir les désavantages d'une chose qui en perçoit les profits et les avantages», en rappelant que la dot est ce qu'il y a de plus privilégié en droit et que les Edits ont par conséquent cherché par tous les moyens à empêcher que l'amour ou la crainte des femmes pour leurs maris ne la leur fît perdre. Appelant de ses vœux un arrêt favorable à Judith Porte, il ajoute même que «cet arrêt apprendra à tous les négociants qu'en confiant des marchandises à une femme mariée, ils ne suivent que la foi de leurs maris et n'acquièrent aucune action que contr'eux».[13]

Le second factum défendant la cause de Judith de Choudens fut, semble-t-il, rédigé par la défenderesse elle-même. Reprenant d'abord les principales idées du premier, il s'emploie également à réfuter certains arguments avancés par la partie adverse dans ses propres factums. Divers comptes y sont présentés, qui cherchent à prouver que Porte n'a pas été en faillite depuis aussi longtemps que le prétendent les créanciers et que les deux époux ne peuvent être accusés d'avoir monté toute cette affaire pour jouir impunément de fonds qu'ils se sont appropriés malhonnêtement. En réponse aux affirmations des marchands qui assimilaient le cas genevois à celui des «marchandes publiques» françaises, diverses «consultations» d'avocats étrangers y sont transcrites, qui toutes confirment au contraire que non seulement plusieurs coutumes de France, mais également la législation des villes suisses sont semblables à celle de Genève.[14]

Principaux arguments utilisés par les créanciers

Dans les deux factums rédigés en faveur d'André César Bérard, représentant des créanciers, l'avocat Jean Vasserot de Châteauvieux développe des arguments diamétralement contraires à ceux de Judith de Choudens. Le recours qu'il présente s'oppose à sa séparation de biens, qui non seulement viole l'Edit, mais jette le trouble dans le commerce.

– En effet, les Edits civils sont différents de la jurisprudence romaine et n'ont pas statué l'«inaliénation des biens des femmes mariées». Ils n'ont fait que prendre des précautions pour empêcher une «dissipation insensée», mais confirment les emplois raisonnables des dots qui tendent à l'avantage des familles. Or, sacrifier sa dot constitue un emploi raisonnable des biens d'une femme. Aussi nos lois permettent-elles aux femmes non seulement d'aider leurs maris de leurs dots, mais aussi d'en faire l'entier sacrifice.

– Par ailleurs, cette femme était considérée par ceux avec lesquels elle commerçait comme une «marchande publique»: ils n'ont jamais eu affaire à son mari. A forme de l'article V du titre XIII, dans de semblables commerces, la femme et son mari sont tenus solidairement des dettes contractées. Cette question n'intéresse pas seulement les créanciers qui ont fait confiance à cette marchande, mais également 80 femmes qui actuellement tiennent des boutiques sous leur nom. Or, Genève ne subsistant en grande partie que par le commerce, ses législateurs ont bien senti qu'il fallait soutenir cette ressource en augmentant la liberté qu'une femme a de disposer de son bien.

– Contestant que Judith de Choudens n'ait été que le «facteur» de son mari, Bérard fait remarquer que ce dernier n'a pas fait inscrire en Chancellerie le pouvoir qu'il donnait à sa femme; au contraire, la société qu'elle a contractée a été inscrite sous la raison de la femme.[15]

– Pour soutenir son argumentation, l'avocat des créanciers recourt aux jurisconsultes français et à la distinction qu'ils font entre une femme qui fait le même commerce que son mari et la marchande publique, «qui fait négoce séparé de son mari à son vû et sçû» et qui s'oblige «par corps et aussi son mari» pour les dettes qu'elle contracte à l'occasion de son activité.[16] Selon lui, dans le cas de la marchande publique, on a prévu l'engagement du mari pour «donner confiance au commerce», sans supprimer l'obligation de la femme.[17]

Le second factum des créanciers répond d'abord aux protestations élevées par Jacques Porte contre certaines accusations mettant en cause sa propre honnêteté et réaffirme une fois encore qu'«il s'agit moins de savoir en ce procès, si à Genève les femmes mariées ont le droit de négocier sous le consentement tacite de leurs maris, que de décider si une femme, qui tenant pendant plus de sept ans boutique ouverte sous son nom, qui est sa seule raison, qui stipule à son profit les engagements des acheteurs, qui promet en son propre de payer les vendeurs, peut après

avoir attiré la confiance du Public par de pareils faits, non seulement être libérée des engagements qu'elle a contractés, mais encore faire servir les marchandises qui lui ont été confiées, sous la foi de son état de marchande publique, à se faire payer d'une dote dissipée longtemps avant qu'elle négociât».
– C'est donc sur l'interprétation de l'article V que les deux parties s'affrontent le plus âprement. Selon les créanciers, il ne dit pas que la femme est le «facteur» de son mari; il est une exception à l'art. IV, «sortant les femmes de leur incapacité légale de négocier», mais rendant par là les sentences exécutoires contre elles (il n'est pas dit seulement contre le mari, comme dans l'article VI), sans pour autant en libérer les maris.
– Enfin, en voulant favoriser le commerce, cet article n'a d'autre but que de mettre des mères de famille riches, laborieuses et intelligentes en état de pourvoir à l'entretien de leur famille par le commerce qu'il leur permet de faire, d'en être la ressource en «attirant la confiance du Public par la sûreté que fournit leur engagement» – confiance que l'on n'aurait pas pour un mari dont la femme aurait des droits privilégiés par rapport à ceux des créanciers. Rappelant le procès qui avait opposé le Sieur Jean Audéoud aux époux Chappuis-Chenaud en 1718–1719, à l'occasion duquel la sentence prononcée contre l'épouse avait été annulée en appel, du fait qu'on avait pu prouver qu'elle ne négociait pas sous son nom mais sous celui de son mari, l'avocat des créanciers fait clairement la distinction entre la femme mariée qui négocie sous l'autorité de son mari et celle qui négocie en son nom et séparément du commerce de son mari, qui est tenue, elle, personnellement des dettes du commerce.[18]
Comme nous l'avons vu plus haut, le 23 mars 1762, la sentence favorable à Judith Porte fut annulée et les créanciers obtinrent la mainlevée des effets du commerce. Les arguments juridiques de l'avocat Vasserot de Châteauvieux avaient été, semble-t-il, plus convaincants que ceux de Jacques Mercier et de sa cliente. Des commentateurs contemporains virent dans cette décision un «arrangement d'équité» conforme à ceux que les membres du Conseil des CC faisaient chaque année le serment de prononcer.[19] L'équité exigeait-elle que les créanciers, plusieurs fois présentés comme les victimes des fraudes et de la malhonnêteté du couple Porte, ne voient pas leurs prétentions de remboursement purement et simplement ignorées? Ou voulait-on préserver la crédibilité des autres marchandes et craignait-on que le commerce genevois ne souffre de l'application stricte d'un article des Edits qui «étonnait les étrangers»? Tous ces éléments jouèrent probablement en faveur de la décision qui fut prise. Notons toutefois que le jurisconsulte Jean Cramer

s'était exprimé clairement dans son avis de droit en faveur d'une confirmation de la première sentence, qui protégeait la dot de Judith Porte.[20]

Les débats sur l'article V

Le chemin qui mena du réquisitoire du Procureur Tronchin au rejet de l'article V en Conseil général fut très sinueux. Pour les deux commissions qui se réunirent durant ces quelques mois (mai–décembre 1762), il fallait rédiger «une loi qui fût claire, tranchée et qui ne laissât lieu à aucune incertitude».[21] Il s'agissait donc de définir précisément les cas dans lesquels les sentences seraient ou ne seraient pas exécutoires contre les biens des femmes. L'on s'accorda finalement pour proposer que lorsque ces dernières ne seraient que «préposées» ou «facteurs» de leurs maris, les sentences ne seraient exécutées que sur les biens des maris, mais que lorsqu'elles seraient «marchandes publiques», elles seraient tenues personnellement des faits de leur négoce. Ainsi, les conditions qui les établissaient marchandes publiques, de même que celles par lesquelles elles cesseraient de l'être furent fixées.[22] Le résultat de ces longs débats fut le suivant:

Projet de révision de l'article V présenté au Conseil des CC et au Conseil général en décembre 1762[23]

«Si les fils de famille ou les femmes mariées font quelque négoce au vû & sçu de leurs péres ou maris, pendant qu'ils sont dans la maison de leurs péres ou maris, ils ne seront censés négocier que comme préposés à ce par leurs dits péres ou maris; & comme tels ils pourront être convenus & ster en jugement sans autre autorisation de leurs dits péres ou maris: mais les Sentences renduës contre lesdits fils de famille ou femmes mariées ne seront exécutoires que contre les péres ou maris.

Mais si la femme mariée est Marchande Publique, elle sera tenuë avec son mari comme sa caution, sans bénéfice de discution, solidairement de la totalité des dettes dudit négoce, ou à concurrence de la somme pour laquelle elle aura déclaré qu'elle s'obligeoit pour raison dudit négoce.

La femme mariée ne sera réputée Marchande Publique, si elle ne fait négoce en son nom, & si elle n'a été à ce spécialement autorisée par son mari & par deux de ses plus proches parens, ou alliés, ou voisins connus, à défaut de parens & alliés, majeurs & capables de contracter: à quel effet la femme, le mari & les deux autres autorisans comparoitront en personne devant la Chambre du Commerce,

& après y avoir affirmé que les deux autorisans sont des plus proches parens ou alliés de la femme; ou dans le cas d'autorisation par deux voisins, que le femme n'a point de parens ou alliés dans le Territoire de la République capables d'autoriser, ils déclareront sous quelle raison la femme exercera le commerce, pour quelle somme elle entend s'obliger, ou si elle s'oblige pour la totalité des dettes dudit négoce: laquelle déclaration sera enrégistrée en la Chambre du Commerce, & ensuite inscrite & signée par le mari, la femme & les deux autorisans en la Chancélerie.

Lorsque la femme mariée voudra cesser d'être Marchande Publique, ou que le mari voudra qu'elle cesse de l'être, la déclaration en sera faite en personne devant la Chambre du Commerce, y sera enrégistrée, & ensuite inscrite & signée en la Chancélerie».

Les points les plus importants du deuxième paragraphe, qui, comme les suivants, était entièrement nouveau, résidaient dans les termes «comme sa caution, sans bénéfice de discution, solidairement», qui engageaient la totalité des biens de la femme marchande, à moins qu'une somme n'eût été fixée au-delà de laquelle elle n'était plus tenue envers les créanciers. Ils rendaient la marchande responsable de ses dettes, solidairement avec son mari, et supprimaient entièrement ou partiellement[24] le privilège de la dot. Cependant, le troisième paragraphe délimitait avec précision qui était cette «marchande publique»: la femme devait faire négoce en son nom, y être autorisée par son mari et par deux de ses plus proches parens – chargés de la protéger contre d'éventuelles menées de son mari mettant sa dot en danger. En vue de donner à ses engagements toute la «publicité possible», ces formalités devaient être remplies dans la Chambre du Commerce, qui veillerait à ce que les deux parents ou voisins choisis répondent bien aux exigences de la loi[25] et à ce que la raison du négoce et la somme pour laquelle ladite femme s'obligeait fussent stipulées. Ces déclarations seraient ensuite enregistrées en la Chancellerie.

Le quatrième paragraphe, enfin, définissait les conditions dans lesquelles une femme mariée mettait fin à son activité en tant que marchande publique. On avait veillé à ce qu'aussi bien son mari qu'elle-même pussent en prendre l'initiative.

Il faut souligner que ce projet laissait de côté diverses clauses qui avaient figuré dans les versions antérieures produites par les deux commissions successives. Le premier projet, par exemple, qui remaniait tout le titre XIII, avait beaucoup plus clairement fait la distinction entre la situation des fils de famille et celle des femmes mariées. En outre, on y avait inclus le cas des femmes séparées de biens, qui bien que «dames et maîtresses de leurs biens» devaient obtenir l'autorisation de leurs mari et plus proches parents. On avait également envisagé d'interdire à une femme mariée tout négoce dont elle fût comptable à quelque titre que ce soit, ou, au contraire, de lui permettre de négocier sur le seul consentement exprès ou tacite de son mari. Or, les deux solutions étaient apparues comme dangereuses. Dans le premier cas, le commerce de la cité, dans laquelle on était habitué à voir des boutiques tenues par des femmes, pouvait souffrir du peu de crédit qu'on leur ferait si elles ne pouvaient être considérées comme engagées par leurs transactions. Dans le second, compte tenu de la suppression du contrôle des parents de l'épouse et de l'Etat, la dot courait le risque d'être vilipendée par le mari, ce qui mettait par conséquent l'union conjugale en danger.

En ce qui concerne le statut de la marchande publique, certains membres des conseils s'inquiétèrent à juste titre du fait qu'une femme pût être tenue des dettes d'un commerce aux profits duquel elle n'avait aucune part.[26] En effet, le mari ayant la «jouissance et usufruit» de sa dot, elle ne pouvait en principe disposer des bénéfices de son commerce. On leur fit remarquer qu'il était impossible de prévoir qu'on lui verse les profits du commerce qu'elle fait sous son nom. Un tel changement entrerait en conflit avec nombre d'autres articles des Edits qui réglaient la dot et le mariage.[27] Il était d'ailleurs impensable «que le tems et l'industrie d'une femme cessent d'apartenir à son mari; [car on n'avait] jamais vu porter au compte d'une femme, non séparée de biens, les profits d'un négoce; non plus que les salaires d'une nourrice, et les honoraires d'une accoucheuse».[28]

Bien que rédigée par plusieurs avocats, jurisconsultes réputés et personnages importants de la République, la nouvelle version de l'article V du titre XIII fut rejetée à une très grande majorité par le Conseil général du 23 décembre 1762. Déçus, certains d'entre eux cherchèrent à comprendre les raisons de cet échec. Jean Cramer souligna que le projet était difficile et que quantité de gens ne l'avaient pas compris; en outre, la lourdeur de la procédure, l'obligation de comparaître à la Chambre du Commerce en avaient certainement rebuté plus d'un. Mais, surtout, le cautionnement qu'une femme pouvait donner au négoce de son mari avait fait craindre aux opposants que la femme perde sa dot, d'autant plus qu'il était assorti de sa renonciation au «bénéfice de discussion» – qui traditionnellement aurait limité son engagement au montant de ses avoirs. Il s'agissait donc pour eux à la fois de refuser aux femmes la liberté d'engager leur dot et de faire du commerce en leur nom.

En face se trouvaient ceux qui estimaient que le projet n'engageait pas assez les femmes. Du point de vue des marchands, la limitation du montant de la caution pouvait être un piège pour ceux qui commerçaient avec le couple, si la somme fixée ne représentait qu'une faible part de la dot. Emboîtant le pas aux créanciers de Judith de Choudens et à leur avocat, ils estimaient que la jurisprudence romaine sur la dot était dépassée, que cette dernière n'était pas aussi inaliénable qu'on le pensait, mais un bien dont l'emploi était de «procurer le plus grand avantage de la famille». A leurs yeux les dots étaient avant tout une faveur que la mère de famille pouvait accorder à son mari, à ses enfants; si celle-ci pouvait exposer sa dot à une perte sèche par un cautionnement, à plus forte raison devait-elle pouvoir l'investir dans un commerce, qui représenterait pour elle «plus d'espérance de gagner que de crainte de perdre».[29]

Dans son discours d'ouverture du Conseil général de ce jour-là, le Premier syndic Mussard l'avait fort bien dit: il y avait d'excellentes raisons de s'en tenir à la loi sur les dots, mais il y en avait d'aussi fortes en faveur du commerce, dans une ville où il était souvent bon pour les familles que des femmes puissent commercer et «trouver la confiance».[30]

Dans la Genève de 1762, dont le Petit Conseil venait de condamner le *Contrat Social* et *L'Emile* de Rousseau, les esprits éclairés et les jurisconsultes s'étaient trouvés une fois de plus dans une situation «embarrassante». Le terme revient plusieurs fois sous leur plume! Au cours des longs débats entraînés par l'affaire Porte, ils avaient cherché à concilier les impératifs d'une économie dynamique – qui exigeait que les rapports commerciaux se fissent dans un climat de confiance et d'«équité» – et ceux du droit, qui depuis les Edits civils de 1568 avait remis en vigueur certaines mesures protectrices de la dot reprises du droit romain: notamment l'interdiction faite à la femme d'«intercéder» pour autrui, soit, par exemple, de se porter caution pour son mari, datant du senatus-consulte Velléien.[31] Ils avaient cru trouver un compromis en définissant le statut de la «marchande publique» tel qu'il existait dans certaines provinces de France et tel qu'il apparaissait dans la coutume de Paris, dont ils avaient repris presque mot à mot plusieurs articles.

On peut cependant se demander quels furent les sentiments des quelque mille Bourgeois et Citoyens majeurs de sexe masculin qui composaient le Conseil général lorsqu'ils repoussèrent ce projet de loi le 23 décembre 1762. Pour la majorité d'entre eux, l'intérêt du négoce ne valait pas que l'on expose la «tranquillité et le bien des familles» et que, de surcroît, le «tems et l'industrie d'une femme cessent d'apartenir à son mari».[32] Ni que l'honneur des maris pût être éclaboussé par une déroute des affaires de leur épouse. Peut-être craignaient-ils encore trop que du fait de la «faiblesse de son sexe» (*imbecillitas sexus*), cette dernière ne s'expose, par inclination ou mansuétude pour son mari, à perdre une dot qui, de droit, revenait à ses enfants, ou qu'elle devait du moins pouvoir récupérer en cas de veuvage.

On se trouvait en face du dilemne bien connu: protéger la femme, ou lui accorder une certaine liberté d'action tout en l'exposant – ainsi que son patrimoine – à certains risques. L'image du couple qui prévalait dans les esprits à cette époque poussa ceux qui redoutaient de voir leurs épouses accéder à une certaine autonomie à rejeter le nouvel article. Ceux qui trouvaient, au contraire, que ce dernier n'accordait pas assez de garanties aux commerçants, vinrent à leur secours: ensemble ils parvinrent à réduire à néant les efforts de quelques législateurs qui avaient pensé qu'il était possible de conjuguer le droit dont jouissaient les Genevoises de faire du commerce et leur capacité de disposer de leurs biens.

Notes

1 Archives d'Etat de Genève (désormais: AEG), Notaire Mathieu Duby, 2/158, 15 septembre 1738, et 5/258, 15 juin 1741. Selon les Edits civils, le mari avait «la jouïssance et usufruit» de la dot pendant le mariage [pour en «soutenir les charges», dans la version de 1568]: art. VI, titre XIV des Edits civils revus en 1713.
2 AEG, Notaire Jean Vignier, 15/39, 29 février 1748.
3 AEG, Jur. Civ., Fc 5, 7 mai 1760: inventaire établi à la demande des créanciers.
4 Le recours, pour les causes civiles, se traitait en Conseil des CC (Deux-Cents) depuis 1604; comme le souligne Barbara Roth-Lochner, il était, au départ, réservé aux causes jugées en contravention aux édits, ce qui est bien le cas ici; voir *Messieurs de la Justice et leur greffe*, Genève 1992, 145 (pour la procédure civile genevoise d'Ancien Régime, voir 120 s.).
5 AEG, Registres du Conseil des Deux-Cents (RC CC), 1, s. p., 23 mars 1762.
6 AEG, Jur. Civ., F 821, 15 janvier 1791: inventaire après décès.
7 AEG, Registres du Conseil (RC) 262/186 (en annexe), 30 avril 1762, représentation de quelques Citoyens et Bourgeois.
8 AEG, RC 262/186, 189, 204, 221–222, 270, 279, 310, 326, 416, 419, 422–423, 428 et annexe imprimée, 30 avril–23 décembre 1762. RC CC, 1, s. p., 14 et 23 décembre 1762. Bibliothèque publique et universitaire (désormais BPU), Ms Cramer 169, 131–195, où figurent les principaux faits, avis de droit, réquisitoire et discussions. Notons que le nombre des votants varie selon les sources!
9 AEG, RC 263/25 et 41, 10 et 25 janvier 1763. Journal du Projet de Code Civil pour Genève, tenu par l'ancien syndic [Pierre-André] Rigaud en 1783, BPU, Ms. suppl. 1656, f. 86 s. Sur ces différentes révisions: Barbara Roth-Lochner, *Messieurs*, 42–48.
10 Ces factums judiciaires sont aisément repérables depuis que Jacques Droin en a dressé un inventaire très complet: *Factums judiciaires genevois – Catalogue*, Genève 1988

(*M. D. G.*, 53). Pour notre cas, voir les factums No 252 à 256, le dernier étant en fait un avis de droit du jurisconsulte Jean Cramer. Sur les factums judiciaires, voir également Barbara Roth-Lochner, *Messieurs*, 146–147.

11 *Edits civils de la République de Genève*, aprouvés en Conseil général tenu dans le Temple de St. Pierre, le 5 octobre 1713 (Genève 1735). L'article XIX, dont il sera peu fait état ici, fut parfois utilisé contre Judith Porte pour prouver que sa dot ne devait pas être privilégiée; mais il concernait en fait des cas de sociétés différents de celui qui nous occupe.

12 Les factums permettent de deviner que la procédure fut très longue entre la demande de séparation de biens et la sentence du 14 août 1761, puis le recours de 1762. Il serait fastidieux de présenter ici toutes les étapes de ces tentatives de conciliation et comparutions au Tribunal, dont seuls des bribes de témoignages sont conservés.

13 Jacques Droin, *Factums judiciaires*, Factum No 252 (1761). Manuscrits de la Société d'histoire et d'archéologie (désormais: SH), Gg 73/18, No 8.

14 Jacques Droin, *Factums judiciaires*, Factum No 254 (1762). SH, Gg 73/18, No 10.

15 Depuis la fin du XVIIe siècle, toute société commerciale devait être inscrite dans le *Livre des Inscriptions des négociants*, ce qui avait effectivement été fait par les femmes Porte et Trot, AEG, Commerce D 1, 212 et 344.

16 Ici, la principale référence est le *Dictionnaire de droit et de pratique, contenant l'explication des termes de droit, d'Ordonnances, de Coutumes et de pratique. Avec les juridictions de France*, de Claude-Joseph de Ferrière, en deux volumes (plusieurs éditions, notamment Paris 1769).

17 Jacques Droin, *Factums judiciaires*, Factum No 253 (s. d.). SH, Gg 73/18, No 9.

18 *Ibidem*, Factum No 255 (1762). SH, Gg 73/18, No 11. On notera que l'article VII est toujours considéré comme applicable aux cas «hors du négoce».

19 Discours du Premier syndic Mussard au Conseil général, 23 décembre 1762, AEG, Ms hist. 227, f. 105; élément aussi souligné par le conseiller Pierre Lullin, dans ses notes, AEG, Ms hist. 84, f. 131 v et 145 s.

20 SH, Gg 73/6, No 24bis (1762) ou BPU, Ms Cramer 169, 131–154. Cramer, il faut le dire, traite également le mari de «chicaneur» et de «barbouillon dans la conduite de ses affaires»; Judith, quant à elle, est qualifiée de «foible, imprudente, susceptible de toutes les impressions qu'il plait à son mari de lui donner»: il faut donc la protéger contre son mari autant que contre ses créanciers.

21 BPU, Ms Cramer 169, 175.

22 AEG, Ms hist. 84, Notes du conseiller Pierre Lullin, 132.

23 Extrait du Registre du Conseil, 17 décembre 1762, AEG, RC 262: imprimé, en annexe de la page 428.

24 Cramer explique dans ses observations qu'il a été nécessaire, pour obtenir successivement l'approbation des trois conseils, de prévoir que l'engagement des femmes mariées pût être limité, de manière à ne pas négliger «entièrement la faveur des dots»: BPU, Ms Cramer 169, 192.

25 Il arrivait parfois que des femmes demandent l'annulation d'engagements antérieurs pris avec l'autorisation de personnes qui n'étaient pas leurs plus proches parents, alors qu'il en existait; voir le cas de Suzanne Roy, femme Odet, contre Jean-Antoine Fatio, en 1727: Jacques Droin, *Factums judiciaires*, Factum No 943, également cité par P. A. Rigaud, BPU, Ms suppl. 1656, f. 87 v, 1783.

26 Ils parlent à ce propos d'une «société léonine», dans laquelle la femme risque de perdre sans espérance de gagner: AEG, Ms hist. 227, f. 104 v.

27 Notamment l'art. XIII du titre XIV, qui interdisait aux conjoints de se faire des donations au détriment de leurs proches parents, auxquels revenaient de droit les patrimoines familiaux respectifs.
28 Voir les différents projets et les observations de Jean Cramer: BPU, Ms Cramer 169, 170–195.
29 Ces divers éléments sont tirés des débats signalés dans BPU, Ms Cramer 169, 170–195 et AEG, Ms hist. 227, f. 92–106.
30 AEG, Ms hist. 227, f. 105. On peut en effet noter que nombreux paraissent avoir été durant la seconde moitié du XVIIIe siècle les artisans dont l'épouse tenait un petit commerce, contribuant pour une part non négligeable au niveau de vie relativement élevé d'une partie de la population à cette époque. Ce phénomène reste encore à étudier de plus près.
31 Sans toutefois reprendre les privilèges – accordés par Justinien – d'être préférée à tous les créanciers antérieurs (voir art. XXII du titre XIV) et aux autres créanciers dans une société (voir art. XIX du titre XXXVI). Voir BPU, Ms fr. 974 (Explication des Edits civils. Cours du Professeur Jean-Manassé Cramer, 1756–1789), 34 s. La place manque ici pour esquisser une étude comparative de la manière dont cette question – longtemps négligée par les historiens – était traitée dans les autres régions de la Suisse et dans d'autres pays.
32 BPU, Ms Cramer 169, 134.

REGINA WECKER

Geschlechtsvormundschaft im Kanton Basel-Stadt

Zum Rechtsalltag von Frauen – nicht nur im 19. Jahrhundert

Einleitung

«Es scheint, dass man beim Zusammenschwinden der Hausgewalt Bedenken trug, die Frauen allgemein selbständig zu stellen, insbesondere da zugleich der Verkehr sich mehrte, und die Rechtsgeschäfte verwickelter und schwieriger wurden. So suchte man nach neuen Gründen, um die alte Vormundschaft in Haus und Ehe zu befestigen und zu verallgemeinern und fand sie in der Geschäftsuntüchtigkeit der Frau und in deren Unfähigkeit, das Recht zu unterscheiden vom Unrecht.»[1]
Mit diesen Worten erklärte Eugen Huber, Professor für Privatrecht in Basel und Schöpfer des schweizerischen Zivilgesetzbuches (ZGB), 1893 den Fortbestand der Geschlechtsvormundschaft. Während Männer durch die Rechtsentwicklung des 19. Jahrhunderts «von der Hausgewalt», also der väterlich-familiären Bevormundung befreit wurden, hatte man für Frauen «mit neuen Gründen» die Geschlechtsvormundschaft legitimiert. Unter Geschlechtsvormundschaft im engeren Sinne wird die Bevormundung der nicht verheirateten, d. h. ledigen, verwitweten und geschiedenen Frauen verstanden. Diese Frauen erhielten bis ins 19. Jahrhundert einen Vogt, wie der Vormund im zeitgenössischen Sprachgebrauch hiess.
Die konkrete Verfügungsgewalt der Vögte variierte im 19. Jahrhundert in den verschiedenen Rechtsgebieten, aber auch für die unterschiedlichen Rechtsgeschäfte, stark. Sie reichte von blosser Beistandschaft, in welcher der Vogt im Auftrag der Frauen handelte, bis zur völligen Kontrolle. In den stärksten Formen der Geschlechtsvormundschaft konnte der Vogt nicht nur die Zustimmung zu den Absichten von Frauen verweigern, er konnte sogar gegen ihren Willen und ohne ihren Auftrag über ihren Besitz verfügen. Jedenfalls waren Frauen ohne die Unterschrift des Vogtes nicht rechtsfähig. Das bedeutete auch, dass sie nicht über ihr eigenes Vermögen verfügen konnten, z. T. nicht einmal über ihren Lohn.

Weiterhin konnten Frauen ohne Einwilligung des Vogtes keine Prozesse führen, nicht als Zeuginnen aussagen. Vormund konnte ein männlicher Verwandter sein, aber auch ein anderer von den Behörden vorgeschlagener Mann, auf dessen Wahl die Frauen z. T. keinen Einfluss hatten.

Ausgenommen von dieser Form der Handlungsunfähigkeit war aber im allgemeinen die Gruppe der sogenannten Handels- oder Geschäftsfrauen, die einen Sonderstatus einnahmen, indem man ihnen durch einen gerichtlichen Entscheid die «freie Mittelverwaltung» zugestand.

Neben der Geschlechtsvormundschaft im engeren Sinn, die sich auf nichtverheiratete Frauen bezog, gab es die Vormundschaft des Ehemannes über seine Frau. Diese Form der Rechtsvertretung war der eigentlichen Geschlechtsvormundschaft über die alleinstehenden Frauen vergleichbar, wurde aber nicht immer als solche begriffen oder bezeichnet, wohl weil das Eingehen einer Ehe sozusagen als freiwilliger Gang in die Vormundschaft angesehen wurde oder – wie der Soziologe Ulrich Beck es ausdrückt – weil das «Versprechen der Liebe» die «ständischen Geschlechtsschicksale» mildert.[2] Verheiratete Frauen durften unter dem ordentlichen Güterstand ohne Einwilligung des Ehemannes keine Verträge schliessen, nicht über ihr eigenes Vermögen verfügen, z. T. auch nicht über ihren Verdienst aus Erwerbstätigkeit. Der Vermögensertrag stand in jedem Fall dem Ehemann zu. Name, Gemeinde- und Staatsangehörigkeit der Frau richteten sich nach dem Ehemann. Er bestimmte auch über Aufenthalt und Erziehung der Kinder. Prozesse – ausgenommen in Ehesachen – konnte eine Ehefrau im 19. Jahrhundert in Basel nicht ohne Einwilligung ihres Mannes führen.

Warum machte der «logische Weg» der Entwicklung des Privatrechts, die Verwirklichung der aufklärerischen Forderung nach Gleichheit und Abschaffung ständischer Privilegien bei den Frauen halt? Um diese Frage zu beantworten, möchte ich zunächst auf die Ausgestaltung und Bedeutung der Geschlechtsvormundschaft eingehen und dabei die Motive für ihre lange Beibehaltung analysieren. Anschliessend werde ich die Gründe untersuchen, die dazu führten, die Geschlechtsvormundschaft über nichtverheiratete Frauen abzuschaffen, die eheherrliche Vormundschaft aber bestehen zu lassen. Diese Analyse beider Formen der Bevormundung soll die wechselseitigen Beziehungen zwischen der Rechtssituation verheirateter und nichtverheirateter Frauen verdeutlichen, um so die Auswirkung der Entwicklungen auf Frauen als Geschlecht besser zu erfassen. Die Auseinandersetzung mit der Bedeutung des Begriffes «Gleichheit» wird den Rahmen der Ausführungen bilden.

Die traditionelle Rechtswissenschaft, aber auch die traditionelle Geschichtswissenschaft hat das Problem der Geschlechtsvormundschaft – von einigen Ausnahmen abgesehen – kaum seiner Bedeutung entsprechend behandelt. Das erscheint uns heute unverständlich, da durch dieses Rechtsverhältnis ein grosser Teil der Bevölkerung von der sogenannt allgemeinen Entwicklung des 19. Jahrhunderts, der Durchsetzung der Prinzipien von Mündigkeit und Gleichheit, ausgeschlossen war. Es zeigt sich damit, dass im Kernbereich des Rechts- und Staatsverständnisses eine Entwicklung als kennzeichnend galt, die für mehr als die Hälfte der Bevölkerung keine Bedeutung hatte. Während die Ungleichheit der Geschlechter im öffentlichen Recht und speziell im Wahlrecht allgemein bekannt ist, scheint die privatrechtliche Ungleichheit kaum erwähnenswert. Dabei heisst die Beibehaltung der Geschlechtsvormundschaft ja nichts anderes, als dass Frauen bei der Ausgestaltung des liberalen bürgerlichen Staates in einem ständischen Abhängigkeitsverhältnis verharrten.

Nicht in allen Schweizer Kantonen waren nichtverheiratete Frauen in der zweiten Hälfte des 19. Jahrhunderts noch bevormundet oder, wie es damals hiess, «bevogtet». Im Bereich der französischen Rechtstradition hatte die Geschlechtsvormundschaft nicht existiert, aber auch in einigen Deutschschweizer Kantonen war sie im Laufe des 19. Jahrhunderts aufgehoben worden. Als sie, im Bemühen um Rechtsvereinheitlichung, durch ein Bundesgesetz 1881 vollständig abgeschafft wurde, bestand sie gerade noch in Uri und Appenzell. Allerdings hatten einige Kantone sie nur wenige Jahre vorher im Wissen um die kommende gesamtschweizerische Lösung abgeschafft, darunter auch der Kanton Basel-Stadt, auf dessen System der Geschlechtsvormundschaft ich mich im folgenden beziehen werde.[3]

Die eheherrliche Vormundschaft bestand allerdings in allen Kantonen weiter, und für verheiratete Frauen dauerte der ständische Charakter des Geschlechterverhältnisses am längsten, nämlich bis weit ins 20. Jahrhundert.

Die Geschlechtsvormundschaft über unverheiratete Frauen

Die Geschlechtsvormundschaft über unverheiratete Frauen hatte, nach Auffassung der Juristen des 19. Jahrhunderts, ihren Ursprung in der mittelalterlichen Munt.[4] Die Munt wird von ihnen als personalrechtliches Schutz und Vertretungsverhältnis eines Muntherrn über Familien- und Sippenangehörige und über das Gesinde erfasst. Juristinnen betonen dagegen stärker den Herrschafts- und Gewaltcharakter der Munt.[5] Die Entwicklung von der mittelalterlichen Munt zur Geschlechtsvormundschaft des 19. Jahrhunderts war jedenfalls alles andere als geradlinig. Im 15. Jahrhundert war in Basel von einer zwingenden Geschlechtsvormundschaft nur wenig zu spüren: Frauen erschienen einmal mit, einmal ohne Vormund vor Gericht, nur bei Schenkungen und Verkäufen von Liegenschaften scheint seine Zustimmung nötig gewesen zu sein.[6] Im 17. und 18. Jahrhundert wurden allerdings die Rechte der Frauen eingeschränkt. Der Jurist Albert Ranft führt dazu in seiner Geschichte des Basler Vormundschaftsrechts aus: «[...] es ist auffallend, wie nun seit dieser Zeit die Vormundschaft über Minderjährige und die über Frauen immer mehr und mehr einander genähert wurden.»[7]

Frauen partizipierten auch im 19. Jahrhundert nicht an der bürgerlichen Freiheit zur Selbstregulierung und zur ökonomischen Initiative. Alle volljährigen und unverheirateten, d. h. alle ledigen, verwitweten und geschiedenen Basler Bürgerinnen waren «bevogtet».[8] Es gab im Jahr 1876 im Kanton Basel-Stadt 1447 Vögte, die genaue Anzahl der bevogteten Frauen steht nicht fest, da jeder Vogt mehr als eine Vogtbefohlene haben konnte.[9] Das Vermögen aller bevogteten Frauen betrug zu dieser Zeit 37'063'462 Fr.[10] Also verwaltete jeder Vogt ein Vermögen von durchschnittlich 25'614 Fr. Das Gesamtvermögen entspricht auf dem Liegenschaftsmarkt einem heutigen Kapitalwert von insgesamt 1,5 Mia. Fr. und das durchschnittlich von einem Vogt verwaltete Kapital einem heutigen Wert von 1 Mio. Fr. Das war Kapital, das durch die gesetzliche Regelung in männliche Hand gelegt war. Obwohl es explizit das persönliche Vermögen der Frauen war, hatten jene keine Verfügungsrechte über diesen Besitz. Nur der Zinsertrag stand ihnen zu. In Basel-Stadt wurden die Vögte von den Zünften ernannt und beaufsichtigt. Sie legten jedes Jahr in einer Rechnung, die von den Verwandten der Frau bestätigt werden musste, gegenüber der Zunft Rechenschaft ab. Rekurs- und Gerichtsinstanz war das Waisengericht. Erklärtes Ziel der Vermögensverwaltung war es, das Kapital zu erhalten und wenn möglich zu vergrössern. Das heisst, dass Frauen bloss einen Teil des Vermögens für eigene Zwecke ausgeben oder nutzen konnten, und auch das nur unter besonderen Umständen und mit der Vollmacht ihres Vogtes. Die Geschlechtsvormundschaft wurde zwar immer unter dem Aspekt des Schutzes von Frauen gehandelt, die wirtschaftlichen Interessen treten aber deutlich zutage. Männer und Frauen waren im Kanton Basel-Stadt im Erbrecht gleichgestellt und da war es im Sinne einer Sicherung der männlichen Verfügungsgewalt über das Familienerbe vorteilhaft, wenn man über einen Vogt die «sinnvolle» Verwendung der Mittel einer ledigen Tante, Schwester oder der verwitweten Mutter sicherstellte. Nach ihrem Tode konnte das Vermögen dann in der männlichen Linie weitergegeben werden.

Ich möchte das Funktionieren des Systems der Geschlechtsvormundschaft am Beispiel der Vermögensverwaltung für eine geschiedene Frau aus dem Jahr 1871 aufzeigen. Frau K. besass ein Vermögen von 20'000 Fr., von dem anzunehmen ist, dass es sich um eine Erbschaft aus ihrer Herkunftsfamilie handelte. Sie plante, nach Amerika auszuwandern. Im Protokoll einer Verhandlung vor dem Basler Waisengericht wurde festgehalten: «Da sie und ihr Vater in keinem guten Leumund stehen, so wurde auf Veranlassung der Zunft vom 9. 9. 1871 zwischen ihr und dem Vogt ein Vergleich dafür geschlossen, dass sie auf die Erziehung der Kinder verzichtet, dass von dem ihr zukommenden ganzen Zins, der Zins ab [dem Vermögen von] 10'000 Franken zur Bezahlung der Erziehungskosten verwendet werde. Dieses Kapital bleibt zur Sicherung der Erziehungskosten auch dann in vögtlicher Verwaltung, da sie sich verheiraten oder auf ihr Bürgerrecht verzichten sollte. Sie wollte nun nach Amerika auswandern und die Zunft bewilligte hierfür Fr. 1700.–, von denen sie 700.– sofort erhielt, Fr. 1000.– aber nach Ablieferung der Kinder erhalten sollte, allein sie liess das Geld im Stich und verschwand mit den Kindern, wahrscheinlich mit Vorwissen des Vaters und stellte in New York eine Vollmacht aus, wonach ihr Vater das am 13. 3. 1872 verfallene Kostgeld nebst den verfallenen Zinsen gerichtlich eintreiben solle.»[11]

Der Fall zeigt deutlich einerseits das Funktionieren dieses Systems der Geschlechtsvormundschaft, andererseits aber auch die Schwierigkeiten, die sich in der zunehmend mobilen Gesellschaft des 19. Jahrhunderts daraus ergaben. Er zeigt also sozusagen Regel und Ausnahme. Zunächst die Ausnahme: dass nämlich Frau K. 1700 Fr. von ihrem Kapital zum persönlichen Nutzen – zur Auswanderung nach Amerika – zur Verfügung gestellt wurden, war in diesem System nicht selbstverständlich. Es kann geradezu als grosszügig bezeichnet werden. Frau K. hatte sich diese Grosszügigkeit aber auch erkauft. Sie hatte ja in dem angeführten Vergleich auf die Hälfte des Zinsertrages verzichtet. Dieses Geld sollte für den Unterhalt ihrer Kinder verwendet werden, die auf Wunsch des Vogtes in Basel bleiben sollten. Sie verzichtet aber nicht nur auf diese Zinsen, sondern auch auf 10'000 Fr., also auf die Hälfte ihres Kapitals. Nun hätte sie zwar dieses Geld als bevogtete Frau ohnehin nicht ohne Einverständnis des Vogtes und der Zunft für sich nutzen können. Aber das Gerichtsprotokoll macht deutlich, wovor die Zunft mit dem Vergleich schützen wollte: vor ihrer Wiederverheiratung. In diesem Fall wären nämlich ihrem Ehemann Verfügung und Nutzung des Vermögens zugestanden oder in den USA sogar ihr selbst. Es wurde aber auch befürchtet, dass Frau K. auf das Basler Bürgerrecht verzichten würde, um so an das Kapital zu kommen. Denn nur als Baslerin war sie den Basler Zünften unterstellt.

Die Regel, die in diesem Fall besonders deutlich sichtbar wird, war, dass Frauen am Verbrauchen des Vermögens gehindert werden sollten. Es sollte zudem in Basler Kontrolle bleiben. Die Geschlechtsvormundschaft war damit geeignet, das für die wirtschaftliche Expansion des 19. Jahrhunderts nötige Kapital in Basel zu erhalten, in männlicher Hand zu konzentrieren und noch dazu durch die Unterstellung unter die Zünfte wirtschaftspolitischen Überlegungen und Abmachungen zugänglich zu machen. Wie allerdings gerade die letztgenannte Möglichkeit genutzt wurde, ist eine Frage, die noch kaum untersucht ist.

Die Vormundschaften waren auch ein Instrument der Armenpolitik. Im Fall von Frau K. sicherte die Zunft die Erziehungskosten für die Kinder, und zwar, ohne dass das Kapital dafür angegriffen werden musste. In anderen Fällen wurde dafür gesorgt, dass das Kapital möglichst ungeschmälert erhalten blieb, damit auch im Alter für die Frauen vorgesorgt war. Diese Massnahme schonte die Armenkasse der Bürgergemeinde, aber auch den Besitz der nächsten Verwandten.[12]

Selbst wenn Frauen ein Geschäft führten und aus diesem Grunde durch Gerichtsentscheid die sogenannte freie Mittelverwaltung erhielten, waren sie nicht frei von den Vögten. Die Bezeichnung «freie Mittelverwaltung» darf nämlich nicht über die Kontrollmöglichkeiten der Vögte hinwegtäuschen. Allerdings konnten Frauen in diesem Fall über ihren Besitz ohne Vollmacht des Vogtes verfügen, und der Vogt durfte nicht selbständig und ohne Zustimmung seiner Vogtbefohlenen handeln. Aber als Berater musste er über alle ihre finanziellen Aktivitäten unterrichtet werden, und er hatte die Pflicht einzuschreiten, wenn eine Frau mit ihrem Vermögen nicht sparsam umging. Andernfalls konnte er wiederum von der Zunft belangt werden. Konfliktfälle zwischen Vögten, Frauen und den Zünften zeigen, wie man sich einen korrekten Umgang mit dem Vermögen vorstellte. So klagte noch 1875 die Zunft zu Spinnwettern gegen den Vogt einer Witwe auf «Erstattung» von 300 Fr. Bei der Vogtbefohlenen, die ein Vermögen von 92'000 Fr. besass, machte sich «die Tendenz geltend, mehr als den Betrag ihrer Zinsen auszugeben, wobei sie besonders für die Bedürfnisse und die Ausbildung ihres Sohnes bedeutende Summen ausgab, sodass das Vermögen auf Fr. 84'000 sank».[13]

Der Vogt – so die Klage der Zunft – verhinderte trotz mehrmaliger Mahnung nicht, dass die Witwe ihrem Sohn beträchtliche Summen als Darlehen zur Verfügung stellte. Die eingeklagten 300 Fr. hätte sie gegen den expliziten Entscheid der Zunft aus ihrem Vermögen entnommen, ohne dass der Vogt eingeschritten sei. Daher wurde der Vogt angewiesen, die 300.– Fr. entweder aus seinem eigenen Besitz oder aber aus dem Zinsertrag des Witwenvermögens wieder zu ersetzen. Die Frau hatte zwar dem Sohn das Geld nicht geschenkt, sondern nur geliehen, er hatte sich also bei ihr verschuldet. Die Begründung der Zunft, trotzdem so hartnäckig gegen sie vorzugehen, lautete: «Sollte nämlich der Sohn vor der Mutter sterben, würden seine Erben die überschuldete Erbschaft nicht antreten und die Mutter käme mit ihrer Forderung zu Verlust. [...] Wir glauben daher, auch das Interesse der beiden ledigen und durch uns bevogteten Töchter, erheische ein energisches Einschreiten, da auch deren Erbtheil im letztgenannten Falle beträchtlich geschmälert würde.»[14]

Hier wird deutlich, dass die – wie es Beatrix Mesmer formuliert hat – «kollektiven männlichen Interessen»[15] an der Erhaltung des Vermögens und die individuellen Interessen eines Mannes – die des Sohnes – sehr wohl im Gegensatz stehen konnten. Zudem wurden hier die kollektiven Interessen als Interessen von Frauen – nämlich der Mutter und der Töchter – formuliert. Als Individuen würden allerdings die Töchter nie Zugang zum Vermögen haben. Gegen die Mutter konnten in diesem Fall weder der Vogt noch die Zunft sofort vorgehen, weil sie zu der kleinen Zahl der Frauen mit freier Mittelverwaltung gehörte. Üblicherweise folgte einem solchen Streit aber ein Antrag der Zunft, die freie Mittelverwaltung aufzuheben. Schon die Androhung dieser Massnahme dürfte ihre Wirkung nicht verfehlt haben. Solche Drohungen, die durch eine entsprechende Klage untermauert wurden, gab es auch dann, wenn der Vogt mit der Art der Geschäftsführung nicht einverstanden war. So führte ein Vogt in einer Klage an: «Ich hatte Grund anzunehmen, dass Frau S. zu viele Einkäufe macht, oder Artikel zu thut, wofür sie keinen Absatz hat, deshalb habe ich angerathen in dieser Beziehung vorsichtiger zu sein und das Waarenlager auf die couranteren Artikel zu reduzieren, und überhaupt das Geschäft mehr zu vereinfachen, aber ich glaube, dass mein Rath nicht befolgt worden ist.»[16]

317 Frauen hatten 1875 im Kanton Basel-Stadt die freie Mittelverwaltung. Das Gesamtvermögen dieser Frauen ist nicht bekannt, da nur die Hälfte der Zünfte darüber Angaben machen konnte. Das bezifferbare Vermögen betrug immerhin 22'064'625 Fr.[17]

Insgesamt war also das Kapital, das Frauen zwar besassen, über das sie aber nicht frei verfügen konnten, von einer Höhe, die durchaus geeignet war, die Wirtschafts- und Finanzpolitik des Kantons wesentlich zu beeinflussen. Dass die Vögte bei der Anlage der Mündelgelder nicht frei waren, steht fest. So heisst es in einem Beschluss des Waisengerichts: «Wird der Vogt, Dr. H., nach den Anträgen der Zunft zu Schmieden angewiesen, die beanstandete Anlage von Fr. 7'000.– durch eine andere, der Zunft genehme Anlage zu ersetzen [...].»[18] Die Beaufsichtigung der Vögte war absolut notwendig, Betrügereien grösseren Ausmasses und Veruntreuungen wurden verschiedentlich vor den Gerichten verhandelt. Die Zunft haftete jedenfalls nicht mit dem Zunftvermögen. Die Anweisungen der Zünfte über die Art der Anlage konnten also ausschliesslich der Sicherheit des Vermögens gegolten haben. Sie waren aber auch eine Möglichkeit, den Finanzmarkt zu steuern. In welchem Ausmass gegen Ende des 19. Jahrhunderts diese Möglichkeit genutzt wurde, muss ich offen lassen.

Sei es nun das deutlich hervortretende Interesse an der Bindung des Kapitals oder der spürbare Versuch, die Risiken von Jugend, Krankheit oder Alter für die Bürgergemeinde zu minimieren: die wirtschaftlichen Vorteile der Bevormundung von Frauen für die andere Hälfte der Gesellschaft sind offensichtlich.

Das aufklärerische Prinzip der Gleichheit aber verlangte nach Legitimation. Die «Geschäftsuntüchtigkeit» der Frau, ihr wohl angeborenes «Unvermögen, Recht von Unrecht zu unterscheiden» waren «neue Gründe, die alte Vormundschaft zu befestigen», wie Huber sich ausdrückte. Solche Aussagen über die «Defizite» von Frauen waren Teil eines Diskurses über die «Natur der Frauen», über deren «Geschlechtscharakter», der seit der zweiten Hälfte des 18. Jahrhunderts geführt wurde und in dem Frauen als durch ihr Geschlecht in ihren intellektuellen und moralischen Fähigkeiten eingeschränkt dargestellt wurden. Es wurden ihnen dabei gerade die Fähigkeiten abgesprochen – wie es die Philosophin Andrea Maihofer formuliert hat – «die den Menschen im Sinne der Menschen- und Bürgerrechte als Menschen auszeichnen und worauf sich seine Rechte gründen».[19] Der Diskurs war also geeignet, den Ausschluss von Rechten zu legitimieren.

Die Aufhebung der Geschlechtsvormundschaft im Kanton Basel-Stadt

Zwei unterschiedliche Strategien machten es möglich, diesem «eigentlichen Skandalon»[20] der Dialektik des Gleichheitsbegriffs entgegenzutreten: entweder bewiesen Frauen und die Befürworter gleicher Rechte, dass diese Aussagen über Frauen nicht stimmten, dass Frauen gleich intelligent, gleich moralisch, gleich sparsam waren, oder man bewies, dass auch nicht alle Männer intelligent, moralisch und sparsam waren. An der am männlichen Mass gemessenen Gleichheit kam man nicht vorbei.

So wurde im politischen Prozess um die Aufhebung der Geschlechtsvormundschaft im Kanton Basel-Stadt die rhetorische Frage gestellt: «Zeigt etwa die Erfahrung, dass Frauen im Allgemeinen schlechter als die Männer haushalten? Dieser Beweis würde wohl schwierig zu führen sein, und die Bücher der Ersparniskassen dürften wohl leicht etwas anderes zeigen.»[21]

Es wurde mit Gleichheit argumentiert, und zwar mit gleichen Kenntnissen oder gleichen Defiziten. Der Umgang mit dem Begriff war durchaus mit der Argumentationsweise der Aufklärung und der Französischen Revolution vergleichbar. So hatte Olympe de Gouges die rhetorische Frage: «Frauen, was gibt es Gemeinsames zwischen Euch und uns», die sie Männern in den Mund legte, mit «alles» beantwortet und Condorcet die Forderung nach den Bürgerrechten für Frauen wie folgt begründet: «Warum sollte eine Gruppe von Menschen, weil sie schwanger werden kann und sich vorübergehend unwohl fühlt, nicht Rechte ausüben, die man denjenigen niemals vorenthalten würde, die jeden Winter unter Gicht leiden und sich leicht erkälten.»[22]

Nur wer sich als gleich erweist, erhält gleiche Rechte. Offensichtliche Ungleichheiten mussten entsprechenden Defiziten vergleichbar sein, mussten als unwesentlich deklariert werden können. Rechtliche Gleichheit, die Individuen in ihrer Verschiedenheit als Gleiche – als Gleichberechtigte – anerkennt, war diesen Vorstellungen und Interpretationen des Gleichheitsbegriffs fremd. Wesensmässige Gleichheit war eine notwendige Voraussetzung der Partizipation an gleichen Rechten.

Wenn aber schliesslich auch in Basel-Stadt 1876 die Geschlechtsvormundschaft abgeschafft wurde, so war das nicht nur ein Zeichen, dass man in bezug auf das Vermögen Frauen diese Gleichheit zugestand. Die Gleichheit zwischen den Geschlechtern war nicht das einzige, vielleicht nicht einmal das wichtigste Argument. Deutlich wurden in der Diskussion um die Aufhebung der Geschlechtsvormundschaft auch die organisatorischen Schwierigkeiten, die schliesslich die Abschaffung unumgänglich machten. Der Fall der Auswanderung von Frau K. kann als ein Beispiel in diesem Zusammenhang gelten. Die Kontrolle der ökonomischen Aktivitäten von Frauen gestaltete sich mit zunehmender Mobilität schwieriger. An eine Kontrolle der Verwendung des Lohnes war nicht zu denken. Der Lohn aber wurde zur wichtigsten Lebensgrundlage vieler Frauen.

Ausserdem waren die Kantone, die für nichtverheiratete Frauen die Geschlechtsvormundschaft aufrechterhielten, gegen Ende des 19. Jahrhunderts deutlich in der Minderheit. Da aber nicht der Wohnkanton der Frau, sondern ihr Bürgerrechtskanton bestimmend dafür war, ob und in welcher Form sie der Geschlechtsvormundschaft unterstellt war, hätten Geschäftspartner von Frauen, bevor sie ein Geschäft eingingen, umständlich prüfen müssen, ob die Frau überhaupt über ihr Eigentum verfügen konnte und welche Rechte die Gläubiger beim Konkurs hatten. 1872 wurde in Basel-Stadt durch alle Gerichtsinstanzen hindurch einer Frau, die ein Geschäft führte, aber nicht die freie Mittelverwaltung hatte, der Rücktritt von einem Vertrag gestattet, da der Vogt ihn nicht unterschrieben hatte. Das Urteil des Appellationsgerichts wurde ausführlich – wohl zur Warnung für alle Geschäftspartner von Frauen – im Verwaltungsbericht kommentiert.[23] Das war ein sensibler Bereich; er tangierte die erst gerade entstehende Sicherheit des gesamtschweizerischen Handelsverkehrs, bedeutete letztlich jedoch Rechtsunsicherheit und wurde so zu einem starken Argument für die Abschaffung der Geschlechtsvormundschaft. Staatliche Einheit und Rechtseinheit waren im 19. Jahrhundert zu einem untrennbaren Begriffspaar geworden. Besonders die Vereinheitlichung des Handels- und Verkehrsrechts diente der Förderung der Wirtschaft, war also ein Postulat des liberalen Bürgertums. Auf die Länge liessen sich demgegenüber die partikularistischen Interessen nicht aufrechterhalten. Im Namen der Gleichheit – der Gleichheit der Kantone wohl mehr als derjenigen der Geschlechter – wurde die Geschlechtsvormundschaft über nichtverheiratete Frauen abgeschafft.

Ökonomische Beweggründe hatten dazu beigetragen, dass dieses Rechtsinstitut so lange erhalten blieb, trotz der «allgemeinen» Anerkennung des Postulats der Rechtsgleichheit. In der Sicherung des Vermögens über Generationen hinweg, im Schutz der Armenkasse und im Erhalt des Kapitals in Basel einen Nutzen zu sehen verlangte eine langfristige Perspektive, eine Generationenperspektive. Die Geschlechtsvormundschaft widersprach nämlich nicht selten den kurzfristigeren und individuellen Interessen von Männern. Sobald Männer ihren individuellen Vorteil stärker gewichten durften bzw. sobald diejenigen sozialen Schichten stärker an der politischen Entscheidung beteiligt wurden, für die aufgrund ihrer ökonomischen Lage die kurzfristigen Interessen im Vordergrund standen, schwand das Interesse an der Aufrechterhaltung der Geschlechtsvormundschaft über ledige Frauen. Sie verlor auch für Männer an ökonomischem Nutzen.

Der Fortbestand der ehelichen Vormundschaft

Anders war das bei der ehelichen Vormundschaft. Hier profitierte in der Regel der Ehemann sofort, in der gleichen Generation. Die Abschaffung stand nicht zur Diskussion. Damit ja keine Unsicherheit aufkäme, bestätigten sowohl die kantonalen Gesetze wie auch das Bundesgesetz, dass die eheliche Vormundschaft durch die Aufhebung der Geschlechtsvormundschaft nicht tangiert würde.[24]
Von der Vergrösserung des Handlungsspielraumes, wie er für die unverheirateten Frauen in der zweiten Hälfte des 19. Jahrhunderts durch die Abschaffung der Geschlechtsvormundschaft zu beobachten ist, kann daher für die verheirateten Frauen nicht die Rede sein. Im Gegenteil wurden einige für Frauen günstige Bestimmungen des Basler Ehelichen Güterrechts bei der Einführung des ZGB 1912 zugunsten männlicher Privilegien modifiziert. Das Basler Eheliche Güterrecht hatte z. B. die Aufteilung des gemeinsamen Vermögens, des sogenannten Zugewinns, dem Richter überlassen. Der konnte das Vermögen zu gleichen Teilen dem Ehemann und der Ehefrau zusprechen.[25] Nach der Einführung des ZGB war eine hälftige Aufteilung nicht mehr möglich. Das ZGB legte bei ordentlichem Güterstand fest, dass die Ehefrau (oder ihre Erben) ein Drittel, der Ehemann (oder seine Erben) aber zwei Drittel des in der Ehe erwirtschafteten Vermögens erhielten. Im Zuge der Rechtsvereinheitlichung hatte man die für Frauen ungünstigere Variante der Partikularrechte gewählt. Dafür gibt es neben der Ausgestaltung des ehelichen Güterrechts noch weitere Anzeichen. So war beim Verkauf von Liegenschaften, bei der Verpfändung oder bei sonstiger finanzieller Belastung bisher im Kanton Basel-Stadt die Einwilligung (und Unterschrift) der Ehefrau nötig gewesen. Auch diese Bestimmung gab es im ZGB nicht mehr.
Die Entwicklung erweckt den Anschein, als wollte man die Einschränkung männlicher Vorherrschaft – sprich die Abschaffung der Geschlechtsvormundschaft über Unverheiratete – durch die Abschwächung weiblicher Rechte in anderen Bereichen ausgleichen. Die juristische Leerformel vom «Haupt der Gemeinschaft» erhielt erneut Inhalt: die Bestimmung des Aufenthalts, die Einwilligung zur Auf-

nahme einer Erwerbsarbeit und nicht zuletzt die Pflicht, den Haushalt zu führen, waren jetzt gesetzlich festgelegte Bestandteile der Formel. Im Falle der Auflösung einer Ehe aber war die gesetzlich vorgeschriebene Leistung nur halb soviel wert wie die Arbeit des Ehemannes.
Damit hatten die bürgerlichen Werte Mündigkeit, Individualität und Eigentum für verheiratete Frauen weiterhin keine Berechtigung. Dieser Zustand wurde bis weit ins 20. Jahrhundert aufrechterhalten. Erst die Reformen des Eherechts und die Gleichstellungsgesetzgebung, die 1988 bzw. 1984 in Kraft traten, brachten auf der normativen Ebene grundlegende Änderungen.
Der Fortbestand ständischer Verhältnisse bis ins 20. Jahrhundert muss als Widerspruch zur sonstigen Rechts- und Gesellschaftsentwicklung, vor allem als Widerspruch zum Postulat der Gleichheit und der darauf beruhenden Individualisierung rechtlicher Verhältnisse, angesehen werden. Beweist nun die Tatsache, dass die Geschlechtsvormundschaft im 19. Jahrhundert und die eheherrliche Vormundschaft wenigstens noch kurz vor Ende des 20. Jahrhunderts abgeschafft wurden, dass sie ein Anachronismus waren, der im Gefüge der sich zunehmend als bürgerlich definierenden Gesellschaft dem Gleichheitsideal ebenso weichen musste wie vorher das ungleiche Wahlrecht der Männer, zünftige Vorrechte oder andere Einschränkungen des Eigentumserwerbs?
Das Postulat der Rechtsgleichheit der Geschlechter hat das Rechtssystem verändern können, nicht aber die gesellschaftliche Machtverteilung. Ulrich Beck nennt das die «geschlechtsständige Gesetzmässigkeit der umgekehrten Hierarchie: Je zentraler ein Bereich für die Gesellschaft (definiert) ist, je mächtiger eine Gruppe, desto weniger sind Frauen vertreten; und umgekehrt: als je randständiger ein Aufgabenbereich gilt, je weniger einflussreich eine Gruppe, desto grösser ist die Wahrscheinlichkeit, dass Frauen sich in diesen Feldern Beschäftigungsmöglichkeiten erobert haben. Dies zeigen die entsprechenden Daten in allen Bereichen – Politik, Wirtschaft, Hochschule, Massenmedien usw.»[26] Sichtbar sind trotz rechtlicher Gleichstellung die faktischen Ungleichheiten. Bei der Überwindung des ungleichen Rechtssystems war das Prinzip der Gleichheit eine zentrale Voraussetzung, bei der weiteren Verwirklichung der Gleichberechtigung scheint es ihr aber sogar entgegenzustehen. Ein Teil des dabei auftretenden Widerstands ist dem aufklärerischen Gleichheitsbegriff selbst immanent. Er wurde jedenfalls so interpretiert, dass nur Gleiches gleich behandelt werden darf. Da jede Differenz vom männlichen Mass einer hierarchischen Abwertung gleichkommt, kann der Anspruch auf Gleichberechtigung nur erworben werden, indem offensichtlich

bestehende Ungleichheiten als nebensächlich deklariert werden. Sie dürfen nicht als tatsächliche Abweichung vom männlichen Massstab gewertet werden können. Frauen mussten unter Beweis stellen, dass sie ihr Vermögen ebensogut verwalten konnten wie Männer, dass sie als Ehefrauen zumindest ebensoviel geleistet hatten und damit den gleichen Anspruch auf das Vermögen erwarben, dass den weiblichen «Krankheiten» Geburt und Menstruation männliche Krankheiten wie Gicht und Erkältungen entsprachen. Die Philosophin Andrea Maihofer geht davon aus, dass es auf diese Definition von Gleichheit zurückzuführen ist, wenn Frauen trotz fortschreitender rechtlicher Gleichstellung die gesellschaftliche Gleichberechtigung nicht erreicht haben: «Für Frauen bedeutet das: Sie müssen in ihrer Forderung nach Gleichberechtigung entweder ihr Anderssein bestreiten oder insistieren, dass ihre Verschiedenheit lediglich sekundärer Natur ist, sie ansonsten als Menschen an sich die gleichen Fähigkeiten und die gleiche menschliche Vernunft wie die Männer besitzen.»[27]

Der Bezug auf einen als allgemeingültig gesetzten Massstab wird nicht nur im Bereich der Geschlechterdifferenz verhängnisvoll. Nationale, ethnische und kulturelle Differenzen werden ebenso durch die Norm eines einzigen Masses abgewertet. Differenzierung geht mit Hierarchisierung Hand in Hand, nur Gleichheit eröffnet Aussicht auf faktische Gleichberechtigung.[28] Dieses herkömmliche Gleichheits- und Gleichberechtigungsverständnis führt zur Diskriminierung von Frauen.

*

Wie sind nun die gegenläufigen Entwicklungen im Bereich der Geschlechtsvormundschaft als Ganzes zu bewerten, und wie definieren sie Gleichheit? Die Aufhebung der Geschlechtsvormundschaft erweiterte den Handlungsspielraum alleinstehender Frauen. Die verheirateten Frauen partizipierten nicht an dieser Entwicklung. Im Gegenteil: ihre Rechte wurden zunächst noch eingeschränkt. Dass diese Einschränkung für nochmals 70 Jahre möglich war, obwohl gleichzeitig eine Diskussion um die Gleichheit von Frauen im Rechtssystem geführt wurde, lässt erahnen, wie reduziert das Verständnis von Gleichheit war, wie leicht es fiel, Differenzen zu kreieren oder in ihrer Wichtigkeit zu betonen. Es genügte, Ehefrauen durch ihre Mutterrolle, durch ihre ökonomische Abhängigkeit oder durch ihre Aufgabe im Bereich der Kindererziehung als anders zu definieren, um sie vom Anspruch auf Gleichberechtigung auszunehmen.

Die Diskriminierung von Frauen im Familienrecht wurde nicht als Bruch mit dem

Prinzip der Rechtsgleichheit gesehen, nicht als Etablierung und Schutz männlicher Vorrechte, sondern als Schutz der Institution Ehe. Die Rechtsdifferenzierung, die eine offensichtliche Diskriminierung der unverheirateten Frauen nicht mehr zuliess, erlaubte so, die Fiktion aufrechtzuerhalten, dass die Prinzipien des ZGB, d. h. Eigentumsfreiheit, Vertragsfreiheit und Vererbungsfreiheit, auch für Frauen galten.

Sie trugen dazu bei, dass der traditionelle Gleichheitsbegriff – Gleiches nur Gleichen – weiterhin als tragfähig gelten konnte und einer tatsächlichen sozialen Gleichstellung von Frauen hinderlich blieb.

Anmerkungen

1 Eugen Huber, *System und Geschichte des schweizerischen Privatrechts*, Basel 1893, Bd. IV, 293 f.
2 Ulrich Beck, Elisabeth Beck-Gernsheim, *Das ganz normale Chaos der Liebe*, Frankfurt a. M. 1990, 40. Die Vormundschaft des Ehemannes über seine Frau gab es ausser in der deutschen Rechtstradition auch im Bereich des englischen Common Law und des französischen Code Civil, die die Geschlechtsvormundschaft über nichtverheiratete Frauen in der vorher umrissenen Form nicht kannten.
3 Vgl. dazu den Aufsatz von Annamarie Ryter in diesem Band.
4 Vgl. dazu: Eugen Huber, *System und Geschichte;* Wilhelm Th. Kraut, *Die Vormundschaft nach den Grundsätzen des deutschen Rechts*, 3 Bde., Göttingen 1835–1859; Albert Ranft, *Die Vormundschaft des Basler Stadtrechts von 1590 bis 1880*, Diss., Basel 1928. Weder Kraut noch Huber leiten die Geschlechtsvormundschaft aus dem Römischen Recht ab, das verschiedene Formen der Geschlechtsvormundschaft («tutela mulierum») kannte. Allerdings ist es eher unwahrscheinlich, dass die Verstärkung der Vormundschaft mit der Rezeption des Römischen Rechts in Zusammenhang steht. Ich danke Jürgen Ungern von Sternberg für den Hinweis auf die mögliche Bedeutung der «tutela mulierum».
5 Beispielsweise die Juristin Emma Oekinghaus. Vgl. dazu Ute Gerhard, *Gleichheit ohne Angleichung. Frauen im Recht*, München 1990, 164.
6 Albert Ranft, *Die Vormundschaft des Basler Stadtrechts*, 28.
7 Albert Ranft, *Die Vormundschaft des Basler Stadtrechts*, 29.
8 Die rechtliche Grundlage war die Stadtgerichtsordnung von 1719.
9 Um die Auswirkungen der Aufhebung der Geschlechtsvormundschaft besser abschätzen zu können, hatte man eine Umfrage bei den Zünften gemacht. Staatsarchiv Basel-Stadt (STABS), Vogtei-Akten J1.
10 STABS, Vogtei-Akten J1.
11 STABS, Waisengericht, Protokolle, Gerichtsarchiv V 28, 1866–1875, 432 ff.
12 Vgl. dazu auch Annamarie Ryters Beitrag in diesem Band.
13 STABS, Gerichtsarchiv, LL 7a, Entzug der Freien Mittelverwaltung A–F (Wwe D.-B.).
14 Ibid.
15 Beatrix Mesmer, *Ausgeklammert – Eingeklammert. Frauen und Frauenorganisationen in der Schweiz des 19. Jahrhunderts*, Basel 1988, 36.

16 STABS, Gerichtsarchiv, LL 7a, Entzug der Freien Mittelverwaltung S–Z (Wwe S.-S.).
17 Das entspricht einem heutigen Wert von etwa 880 Mio. Fr.
18 STABS, Waisengericht, Protokolle, Gerichtsarchiv V 28, 1866–1875, 424.
19 Andrea Maihofer, «Gleichberechtigung in der Differenz oder Gleichheit und Differenz», in: *Differenz und Gleichheit in Theorie und Praxis des Rechts. Veröffentlichung des 5. schweizerischen feministischen Juristinnenkongresses 1994*, Basel 1995, 20.
20 Liselotte Steinbrügge, *Das moralische Geschlecht*, Weinheim, Basel 1987, 38.
21 Eingabe von Dr. Heimlicher zum Entwurf des Civilgesetzes vom 30. 11. 1866 in STABS, Justizakten B 7.
22 Zit. nach: Hannelore Schröder (Hg.), *Die Frau ist frei geboren*, München 1979, Bd. 1, 56.
23 Verwaltungsbericht des Regierungsrates und Berichte des Appellationsgerichts [...] vom Jahr 1873.
24 Botschaft betr. Entwurf eines Bundesgesetzes über die persönliche Handlungsfreiheit vom 7. Nov. 1879, *Bundesblatt*, 1897, Bd. III, 764 ff.
25 Vgl. dazu Regina Wecker, «‹Die Errungenschaft ist zu gleichen Theilen unter die Parteien zu theilen›. Ein Beitrag zur Geschichte der Rechtsvereinheitlichung», in: *Fenster zur Geschichte. Festschrift für Markus Mattmüller*, Basel 1992, 85 ff.
26 Ulrich Beck, Elisabeth Beck-Gernsheim, *Das ganz normale Chaos*, 28.
27 Andrea Maihofer, «Gleichberechtigung», 22.
28 Meine Kritik am Gleichheitsbegriff soll nicht als Bestätigung einer «wesensmässigen», «natürlichen», «biologischen» Geschlechterdifferenz gelten. Wie Geschlecht und Geschlechterdifferenz entstehen oder konstruiert wurden, muss ich für die Fragestellung dieses Artikels ausser acht lassen. Zur Debatte um die soziale Konstruktion von «Geschlecht», von der innovative Denkansätze für die Analyse des Systems der Geschlechterdifferenz und der auf ihm beruhenden Machtdifferenzen ausgehen, vgl. Regine Gildemeister, Angelika Wetterer, «Wie Geschlechter gemacht werden. Die soziale Konstruktion der Zweigeschlechtlichkeit und ihre Reifizierung in der Frauenforschung», in: Gudrun-Axeli Knapp, Angelika Wetterer (Hg.), *Traditionen, Brüche*, Freiburg 1992. Nach einer längeren «Rezeptionssperre» im deutschsprachigen Raum, über die Gildemeister und Wetterer noch klagen, haben inzwischen die *Feministischen Studien* mit ihrem thematischen Band «Kritik der Kategorie Geschlecht» (Jg. 11, Nr. 2, 1993) und die österreichische Zeitschrift *L'homme* mit dem Heft «Körper» (Jg. 5, No 1, 1994) die Diskussion um Judith Butlers «Gender Trouble» (1990, deutsche Übersetzung: *Das Unbehagen der Geschlechter*, Frankfurt a. M. 1991) weitergeführt.

ANNAMARIE RYTER

Ein Leben unter Geschlechtsvormundschaft

Anna Barbara Imhof aus Wintersingen, 1840–1888

Eine Beschwerde an den Regierungsrat

Im Jahre 1865 schrieb die 25jährige Köchin Anna Barbara Imhof vom Kanton Thurgau aus einen Brief an den Baselbieter Regierungsrat. Sie beklagte sich darin über ihren Vormund aus der Heimatgemeinde Wintersingen. Seit Neujahr habe sie ihn zweimal gebeten, Geld von ihrem ererbten Vermögen zu schicken: «[...] für einige Möbel anzuschaffen, das erste Mal um Fr. 250, das zweite mal durch ein recomandiertes Schreiben um Fr. 150 nur um einen Kasten anzuschaffen, den ich nothwendig brauchte, dass ich auch meine Kleider gehörig versorgen könnte, erhielt aber auf beide Briefe keine Antwort».[1] Wenig später habe sie 1000 Fr. für Wein und Möbel verlangt. Sie wolle nämlich zusammen mit ihrem Schwager in Liestal eine Wirtschaft pachten. Vormund Schaffner habe auch dieses Geld nicht bewilligt – ohne weitere Begründung.

Mit diesem Entscheid war Anna Barbara Imhof nicht einverstanden. Sie stammte aus einer vermögenden Bauernfamilie und hatte genug Selbstbewusstsein, um sich mehrmals direkt an die oberste Behörde des Kantons zu wenden. Aus ihren Rekursakten beim Regierungsrat und Gemeindeakten von Wintersingen kann denn auch Anna Barbara Imhofs Leben unter Vormundschaft rekonstruiert werden.[2] Ihre Eltern waren 1861 verstorben. Und obwohl der Besitz auf acht Geschwister aufgeteilt werden musste, erbte die 21jährige Frau Land und Vermögen im Werte von 4000 Fr. Das war für die damalige Zeit eine stattliche Summe. Anna Barbara Imhof war volljährig, weder «kriminalisiert» noch in einem «andauernden Zustande von Geistesbeschränktheit». Ihre Briefe verfasste sie zum Teil selber, sie formulierte flüssig und ohne Fehler. Den Akten zufolge konnte sie nicht ohne weiteres zu den «Verschwendern und denjenigen, welche durch unverständige Handlungen ihr Vermögen in Gefahr bringen»,[3] gezählt werden. Und dennoch stand die selbstbewusst auftretende Frau unter Vormundschaft. Wie war das möglich?

Die Geschlechtsvormundschaft im Kanton Baselland[4]

Nach der Auflehnung gegen die städtische Obrigkeit und der Gründung des Kantons Basel-Landschaft im Jahre 1832 wurden die bürgerlichen Grundrechte in einer Verfassung verankert. Diese anerkannte und gewährleistete angeblich «die Rechte der Menschen auf Leib, Leben, Ehre und Vermögen [...]. Es giebt keine Vorrechte des Orts, der Geburt, des Standes, des Vermögens, der Personen und Familien [...].» In Wirklichkeit waren aber nur die männlichen Individuen gemeint. Denn die gesetzliche Bevormundung der Frauen, wie sie schon unter der städtischen Obrigkeit bestanden hatte, wurde beibehalten und 1853 in einem Vormundschaftsgesetz zwar verändert, aber bestätigt. Frauen verwirkten ihre Mündigkeit nicht durch uneinsichtige Handlungen wie Männer, sie wurden vielmehr durch ihr Geschlecht von vornherein als unmündig oder handlungsunfähig eingestuft. Ehefrauen standen unter der «ehelichen Vormundschaft», alle ledigen, geschiedenen und verwitweten unter der sogenannten Geschlechtsvormundschaft. Das Gesetz bestimmte klar und deutlich: «Der Vormundschaft sind unterworfen: [...] Die mehrjährigen Weibspersonen.»[5]

Baselland war kein Einzelfall. Viele Schweizer Kantone kannten eine prinzipielle Bevormundung der nicht verheirateten Frauen seit dem Mittelalter. Die Auswirkungen dieser Rechtsinstitution waren je nach Region und Zeit unterschiedlich, wobei der Alltag von Frauen unter Geschlechtsvormundschaft noch kaum untersucht ist. Als die Geschlechtsvormundschaft 1881 durch ein Bundesgesetz in der ganzen Schweiz aufgehoben wurde, hatte sie nur noch in wenigen Kantonen bestanden.[6] In Baselstadt war sie kurz vorher, im Jahre 1876, in Baselland 1879 abgeschafft worden. Nicht verbessert wurde mit dem Bundesgesetz die Stellung der verheirateten Frauen. Diese blieben sogar bis in die 80er Jahre des 20. Jahrhunderts – genauer bis zum Eherecht von 1987 – in ihrer Handlungsfähigkeit eingeschränkt, auch wenn der Begriff «eheliche Vormundschaft» nicht mehr gebraucht wurde.

Die weitere Geschichte von Anna Barbara Imhof zeigt, was die Geschlechtsvormundschaft des 19. Jahrhunderts im Alltag von Baselbieterinnen bedeutete: Frauen konnten weder über ihr eigenes Vermögen verfügen noch Verträge ohne Einwilligung des Vormundes abschliessen, noch vor Gericht auftreten. Einzig das Rekursrecht stand ihnen zu – in letzter Instanz an den Regierungsrat, an den sich auch Anna Barbara Imhof wandte. Dieser erkundigte sich in ihrem Falle bei der verantwortlichen Vormundschaftsbehörde nach den Hintergründen der Beschwerde

und verlangte eine Stellungnahme des Wintersinger Gemeinderats. Dieser begründete seinen Entscheid damit, dass «es hochgewagt sei von einem jungen unerfahrenen Mädchen auf eigene Rechnung eine Wirtschaft zu übernehmen, welche wegen Gangbarkeit nach allgemeinen Aussagen den meisten Werth verloren» habe. Er glaube, «dass es Pflicht einer Gemeindebehörde sei, ihre Angehörigen vor dem augenscheinlichen Ruin ihres Vermögens zu schützen».[7]
In den Briefen der Gemeinde erscheint die Frau nicht selbstbewusst, sondern schutzbedürftig. Sie werde von Verwandten bedrängt und selbst wenn ihr Vermögen gefährdet wäre, «würde sie zu schwach und gutmütig sein, um diess zu verhindern». Allerdings klingt zwischen den Zeilen eher die Empörung über das ungebührende Betragen einer jungen Frau durch. Sie habe schon früher behauptet, «sie könne ihr Vermögen selbst besser verwalten als es von ihrem Vogt verwaltet werde. [...] Auch sei sie von ihrem Vogt zu beschränkt, wenn sie nötige Geldforderungen an ihn stelle.»[8] Zudem habe sie den Pachtvertrag für die Wirtschaft schon eigenmächtig unterschrieben, ohne den Vormund oder Gemeinderat um Erlaubnis zu fragen.

Die Verhinderung einer Pacht

Die gemeinderätlichen Argumente überzeugten den Regierungsrat. Anna Barbara Imhof durfte ihr Vermögen nicht antasten, die 1000 Fr. wurden ihr nicht ausgehändigt. Doch die junge Frau gab nicht so schnell auf. Nach dieser Absage stellte sie ein Gesuch um die sogenannte freie Mittelverwaltung. Das war in besonderen Fällen möglich. Geschäftsfrauen hatten schon vor der Kantonstrennung nach Basler Recht die Möglichkeit gehabt, ein beschränktes Verfügungs- und Entscheidungsrecht über ihr Vermögen zu erhalten. Das basellandschaftliche Vormundschaftsgesetz von 1853 erweiterte dieses Recht: «Jede mehrjährige Weibsperson kann sich um die freie Mittelverwaltung bewerben, wodurch sie von der Vormundschaft gänzlich befreit wird, und das Recht erlangt, gleich einem Manne ihr Vermögen selbst zu verwalten und darüber zu verfügen.»[9] Um 1860 hatten rund ein Fünftel der nichtverheirateten erwachsenen Baselbieterinnen diese Selbständigkeit erwirkt[10] – nicht aber Anna Barbara Imhof. Für die Bewilligung war nämlich der Gemeinderat zuständig. Und dieser hatte bereits sein Bild von der Frau. Es erstaunt kaum, dass sie auch mit diesem Gesuch abgewiesen wurde. Ihr wurde erwidert, «dass ein solches Gesuch von einem jungen Mädchen noch nie

gestellt worden sei und dass ihr Vogt einer der solidesten in Wintersingen sei».[11]
Und wieder stützte der Regierungsrat den Beschluss der Behörde. Er verlangte keine weiteren Argumente. Ein Gemeinderat konnte die freie Mittelverwaltung gewähren, ein Anrecht darauf hatte aber keine Frau.
Anna Barbara Imhof konnte die Pacht also nicht übernehmen. Nun schrieb sie vorderhand keine Rekurse mehr. Sie suchte andere Wege, ihre Pläne zu verwirklichen. Während über zehn Jahren tauchte sie nicht mehr in den Akten auf. Mit dem Vormund hatte sie keinen Kontakt mehr, das Vermögen blieb liegen. Die Frau beanspruchte nicht einmal die Zinsen daraus, die ihr von Gesetzes wegen zustanden. Offenbar lebte sie allein vom laufenden Verdienst, über den sie auch als Bevormundete frei bestimmen durfte.

Eine umstrittene Institution

In diesem Falle stützte der Regierungsrat die Vormundschaftsbehörde, die streng nach Gesetz verfuhr. Das bedeutet aber nicht, dass die oberste politische Behörde die Geschlechtsvormundschaft als Institution befürwortet hätte. Im Gegenteil: Bei der Ausarbeitung des Vormundschaftsgesetzes von 1853 plädierte der zuständige Regierungsrat vehement für deren Abschaffung. Die Bestimmung sei längst veraltet, sie widerspreche zudem der Rechtsgleichheit von Mann und Frau sowie jeder Erfahrung. «Oder kommt etwa der Mann beständiger und klüger auf die Welt als das Weib? Gewiss nicht!»[12] schrieb er in seinem Kommentar zum Entwurf. Frauen seien ohnehin in der Regel sparsamer als Männer.
Die Geschlechtsvormundschaft war im 19. Jahrhundert tatsächlich umstritten. Einige Schweizer Kantone hatten sie nie gekannt, andere, wie etwa der Kanton Bern, hatten sie eben abgeschafft. In den deutschen Ländern war dies meist schon zu Beginn des Jahrhunderts geschehen. Die beiden Basel waren unter den letzten Schweizer Kantonen, die sie über die Jahrhundertmitte hinaus beibehielten.
Für ihre Aufhebung 1881 in der ganzen Schweiz war weniger eine frauenfreundliche Haltung der Liberalen ausschlaggebend als deren Sorge um die Rechtssicherheit. Solange alleinstehende Frauen unter Vormundschaft standen und die Bestimmungen je nach Heimatkanton der betreffenden unterschiedlich waren, gingen Geschäftspartner von Frauen ein erhebliches Risiko ein. Sie konnten nicht abschätzen, ob eine Frau gerichtlich belangbar war, falls diese nicht zahlen wollte. Und diese Unsicherheiten galt es zu beseitigen.

In Baselland wollte zudem der Regierungsrat als zentrale Behörde die Kontrolle über das Vormundschaftswesen verbessern und Missbräuche bekämpfen. Daher hatte er alles Interesse daran, die Zahl der Vormundschaften zu reduzieren. Dagegen waren es die Gemeindebehörden und ihre Vertreter im kantonalen Parlament, im Landrat, welche die Geschlechtsvormundschaft beibehalten wollten. Das hatte nicht nur mit einer bäuerlich-konservativen Haltung zu tun, die alte Traditionen verteidigte, sondern ebenso mit handfesten materiellen Interessen. Das Gesetz von 1853 garantierte dem Gemeinderat nämlich einen direkten Zugriff auf das Vermögen aller nichtverheirateten Gemeindebürgerinnen. Jeder Vormund durfte nur in Absprache mit dem Gemeinderat handeln. Zudem waren die Vormünder häufig Mitglied dieser Behörde. Sie kontrollierten sich also selber. Nicht nur bei Anna Barbara Imhof, sondern auch bei vielen andern Frauen machten die Gemeinden von ihrem Eingriffsrecht selbstverständlichen Gebrauch. Geschlechtsvormundschaft war keine ferne juristische Bestimmung, die im Alltag keine Bedeutung mehr hatte. Welche eigenen Interessen die Gemeindebehörden und andere Männer mit der Geschlechtsvormundschaft verfolgten, lässt sich indirekt auch am Beispiel der Anna Barbara Imhof zeigen.

Eine drohende Verarmung?

1879 stimmten die Männer in Baselland der Aufhebung der Geschlechtsvormundschaft zu. Nun erschien Anna Barbara Imhof plötzlich wieder in den Akten. Sie figurierte nämlich unter den paar 100 Frauen im Kanton, die aus eigenem Willen oder auf Vorschlag der Gemeinden unter Vormundschaft bleiben sollten, weil sie ihr Vermögen angeblich nicht selber verwalten konnten. Anna Barbara Imhof protestierte sofort beim Regierungsrat gegen diese Verfügung. Der Gemeinderat von Wintersingen schrieb, er habe auf Antrag ihres Bürgers Graf gehandelt. Dieser sei ein Schwager von Anna Barbara Imhof und befürchte, dass die Frau von andern, nahen Verwandten ausgenützt werde. Graf glaube, seine Verwandte bald unterstützen zu müssen, wenn sie ihr Geld ausgeben dürfe.
Diese Argumentation wirkt etwas seltsam. Immerhin hatte die 40jährige Frau bis dahin von ihrem Verdienst leben können, ohne auch nur die Zinsen ihres Vermögens zu beanspruchen. Sie hatte nie um Unterstützung nachgesucht. Ihr Vermögen von inzwischen über 5000 Fr. war höher als das der meisten Bürgerinnen und Bürger von Wintersingen. Sie war bestimmt nicht direkt von Armut bedroht.

Wie wahrscheinlich eine Verarmung war, spielte für den Schwager allerdings keine Rolle. Mit seiner Einsprache verfolgte er vermutlich das Ziel, sich schmerzlos aller Verpflichtungen gegenüber seiner Schwägerin zu entledigen. Denn nach dem basellandschaftlichen Armengesetz von 1859 konnte eine Gemeinde Rückgriff auf Verwandte einer Armengenössigen nehmen – ausser in einem Fall: wenn diese vorher bei den Behörden um eine Bevormundung nachgesucht hatten und abgewiesen worden waren.[13] Also hatte der Gemeinderat seinerseits alles Interesse daran, dem Antrag von Graf stattzugeben. Er hätte sonst Schwager Graf nicht zur Kasse bitten können. Bei Verarmung hätte Anna Barbara Imhof aus der dörflichen Armenkasse unterstützt werden müssen. Dieses Risiko wollte die Behörde nicht eingehen.

In diesem Zusammenhang ist Anna Barbara Imhofs Fall exemplarisch. Die Gemeindebehörden verfolgten mit der Geschlechtsvormundschaft nämlich in den allermeisten Fällen nicht die Interessen der Bevormundeten, sondern jene der dörflichen Armenkasse. Gerade um 1850, zur Zeit des Pauperismus, nahm die Zahl der Unterstützungsbedürftigen in den Gemeinden stark zu. Da bot sich die Geschlechtsvormundschaft als ideales Instrument an, die Ausgaben der armen Frauen zu kontrollieren. Wenn der Gemeinderat als Vormundschaftsbehörde die zum Teil kleinen Vermögen blockierte, konnte er im Falle, dass eine Frau wirklich zahlungsunfähig wurde, darauf zurückgreifen. Also musste sie nicht aus der Armenkasse unterstützt werden. Eine Analyse der Rekurs- und Gemeindeakten zeigt denn auch, dass vor allem ärmere Frauen stark kontrolliert wurden. Gerade weil sie vom laufenden Verdienst meist nicht leben konnten, konnte der Gemeinderat über jede kleine Anschaffung oder Ausgabe bestimmen. Sogar für Arztkosten oder Kleider mussten viele Frauen den Gemeinderat um Erlaubnis bitten. Und häufig kamen die Gemeindegewaltigen ihren Bitten nicht nach, sondern bezeichneten die Frauen pauschal als «Verschwenderinnen» – ungeachtet ihrer Lebenssituation. Frauen aus vermögenden Familien dagegen erlangten meist ohne Probleme die freie Mittelverwaltung. Oder die Gemeindebehörden liessen sie frei schalten und walten, selbst wenn sie offiziell noch unter Vormundschaft standen. Solange keine Gefahr bestand, dass die Frau Armenunterstützung beanspruchen würde, waren die Interessen der Gemeinde wahrgenommen. Also hatten sie keinen Anlass einzugreifen.[14]

Anna Barbara Imhof ist insofern ein atypischer Fall, als Frauen mit einem Vermögen von mehreren 1000 Fr. sonst eher freie Hand hatten. Denkbar ist auch, dass Schwager Graf sich einen Teil des Erbes erhoffte und verhindern wollte, dass die ledige Frau ihr Vermögen angriff. Allerdings durften Frauen unter Vormundschaft dennoch ein Testament unterschreiben und ihr Vermögen an Nichtverwandte vererben. Ob er also wirklich profitiert hätte, ist zumindest fraglich.

Eine selbständige, sparsame Person

Anna Barbara Imhof hatte mit ihrem Rekurs diesmal mehr Glück. Der mit der Untersuchung beauftragte Statthalter setzte sich persönlich für sie ein. Er schrieb dem Regierungsrat: «Die in Augst wohnhafte Anna Barbara Imhof von Wintersingen geb. 1840 beklagt sich bei mir, dass sie gegen ihren Willen bevogtet worden sei. Ich muss offen gestehen, dass mich der bezügliche Beschluss überraschte, da ich die Rubrikatin als eine selbständige, sparsame Person kenne, die ihr Vermögen wohl selber verwalten kann.»[15] Diese Einschätzung ihrer Person stimmt mit den Akten besser überein als die gemeinderätliche. In ihrem letzten Brief an den Regierungsrat klang nochmals Anna Barbara Imhofs Selbstbewusstsein und Stolz an. Sie schrieb: «Ich will keine Gnade, sondern nur was laut Gesetz recht und billig, dass Sie mich von meiner Vormundschaft befreien.» Und wirklich, mit 40 Jahren durfte Anna Barbara Imhof nun endlich über ihr Vermögen verfügen. Ihre Bevormundung wurde aufgehoben.

Mit der gesetzlichen Änderung änderte sich auch Anna Barbara Imhofs Situation. Oder anders ausgedrückt: Anna Barbara Imhof hatte bis dahin die Geschlechtsvormundschaft als sehr eingreifende Einschränkung und Behinderung ihres Lebens erfahren. Sie hatte kaum eine Chance, grössere Beträge aus ihrem Vermögen auszugeben. Da der Vormund beim Gemeinderat sehr angesehen war, konnte sie dessen Entscheide dort kaum anfechten. Es standen ihr nur Rekurse an die kantonalen Behörden offen – aber auch diese blieben erfolglos. Sogar nachdem die Frau Wintersingen verlassen hatte, war sie wegen ihres Vermögens stets von der Gunst des Gemeinderats abhängig, sie blieb an ihren Heimatort gebunden. Für ihre Brüder und verheirateten Schwestern galt das gleiche nur, wenn sie armengenössig wurden und die Gemeindekasse beanspruchten. Anna Barbara Imhof hatte nur eine Möglichkeit, der ständigen Kontrolle der Gemeinde zu entgehen: indem sie ihr Guthaben nie anrührte. Und das tat sie auch während über zehn Jahren. Sie erkaufte sich ihre Freiheit aber teuer: sie musste auf grössere Ausgaben verzichten, insbesondere darauf, mit ihrem Geld ein Geschäft zu eröffnen respektive eine Wirtschaft zu pachten.

Dennoch scheint sie ihren Plan, eine Wirtschaft zu führen, verwirklicht zu haben. Schon 1865 – eben hatten die Behörden ihr die Herausgabe von 1000 Fr. verweigert – unterschrieb sie einen Brief mit «Anna Barbara Imhof, Wirthin zur Ergolzbrücke». Vielleicht führte sie diese Wirtschaft wirklich als Pächterin. Wahrscheinlicher ist, dass sie dort als angestellte Köchin arbeitete. Später sagte sie von jener Zeit, sie habe vier Jahre bei einem Wirt «gedient». Der Ausdruck «Wirtin» entsprach wohl eher ihrem Selbstbild oder war provokativ gesetzt, um den Behörden ihre eigene Unabhängigkeit zu demonstrieren. Sicher ist, dass Anna Barbara Imhof fünf Jahre später zu jener Schwester und deren Mann nach Augst zog, mit denen sie die Pacht in Liestal hatte erwerben wollen. Mit diesen Verwandten lebte und arbeitete sie in der Wirtschaft «Krone» zusammen. Sie gehörte zur Familie und hatte dort «auch in kranken Tagen gute Aufnahme». Dem Regierungsrat gegenüber betonte sie im Jahre 1880: «In der Hoffnung ich habe auch eine Kapitalanlage gemacht, indem ich meinem Schwager seine Kinder, an die er viel Geld verwendet hat, habe auferziehen helfen, die mich aber achten und ehren, dass ich nicht an Gnade von Schwager Graf kommen muss.»[16]

Mit diesen Bemerkungen wollte sie bestimmt beteuern, sie sei versorgt und brauche nicht so rasch Unterstützung. Sie hatten zudem einen realen Hintergrund. Mit den Verwandten zusammenzuleben bedeutete wirklich eine Versicherung für schlechte Zeiten. Als ledige Frau war Anna Barbara Imhof auf solche Beziehungen angewiesen, da weder Mann noch Kinder im Alter oder bei Krankheit für sie sorgen würden. Umgekehrt war es für sie selbstverständlich, ihrerseits den Verwandten mit ihrem Geld auszuhelfen bzw. sich an den Investitionen zu beteiligen. Dies hatten allerdings der Vormund und der Gemeinderat von Wintersingen bisher verhindert. Erst 1880 konnte sie ihren Verwandten eine Summe von mehreren 1000 Fr. geben. Sie selbst brauchte die Hilfe der Verwandten im Alter nicht mehr. Anna Barbara Imhof starb schon acht Jahre später in Liestal, laut Sterberegister «auf dem Weg zum Bahnhof».

Zur Bedeutung der Geschlechtsvormundschaft in der Schweiz: Erklärungen und offene Fragen

Zu fragen bleibt, inwiefern Anna Barbara Imhofs Geschichte nicht nur für die Situation der nichtverheirateten Frauen in Baselland, sondern in der ganzen Schweiz typisch war. Leider ist das aufgrund der heutigen Forschungslage nicht

zu beantworten. Denn die Bedeutung der Geschlechtsvormundschaft ist noch kaum untersucht worden. Dies ist um so erstaunlicher, als Verfassungs- und Rechtsgeschichte des 19. Jahrhunderts zu den traditionellen Themen der Schweizer Geschichte gehören. Aber solange die Kategorie Geschlecht in der Geschichtswissenschaft nicht berücksichtigt wurde, war Geschlechtsvormundschaft keine Studie wert, die Lücke fiel nicht einmal auf.
Nur einige ältere juristische Werke gehen auf die Institution der Geschlechtsvormundschaft ein. Sie stammen meist noch aus dem letzten Jahrhundert und entstanden bei den damaligen Rechtsdiskussionen, besonders bei der Schaffung des Schweizerischen Zivilgesetzbuches von 1907.[17] Sie sind für die Historikerin aber nur als Einstieg geeignet. Neue historische Untersuchungen zu dem Thema existieren erst vereinzelt.[18] Einigkeit herrscht darüber, dass die Geschlechtsvormundschaft seit dem Mittelalter bestanden hatte, aber eher in Form einer Beistandschaft. Die Rechte und Verpflichtungen der Vormünder seien in der frühen Neuzeit ausgedehnt worden. Regina Wecker und Beatrix Mesmer sehen anhand ihrer Untersuchungen zu den Kantonen Baselstadt und Bern in der Geschlechtsvormundschaft vor allem ein Mittel, die männliche Verfügungsgewalt über das Familienvermögen zu wahren.[19] Sie wäre als Entsprechung zur ehelichen Vormundschaft und Ergänzung zum Erbrecht zu sehen, das häufig Frauen benachteiligte. Es scheint zumindest bemerkenswert, dass in Baselland und Basel-Stadt Söhne und Töchter nach dem Gesetz gleichviel erbten, dafür aber die Geschlechtsvormundschaft nichtverheiratete Frauen stark einschränkte. In Zürich dagegen existierte die Geschlechtsvormundschaft nicht, dafür waren Söhne beim Erbe bevorzugt.
Geschlechtsvormundschaft als Machtinstrument innerhalb der Familien war sicher überall dort zentral, wo Vormünder meist aus der gleichen Familie stammten wie die bevormundeten Frauen.
Für Deutschland wird oft davon ausgegangen, dass die Geschlechtsvormundschaft im 17./18. Jahrhundert Frauen stark eingeschränkt, im 19. Jahrhundert aber nur noch formal bestanden habe. Ihre Abschaffung habe daher kaum mehr Opposition hervorgerufen. Der Vorteil der Rechtssicherheit sei viel wichtiger gewesen.[20]
Diese beiden Erklärungsmuster haben für Baselland kaum Gültigkeit. Die sozialgeschichtliche Analyse von Vormundschaftsakten zeigt vielmehr, dass Frauen in der Mitte des 19. Jahrhunderts durch die Geschlechtsvormundschaft eingeschränkter und kontrollierter waren als je zuvor – zumindest was ihr Vermögen betraf.

Dass sie über ihren Verdienst verfügen konnten und Frauen mit freier Mittelverwaltung mehr Rechte hatten als vorher, wiegt diese Verschlechterung nicht auf. Geschlechtsvormundschaft war in Baselland jedenfalls nicht zur Formalität erstarrt und ohne Bedeutung für den Alltag der betroffenen Frauen.
In Baselland ging es auch nicht in erster Linie um die Wahrung männlicher Interessen in den Familien. Denn die Vormünder stammten meist gerade nicht aus der gleichen Familie wie die Bevormundeten.
Einige Gemeinden verhinderten bewusst die Übernahme von Vormundschaften durch Verwandte. Nach dem Gesetz hatten Familienangehörige kein Mitspracherecht mehr bei der Ernennung der Vormünder. Dafür mussten diese aus der Heimatgemeinde der Bevormundeten stammen. Allgemein stärkte das basellandschaftliche Vormundschaftsgesetz von 1853 den Einfluss der Gemeinderäte als Vormundschaftsbehörden. Sie kontrollierten die Vormünder, mussten bei Gerichtsverfahren und Vermögensangelegenheiten ihre Zustimmung geben. Sie bewilligten oder verhinderten freie Mittelverwaltungen. Geschlechtsvormundschaft bedeutete in Baselland also in erster Linie eine starke Kontrolle der Gemeindebehörden über die ledigen, geschiedenen und verwitweten Frauen, insbesondere über jene aus den Unterschichten. Allein in dieser Ausprägung liess sich Geschlechtsvormundschaft als Instrument der Armenpolitik einsetzen, wie ich es dargestellt habe.
Ob Baselland hier ein Einzelfall war oder nicht, kann ich aufgrund der Forschungslage nicht entscheiden. Zu untersuchen wäre dies ebenso wie die genannten möglichen Zusammenhänge von Geschlechtsvormundschaft und Erbrecht sowie von Geschlechtsvormundschaft und den politischen Systemen der verschiedenen Kantone. Notwendig wären nicht nur rechtstheoretische, sondern insbesondere sozial- und alltagsgeschichtliche Analysen. Nur sie können erfassen, was Geschlechtsvormundschaft im Leben einzelner Frauen bedeutete und wie sie sich schichtspezifisch auswirkte. Von diesen genauen Untersuchungen könnten dann wieder Rückschlüsse auf die Funktion der Geschlechtsvormundschaft in der Gesellschaft des 19. Jahrhunderts als Ganzes gezogen werden. Das wäre aber sehr wichtig, um das bisher vorherrschende Bild einer weitgehend demokratischen Schweiz im 19. Jahrhundert aus Frauensicht zu überprüfen.

Anmerkungen

1 Staatsarchiv Baselland (StA BL), Vogtei C 1, Anna Barbara Imhof 1864/65.
2 StA BL, Vogtei C 1, Anna Barbara Imhof 1864/65 sowie Vogtei B, Aufhebung der Geschlechtsvormundschaft 1880.
3 Vgl. Bevormundungsgründe nach dem Gesetz über das Vormundschaftswesen vom 28. Februar 1853, § 3, in: *Gesetze, Verordnungen und Beschlüsse des Kantons Basel-Landschaft (Gesetze BL)*, Bd. 6, 90 ff.
4 Vgl. für eine detaillierte Darstellung der Thematik die Studie, auf der dieser Artikel beruht: Annamarie Ryter, *Als Weibsbild bevogtet. Zum Alltag von Frauen im 19. Jahrhundert. Geschlechtsvormundschaft und Ehebeschränkungen im Kanton Basel-Landschaft*, Liestal 1994. Dort finden sich auch jene Angaben, die hier nicht einzeln mit Fussnoten belegt sind.
5 Gesetz über das Vormundschaftswesen von 1853, § 1.
6 Bundesgesetz betreffend die persönliche Handlungsfähigkeit vom 22. Brachmonat 1881, in *Gesetze BL*, Bd. 11, 233 ff.
7 StA BL, Vogtei C 1, Anna Barbara Imhof 1864/65.
8 StA BL, Vogtei C 1, Anna Barbara Imhof 1864/65.
9 Gesetz über das Vormundschaftswesen von 1853, § 79.
10 Annamarie Ryter, *Als Weibsbild bevogtet*, 93 ff.
11 StA BL, Vogtei C 1, Anna Barbara Imhof 1864/65.
12 StA BL, Vogtei B, Entwurf einer Vormundschaftsordnung 1853.
13 Gesetz über das Armenwesen vom 8. November 1859, in: *Gesetze BL*, Bd. 8, 22 ff.
14 Vgl. zu einzelnen Fällen Annamarie Ryter, *Als Weibsbild bevogtet*, 147 ff.
15 StA BL, Vogtei B, Aufhebung der Geschlechtsvormundschaft 1880. Vgl. dort auch die folgenden beiden Zitate.
16 StA BL, Vogtei B, Aufhebung der Geschlechtsvormundschaft 1880.
17 Vgl. etwa Eugen Huber, *System und Geschichte des schweizerischen Privatrechts*, Bd. 4, 1893, 526 ff. Für einen Überblick über die Forschungsliteratur vgl. Annamarie Ryter, *Als Weibsbild bevogtet*, 15 ff.
18 Peter Münch, *Aus der Geschichte des Basler Privatrechts im 19. Jahrhundert. Traditionsbewusstsein und Fortschrittsdenken im Widerstreit*, Basel, Frankfurt a. M., 86–105; Regula Gerber Jenny, *Von der ordentlichen oder der GeschlechtsBeystandschaft*, Vortrag, gehalten am 29. Mai 1991 an der Universität Bern.
19 Regina Wecker, «Geschlechtsvormundschaft im Kanton Basel-Stadt. Zum Rechtsalltag von Frauen – nicht nur im 19. Jahrhundert», in diesem Band; Beatrix Mesmer, *Ausgeklammert – Eingeklammert. Frauen und Frauenorganisationen in der Schweiz des 19. Jahrhunderts*, Basel, Frankfurt a. M., 30 ff.
20 Vgl. etwa Ursula Vogel, «Patriarchale Herrschaft, bürgerliches Recht, bürgerliche Utopie. Eigentumsrechte der Frauen in Deutschland und England», in: Jürgen Kocka, Ute Frevert (Hg.), *Bürgertum im 19. Jahrhundert. Deutschland im europäischen Vergleich*, München 1988, 412.

Geschlechterdiskurs und
gesellschaftlicher Wandel

Le discours sur les rapports sociaux
de sexes et le changement social

RUDOLF JAUN

Zur Akzentuierung der Geschlechtscharaktere in der Belle Epoque der Schweiz

Seit einigen Jahren befassen sich die Tagungen der Schweizerischen Gesellschaft für Wirtschafts- und Sozialgeschichte periodisch mit geschlechtergeschichtlichen Themen. Die Sektion «Geschlechterdiskurs und gesellschaftlicher Wandel» der Tagung 1994 rückte erstmals Frauen- *und* Männergeschichte ins Zentrum der Betrachtung. Im Vordergrund stand die Akzentuierung des Geschlechterdiskurses am Ende des 19. und zu Beginn des 20. Jahrhunderts.
Die Zeit zwischen 1885 und 1914 gilt als Periode einer «great transformation».[1] Eine Phase gesteigerten Wirtschaftswachstums setzte ein: Konzentration in vielen Wirtschaftszweigen und der Aufschwung neuer Industrien sowie eine generelle Tendenz zur Massenproduktion sind die Kennzeichen dieser wirtschaftlichen Prosperitätsphase. Dieses wirtschaftliche Wachstum war jedoch nur auf dem Hintergrund eines ebenso beschleunigten sozialen Wandels möglich. Eine vermehrte räumliche Mobilität der Menschen führte zu einem bisher nicht gekannten Urbanisierungsschub. Industriell geprägte Städte und Hauptorte verzeichneten ein überdurchschnittliches Bevölkerungswachstum.[2] Die bürgerliche Gesellschaft gerät aber nicht nur räumlich in Bewegung, sondern auch sozial: ein Prozess des sozialen Auf- und Abstieges setzt ein. Berufsqualifikationen wie Erwerbs- und Mobilitätschancen werden geschlechtsspezifisch neu verteilt. Neben einer immer noch vorwiegend männlich-ländlich geprägten Industriearbeiterschaft entsteht eine neue städtische Unterschicht mit prekären Arbeitsbedingungen und Wohnverhältnissen: vor allem Frauen mit unqualifiziertem Dienst- und Hilfsarbeiterinnenstatus gehören dieser neuen Schicht an. Es formiert sich aber auch ein neuer Mittelstand (Techniker, kaufmännische Angestellte, akademische Berufe) und eine neue homogene Oberschicht aus alten und neuen Eliten.[3]
Auf politischer Ebene versuchen die bürgerlichen Eliten, aus der Schweiz einen zwar kleinen, aber vollwertigen und damit kriegsfähigen Nationalstaat zu machen.[4] Dieses Bestreben wird trotz oder gerade wegen der Verflüchtigung der freisinnig-radikalen und freisinnig-demokratischen Gesellschaftsvisionen vor-

angetrieben. Die Vision des Fortschrittes, getragen durch den politischen Willen des Volkssouveräns, und der Kraft des alle sozialen Schichten integrierenden Mittelstandes schwindet dahin. Sowohl politisch wie sozial zeichnet sich nicht ein Ausgleich aller Volksklassen ab, sondern eine Polarisierung in sich immer härter konkurrenzierende Schichten und politische Gruppierungen.[5] In diesem Kontext ist eine ganz wesentliche Akzentuierung des Geschlechterdiskurses in der bürgerlichen Gesellschaft der Schweiz zu konstatieren. In männerdominierten Bereichen wie Politik, Militär und Universität machte sich ein eigentlicher Virilismus, d. h. eine Vermännlichung der Leitbilder und Praktiken, breit. Von dieser Vermännlichung des Denkens und Tuns versprach man sich eine Wirksamkeitssteigerung der Aktivitäten in den von Männern dominierten Bereichen. Diese Zuspitzung der männlichen Geschlechtscharaktere bedeutete zugleich eine Zementierung der weiblichen, obwohl Frauen in verschiedenen Dienstleistungsbereichen wie Verwaltung, Fürsorge und Volksschule vermehrt qualifizierte Berufspositionen einnahmen. Diese Verfestigung schrieb die Frauen weiterhin auf die traditionellen Rollenzuschreibungen fest und schloss eine adäquate Partizipation der Frauen an der aufstrebenden Wachstumsgesellschaft weitgehend aus.[6]

Auf diesem Hintergrund müssen auch die vielfältigen Massnahmen zum Schutze der «schwachen» Frauen vor den Gefahren der modernen Grossstadt gesehen werden. Eine besondere Gefahr wurde im Prostitutionsgewerbe der Grossstädte erblickt. Die Jugend und insbesondere die weibliche Jugend wurde deshalb zum Objekt privater und bald auch staatlicher Fürsorge- und Präventionsmassnahmen. In der privaten und staatlichen Fürsorge fanden bürgerliche Frauen ein Feld der öffentlichen Tätigkeit.[7] Aktivistinnen der Sittlichkeitsvereine informierten als Bahnhofshilfen die in die Städte einreisenden jungen Frauen über die Gefahren der Grossstadt. Als extreme Massnahme staatlicher Fürsorge ist die vermehrte Sterilisation von Frauen mit sexuell von der Norm abweichendem Verhalten zu verzeichnen. Die Medizin etablierte sich nicht nur als soziale Deutungsmacht, sondern auch als Trägerin sozialpolitischer Massnahmen.[8] Solche im 20. Jahrhundert vermehrt von staatlicher «Sozialbürokratie» und «Wissenschaft» getragene Instrumente waren von einem alle Lebensbereiche durchdringenden Prozess der modernen Moralisierung begleitet, der weit über die Fixierung auf die Lösung der «sexuellen Frage» hinausging.[9]

Dieser stark geschlechtsorientierte Prozess der Moralisierung wurde von den grossen Sozialisationsagenturen der Gesellschaft aufgenommen und mit getragen: Familie, Verein, Volksschule, Universitäten, Kirchen und Militär. Unter geschlechtergeschichtlichem Fragehorizont kommt dem Militär seit dem letzten Drittel des 19. Jahrhunderts eine herausragende soziale Bedeutung zu. Durch die lückenlose Durchführung der allgemeinen Wehrpflicht wird die Mehrzahl der männlichen Staatsbürger in die Armee rekrutiert. Diensttauglichkeit und absolvierte militärische Sozialisation werden zunehmend als Ausweis männlicher Geschlechtsqualität gedeutet. Es handelt sich jedoch um eine Aktualisierung von Denkbildern – sechs der neun Beiträge nehmen auf die Umstände dieser Aktualisierung Bezug –, die in der frühen Neuzeit in ihrer modernen Form erstmals ausformuliert wurden.

Staatsbürgerschaft, Bürgerwehrpflicht und Geschlecht

Die Geschlechtergeschichte hat dem Zusammenhang von Staatsbürgerschaft, Bürgerwehrpflicht und Geschlecht bisher keinen nennenswerten Stellenwert beigemessen.[10] Die Männerdomäne Militär erweist sich jedoch in doppelter Hinsicht für die Geschlechtergeschichte als aufschlussreiches Forschungsfeld. *Erstens:* Seit der frühen Neuzeit wird das Militär im Rückgriff auf antike Vorbilder verschiedentlich als Quelle staatsbürgerlicher Tugend und als Born der Männlichkeit reaktiviert. *Zweitens:* Auch diese Männerdomäne kommt nicht ohne Frauen aus: das nur selten durchbrochene Kampf- und Tötungsprivileg der Männer darf darüber nicht hinwegtäuschen.

Die geschlechterorientierte Arbeitsteilung der europäischen Gesellschaft setzte sich in den temporären und stehenden Armeen fort: Frauen besorgten als Marketenderinnen, Cantinièren, Wäscherinnen oder als (Ehe-)Frauen der Soldaten in nicht zu unterschätzendem Ausmass die Versorgung der Truppen.[11] Im letzten Drittel des 19. Jahrhunderts erfahren in den europäischen Armeen das Geschlechterverhältnis wie der Geschlechterdiskurs eine starke Verschiebung und Polarisierung. Ausser in England wird in den europäischen Staaten gegen Ende des Jahrhunderts die zwangsweise Verpflichtung zum Militärdienst, welche als allgemeine Wehrpflicht nach 1815 vielfach Aufnahme in die Staatsverfassungen fand, möglichst vollständig ausgeschöpft. Es wird angestrebt, die männlichen Bevölkerungsressourcen für eine künftige Kriegführung gänzlich auszunützen.[12] Nach 1870 verdichten sich die Vorstellungen, Kriege nicht mehr als «industrialisierte Kabinettskriege», sondern mit ausgedehnten «Nationalarmeen als Völkerkriege» auszutragen und auf diese Weise machtpolitische Zielsetzungen zu verfolgen.[13]

Zwischen 1870 und 1900 erleben die Armeen Europas in fast allen Bereichen einen revolutionären Umbau, der auch die Geschlechterverhältnisse innerhalb der Truppen berührte: die von Frauen versehenen Arbeiten und Funktionen im Bereich der Versorgung werden durch den Aufbau einer eigenständigen Logistik (abgeleitet vom französischen Wort «logis») und entsprechende Truppengattungen wie Versorgungs- und Sanitätstruppen marginalisiert oder aufgehoben. Die Mischform von Besorgerin und Prostituierter sollte verschwinden. Als domestizierte und entsexualisierte Militärkrankenschwestern und Soldatenmütter sollten Frauen auf die Schlachtfelder des Ersten Weltkrieges zurückkehren.[14] Komplementär zur Ausgrenzung und Einhegung der Frauen in den Armeen ist eine intensive geschlechtsorientierte Diskursivierung der militärischen Sozialisation der wehrpflichtigen Männer zu beobachten. Die erfolgreich bestandene medizinische, turnerisch-physische und schulisch-intellektuelle Rekrutierungsprüfung wird zur Reifeprüfung für anschliessend in der militärischen Grundausbildung zu erwerbende Männlichkeit: Diensttauglichkeit wird zur Voraussetzung des männlichen Mannes. Der vollständige Einbezug der volljährigen Männer einer nationalen Gesellschaft durch die rigorose Anwendung der allgemeinen Wehrpflicht ermöglichte es, Einfluss auf den männlichen Teil der Bevölkerung zu nehmen und in vielfacher Hinsicht Informationen über den männlichen Teil der Bevölkerung zu erhalten (z. B. medizinische und pädagogische Daten). Für Frankreich wie für Deutschland lässt sich dies durch zwei Schlüsseldokumente andeuten: 1883 erschien in Berlin «Das Volk in Waffen» von Major Colmar von der Goltz. 1891 erschien in Paris «Du rôle social de l'officier dans le service universel» von Capitaine Hubert Lyautey. Die beiden vielfach aufgelegten Texte sind wirkungsgeschichtlich äusserst bedeutsam.[15] Lyautey und von der Goltz gelang es, in eingängiger Art darzulegen, welche immense Chance die lückenlose militärische Erfassung der männlichen Bevölkerung für die soziale Prägung auch in Friedenszeiten darstellte. Eine Möglichkeit bestand in der Kultivierung einer ausgesprochenen Virilisierung der militärischen Sozialisation, die sich ebenso militärisch aus den Notwendigkeiten des «Zeitalters der Maschinenkriege» (Max Weber) wie sozial aus der Notwendigkeit der Bewältigung der Spannungen der bürgerlichen Gesellschaft begründen liess.

Nie zuvor hatte das Leitbild des Bürgersoldaten, d. h. der Personalunion von Staatsbürger und Soldat, eine so intensiv geschlechtsorientierte Reaktivierung und Reformulierung erfahren. Zwischen Deutschland, Frankreich und der Schweiz ergaben sich aus den verschiedenen politischen und gesellschaftlichen

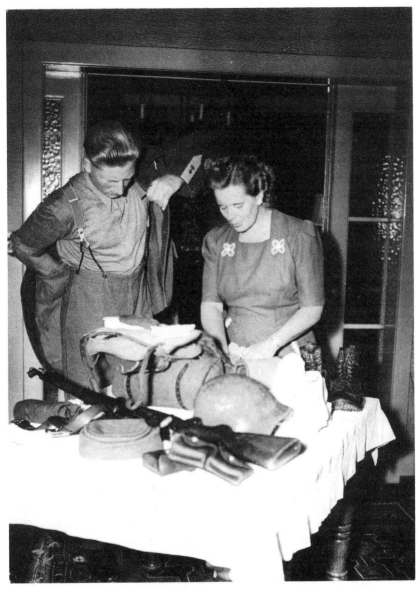

Gestelltes Pressebild zur Mobilisation der Armee im Herbst 1939: Der «Wehrmann» zieht den Waffenrock über, die «Hausfrau» packt den Tornister (RDB/ATP).

Entwicklungslinien erhebliche Unterschiede. Frankreich kannte seit den napoleonischen Kriegen nicht nur die gefeierte Figur des «soldat-citoyen» der Revolutionskriege, sondern auch die Figur des «soldat-laboureur», des «chauvin», des hypernationalistischen Kriegers und Bauern.[16] In Preussen-Deutschland stand der «Soldat» immer weit über dem Bürger bzw. Bourgeois, der nur als Staatsangehöriger und nicht als Staatsbürger vom königlichen Souverän zum Wehrdienst gerufen bzw. gezwungen wurde.[17] Auch in der Schweiz trat das seit der liberalen Revolution hochgehaltene Leitbild des patriotischen Bürgersoldaten zugunsten des «Soldaten» und «Wehrmannes» zurück: Männlichkeit wurde zur Grundlage der militärischen und zivilen Leistungsfähigkeit.[18] Als klassenübergreifende Ikone der Geschlechterdualität etablierte sich spätestens in der Zwischenkriegszeit das Bild des «Wehrmannes» und der «Hausfrau».[19]

Zu den einzelnen Beiträgen

Die im zweiten Teil dieses Bandes aufgenommenen Beiträge können grob drei Themenkreisen zugeordnet werden. *Erstens:* Männerdomänen und Männerleitbilder (Militär und Studentenverbindungen) mit ihren zum Teil überlappenden Verhaltenskulturen und Symbollandschaften. *Zweitens:* Integration von Frauen in die Männerdomänen des Militärs und des militärisch orientierten Schulturnens. *Drittens:* Gesellschaftlicher Wandel und Sexualitätsdiskurs am Beispiel der Abwehr weiblicher sexueller Devianz.
Die Konzentration auf die Zeit des ausgehenden 19. und beginnenden 20. Jahrhunderts erlaubt es, auf drei zentrale Bereiche der modernen Geschlechtergeschichte der Schweiz erste erhellende Lichter zu werfen.
Sabina Brändli geht in ihrem Beitrag dem Wandel bürgerlicher männlicher Leit- und Feindbilder nach. In einem weiten Bogen vom ausgehenden Ancien régime zum Fin de siècle zeigt sie auf, wie in einem Prozess der Feminisierung und Pathologisierung das männliche Feindbild vom «lasterhaften» Aristokraten auf die «unsoliden» Juden verschoben und damit die Gleichstellungsansprüche von Juden und Frauen delegitimiert wurden. Als Träger des Prozesses macht die Autorin u. a. Männerbastionen wie das Militär aus, welches die Virilisierung des bürgerlichen Männerbildes und die Feminisierung des Männerfremd- und Feindbildes nachhaltig förderte.
Lynn Blattmann setzt sich mit Entgrenzungs- und Gemeinschaftsritualen in schwei-

zerischen Studentenverbindungen zwischen 1870 und 1914 auseinander. Konkret geht es um den sogenannten Biercomment, d. h. das vorschriftsgemässe Biertrinken, welches der psychisch-körperlichen Grenzüberschreitung und Selbstüberwindung diente und zugleich ein hoch distinktives Zeichen der sozialen Abgrenzung und der innern Solidarisierung darstellte. Abgrenzungscharakter hatte diese Verhaltenskultur primär gegenüber Frauen, aber auch gegenüber nicht bürgerlich-akademischen Schichten. Die zunehmende Attraktivität dieses männerbündischen Rituals fügt sich in die insbesondere auch im Offizierskorps aufblühende paraständische Virilisierung ein.

Marianne Rychner und *Kathrin Däniker* untersuchen im Beitrag «Unter Männern» die geschlechtliche Symbolordnung an ausgewählten Beispielen der schweizerischen Militärpublizistik zwischen 1870 und 1914. Sie gehen dabei von zwei Thesen aus: *erstens* von der These Georg Simmels, dass «die das Individuum vergewaltigende Disziplinierung des Kriegslebens zu der Unterdrückung der Frauen» führe, *zweitens* von der psychoanalytischen Sichtweise Mario Erdheims, die unterstreicht, dass die zur militärischen Männlichkeit erzogenen Männer gleichzeitig gezwungen sind, im Zivilleben weiblich konnotierte Arbeiten wie Kochen und Putzen zu erledigen. Rychner und Däniker weisen darauf hin, dass die Militärsprache nicht nur von einer geschlechtlichen Symbolordnung durchtränkt ist, sondern die weiblich konnotierten Haushaltsarbeiten als Mittel der Erziehung zur Männlichkeit, d. h. zur Erfüllung und Durchsetzung des Führerwillens, benutzt wurden.

Martin Lengwiler geht aus einer gesellschaftsgeschichtlichen Perspektive das Thema «Militär und Männlichkeit» an. Ulrich Wille und die von ihm initiierte Neue Richtung im schweizerischen Offizierskorps bestimmten den Militärdiskurs u. a. durch die neuartige Verbindung zweier Schlüsselbegriffe: Kriegstauglichkeit und Männlichkeit. Die Erziehung der Milizsoldaten zur Männlichkeit interpretierte Wille als Voraussetzung der Kriegstauglichkeit der Truppen. Die zur Kriegstauglichkeit führende Männlichkeit zeigte sich im automatisierten gespannten Aufmerken der Soldaten auf den Führerbefehl und in der autoritativen Situationsbeherrschung der Offiziere in allen militärischen und zivilen Lagen. Lengwiler fragt nach den sozialen und politischen Umständen, welche den Durchbruch des neuen Männlichkeitskonzeptes in der republikanisch-bürgerlichen Schweiz ermöglichten.

Simone Chiquet behandelt in ihrem Beitrag die Bemühungen des 1944 gegründeten Schweizerischen Frauenhilfsdienst-Verbandes SFHDV um eine gleichberechtigte und vollwertige Integration der freiwillig Militärdienst leistenden Frauen in die Schweizer Armee und die geschlechterpolitischen Argumente und Entscheide der ausschliesslich von Männern beherrschten Militärverwaltung. Seit 1940 dienten auf Anregung verschiedener Frauenverbände mehrere 1000 Frauen in «frauenadäquaten» Dienstzweigen wie Sanitäts- und Küchendienst. Nach dem Krieg stellte sich die Frage der dauernden Institutionalisierung des militärischen Frauendienstes. Der SFHDV stellte sich auf den Standpunkt, dass Frauen als Soldatinnen gleichwertig, d. h. im gleichen Status und mit der gleichen Gradstruktur, Militärdienst leisten sollten, und unterstützte zugleich die Bestrebungen zur Einführung des Frauenstimm- und Wahlrechtes. Die zuständigen Beamten der Generalstabsabteilung des Eidgenössischen Militärdepartementes kappten jedoch dieses Ansinnen mit einer geschlechterdualistischen Argumentation: das Wesen der Frau verbiete eine egalitäre Eingliederung der Frau in die Armee. Die Frauen wurden demjenigen Dienstzweig zugewiesen, wo die «schwachen, unmännlichen» Männer waren: dem Hilfsdienst. Damit war auch die Gefahr der Unterstellung von «Soldaten» unter «Soldatinnen» gebannt.

Eva Klesli untersucht in ihrem Beitrag die Einwirkung des Geschlechterdiskurses auf die Entwicklung des Mädchen- und Frauenturnens. Bis gegen Ende des 19. Jahrhunderts war das den Knaben vorbehaltene Schulturnen stark von den Vorstellungen des militärischen Vorunterrichtes beherrscht: die Lehrer besuchten eigens für die Vermittlung der Militärgymnastik eingerichtete Lehrer-Rekrutenschulen, und der Bund subventionierte die Ausstattung der Turnplätze mit militärisch orientiertem Turngerät. Auch um die vielfachen Vorbehalte gegen das Mädchenturnen zu überwinden, half eine militärisch orientierte Argumentation: das Mädchenturnen wurde als gesundheitsfördernd für die zukünftigen Mütter des militärischen Nachwuchses dargestellt. Eine unangefochtene Akzeptanz fand das Mädchen- und Frauenturnen aber erst in der Zwischenkriegszeit, nachdem auch religiös motivierte Widerstände, wie Eva Klesli am Beispiel des Kantons Freiburg zeigt, überwunden werden konnten.

Chantal Ostorero analysiert in ihrem Beitrag das Geschlechterverständnis des Psychiaters und Entomologen Auguste Forel. Die Autorin untersucht dabei die wirkungsgeschichtlich wichtige Schrift «Die sexuelle Frage». Forel versuchte mit seiner naturwissenschaftlich orientierten Betrachtungsweise der Sexualität einen Beitrag zur Bewältigung der Kulturkrise des Fin de siècle zu leisten. Eine rationelle Fortpflanzung sollte eine Weitervererbung qualitativ bester Erbanlagen sicherstellen – Eugenik erschien als ein Mittel dazu. Forel postulierte eine

Gleichheit der Geschlechter, die aber komplementär zu differenzieren war: im Verhalten der Geschlechtszellen fand Forel eine Bestätigung des weiblich passiven Geschlechtscharakters und des männlich aktiven Geschlechtscharakters.

Im Beitrag von *Dominique Puenzieux und Brigitte Ruckstuhl* wird die öffentliche Tätigkeit von Frauen für Frauen thematisiert. In Zürich schliessen sich 1888 im Frauenbund zur Hebung der Sittlichkeit gutsituierte Frauen zusammen, um junge Unterschichtfrauen vor der Prostitution zu schützen oder von ihr wegzuführen. Sie leisten damit einen wesentlichen Beitrag zur privaten weiblichen Jugendfürsorge: Bahnhofshilfe, Stellenvermittlung, Passantenheime, Erziehungsheime. Die Autorinnen arbeiten heraus, dass die Damen der Sittlichkeitsbewegung eine für Männer und Frauen zwar gleich strenge Anwendung moralischer Prinzipien fordern, aber die Geschlechterverhältnisse und die ungleiche Sexualnorm für Männer und Frauen nicht in Frage stellen und so die aufkommende staatliche Jugendfürsorge prädisponieren.

Anna Gossenreiter leuchtet in ihrem Beitrag die Auswirkungen eugenischer Konzepte, wie sie u. a. von Auguste Forel vertreten wurden, aus. Sie zeigt, wie aus sozialpsychiatrischen, eugenischen und sozialfürsorgerischen Gründen vor allem Frauen sterilisiert wurden. Das 1912 gesamtschweizerisch eingeführte Zivilgesetzbuch ermöglichte bei Entmündigung und Verwahrung den Beizug psychiatrischer Gutachten. Eine Verbindung von Psychiatrie, Jurisprudenz und Fürsorgeadministration bahnte sich an, die sich auf heterogene Wissenschaftskonstrukte abstützte, aber im Bild der auf eheliche Sexualität, Kindererziehung und Haushaltführung orientierten Frau eine der nationalen Gesellschaft dienliche Norm fand. Sexuelle Devianz und uneheliche Schwangerschaften wurden mit abnormem Verhalten und Geisteskrankheiten in Zusammenhang gebracht und als Legitimation für die fast ausschliesslich an Frauen vorgenommene Sterilisation verwendet.

Anmerkungen

1 Karl Polany, *The Great Transformation. Politische und ökonomische Ursprünge von Gesellschaften und Wirtschaftssystemen*, Wien 1977.
2 Fritzsche Bruno, «Städtisches Wachstum und soziale Konflikte», *Schweizerische Zeitschrift für Volkswirtschaft und Statistik* 4 (1977), 447–473. Fritzsche Bruno, «Bern nach 1800», *Berner Zeitschrift für Geschichte und Heimatkunde* 1/2 (1991), 79. Fritzsche Bruno, Max Lemmenmeier, «Auf dem Weg zu einer städtischen Industriegesellschaft 1870–1918», in: *Geschichte des Kantons Zürich*, Zürich 1994, Bd. 3, 158–206.

3 Erich Gruner, *Arbeiterschaft und Wirtschaft in der Schweiz 1880–1914*, Zürich 1988, Bde. 1–3; Albert Tanner, *Arbeitsame Patrioten – Wohlanständige Damen. Bürgertum und Bürgerlichkeit in der Schweiz 1830–1914*, Zürich 1995; Elisabeth Joris, Heidi Witzig, *Brave Frauen, aufmüpfige Weiber. Wie sich die Industrialisierung auf Alltag und Lebenszusammenhänge von Frauen auswirkte (1820–1940)*, Zürich 1992; Mario König, Hannes Siegrist, Rudolf Vetterli, *Warten und Aufrücken. Die Angestellten in der Schweiz 1870–1950*, Zürich 1985.

4 Nach 1870 veränderte sich die macht- und geopolitische Situation der Schweiz dramatisch. Sie war nun von vier «geeinten» Grossmächten umgeben.

5 Erich Gruner, *Arbeiterschaft*, Bd. 3, 277, 517; Albert Tanner, *Arbeitsame Patrioten*, 694. Franz Horvath, Matthias Kunz, «Sozialpolitik und Krisenbewältigung am Vorabend des Ersten Weltkrieges», in: Kurt Imhof, Heinz Kleger, Gaetano Romano (Hg.), *Zwischen Konflikt und Konkordanz. Analyse von Medienereignissen in der Schweiz der Vor- und Zwischenkriegszeit*, Zürich 1993; Hans Ulrich Jost, *Die reaktionäre Avantgarde. Die Geburt der neuen Rechten in der Schweiz um 1900*, Zürich 1992.

6 Karin Hausen, *Geschlechterhierarchie und Arbeitsteilung. Zur Geschichte ungleicher Erwerbschancen von Männern und Frauen*, Göttingen 1993, 13.

7 Monique Pavillon, François Vallotton, «Des femmes dans l'espace public helvétique 1870–1914», in: Dies., *Lieux de femmes dans l'espace public 1800–1830. Histoire et société contemporaines* 13 (1992), Lausanne 1992, 27.

8 Alfons Labisch, Reinhard Spree (Hg.), *Medizinische Deutungsmacht im sozialen Wandel*, Bonn 1989.

9 Dominique Puenzieux, Brigitte Ruckstuhl, *Medizin, Moral und Sexualität. Die Bekämpfung der Geschlechtskrankheiten Syphilis und Gonorrhöe in Zürich 1870–1920*, Zürich 1994, 122.

10 Für Deutschland siehe die Beiträge von Ute Frevert und Karin Hagemann, die im Band «Militär und bürgerliche Gesellschaft» in der Reihe «Industrielle Welt» im Frühjahr 1996 erscheinen werden.

11 Truppen wurden zudem stets von einem Schwarm fliegender Händler(inne)n und Dienstleistungsgewerblerinnen aller Art verfolgt. Barton C. Hacker, «From Military Revolution to Industrial Revolution: Armies, Women and Political Economy in Early Modern Europe», in: Eva Isaksson, *Women and the Military System*, New York 1988. Namentlich für Frankreich besteht eine allerdings volkstümlich eingefärbte Literatur zu den Cantinières und Vivandières. Bruno Dufay, «Les cantinières», *Revue historique des Armées* 2 (1980), 95–109; Roger Thomas, «Cantinières et vivandières aux armées», *Briquet* 2 (1983), 1–7; Luce Larcade, «Les cantinières, ‹ces dames du champ d'honneur›», *Revue de la Société des amis du musée de l'Armée* 94 (1987), 53–61; Zoltan-Etienne Harsany, «Les femmes dans les armées napoléoniennes, in: *Mémoires Academie Belles Lettres Savoie* 4 (1990), 303–307.

12 Gerd Krumeich, *Aufrüstung und Innenpolitik in Frankreich vor dem Ersten Weltkrieg*, Wiesbaden 1980; Gerd Krumeich, «Zur Problematik des Konzeptes der «nation armée» in Frankreich», *Militärgeschichtliche Mitteilungen* 2 (1980), 35; Roland G. Foerster (Hg.), *Die Wehrpflicht. Entstehung, Erscheinungsformen und politisch-militärische Wirkung*, München 1994.

13 Jost Dülffer, Karl Holl (Hg.), *Bereit zum Krieg. Kriegsmentalität im wilhelminischen Deutschland 1890–1914*, Göttingen 1986; Stig Förster (Hg.), *Moltke. Vom Kabinettskrieg zum Volkskrieg. Eine Werkauswahl*, Bonn 1992.

14 Alfred Fritschi, *Schwesterntum. Zur Sozialgeschichte der weiblichen Berufskrankenpflege in der Schweiz 1850–1930*, Zürich 1990; *Profession: Infirmière. Profession: Nurse. Catalogue Musée international de la Croix-Rouge et du Croissant-Rouge*, Genève 1995; Jenny Gould, «Women's Military Services in First World War Britain», in: Margaret Randolph Higonnet et al. (Hg.), *Behind the Lines. Gender an the Two World Wars*, New Haven 1987. Für einen Überblick über die Reintegration von Frauen in die Streitkräfte seit dem Ersten Weltkrieg siehe: Ekkehard Lippert, Tjarck Rössler, *Mädchen unter Waffen? Gesellschafts- und sozialpolitische Aspekte weiblicher Soldaten*, Baden-Baden 1980; Franz W. Seidler, *Frauen zu den Waffen? Marketenderinnen, Helferinnen, Soldatinnen*, Koblenz 1978.

15 Colmar Freiherr von der Goltz, *Das Volk in Waffen. Ein Buch über Heerwesen und Kriegführung unserer Zeit*, Berlin 1883. Maréchal Lyautey, *Le Rôle social de l'officier*, Paris 1989. Der Text erschien erstmals in der *Revue des Deux Mondes*, März 1891.

16 Gérard de Puymège, *Chauvin, Le Soldat-Laboureur. Contribution à l'étude des Nationalismes*, Paris 1993.

17 Rogers Brubaker, *Staats-Bürger. Deutschland und Frankreich im historischen Vergleich*, Hamburg 1994. Für die Ableitung des Wahl- und Stimmrechtes aus der Wehrpflicht siehe: Ute Frevert, *«Mann und Weib, und Weib und Mann». Geschlechter-Differenz in der Moderne*, München 1995, 119–125, 131–132.

18 Siehe die Beiträge von Sabina Brändli und Martin Lengwiler in diesem Band.

19 Elisabeth Joris, «Die Schweizer Hausfrau: Genese eines Mythos», in: Sebastian Brändli et al. (Hg.), *Schweiz im Wandel. Studien zur neueren Gesellschaftsgeschichte*, Basel 1990, 115. Siehe auch die Abbildung auf Seite 121 dieses Bandes.

Sabina Brändli

«Männer müssen alle werden ...»
Zum Funktionswandel der moralischen Kritik im 19. Jahrhundert

Thema dieses Aufsatzes sind die männlichen Leit- und Feindbilder, die im 19. Jahrhundert die bürgerliche Moral vermittelten.[1] In groben Zügen soll skizziert werden, wie die im 18. Jahrhundert noch ständisch geprägte bürgerliche Tugendlehre im 19. Jahrhundert von einem Geschlechter- und Rassendiskurs überlagert wurde. Während das männliche Leitbild eine Virilisierung (Vermännlichung) und Stählung erfuhr, wurden die männlichen Feindbilder von einer abwertenden Feminisierung erfasst. Einleitend gehe ich kurz auf das 18. Jahrhundert ein, auf die Herausbildung eines bürgerlichen Bewusstseins und auf die Abgrenzung vom Adel. Zur Situation Mitte des 19. Jahrhunderts muss ich mich mit Stichworten begnügen. Im Hauptteil gehe ich auf die Situation Ende des 19. Jahrhunderts ein. Ich stütze mich auf den deutschsprachigen bürgerlichen Diskurs und beziehe mich zuerst hauptsächlich auf Preussen, dann auf das Deutsche Kaiserreich. Vergleichend befasse ich mich zudem mit den Verhältnissen in der Schweiz.

Ständische Feindbilder

Schon in der moralischen Literatur des 18. Jahrhunderts wurden neben vorbildhaften Musterleben gerne Schauergeschichten geboten: Ein moralisch verurteilter Lebenswandel führte in der Regel zum finanziellen Ruin, endete in Krankheit, Siechtum und Tod. Neben den ständisch nicht festgeschriebenen Buhlerinnen, Liederlichen und Müssiggängern, die wir beispielsweise in den berühmten Erklärungen Lichtenbergs[2] zu den Hogarthschen Kupferstichen finden, gab es die Laster, die einem Stand zugeschrieben wurden. Im bürgerlichen Diskurs des 18. Jahrhunderts war der höfische Aristokrat das Feindbild Nummer eins.[3]
Betrachtet man die Feindbilder der Aristokraten und die nicht standesspezifisch festgelegten negativen Figuren im Detail, so fällt auf, dass sich das Feindbild im

Gegenbild erschöpfte. Das Feindbild verkörperte die Laster, machte das Gegenteil des bürgerlichen Leitbildes deutlich. Diesen Befund erschliesst ein Studium der zeitgenössischen Anstandsliteratur, wie beispielsweise Knigges «Über den Umgang mit Menschen», früher Zeitschriften, wie die sogenannten «Moralischen Wochenschriften», sowie der pädagogischen Literatur. Die Grundwerte des Bürgers waren in verschiedener Hinsicht Programm: Einfachheit und Natürlichkeit richteten sich gegen die Pracht der Aristokraten, die in einer von Sittenmandaten geprägten Ordnung nur unter-, nicht überboten werden konnte. Die Ehrlichkeit verwies auf die Solidität des Geschäftsmannes. Die Reinlichkeit war einerseits mit dem Arbeits- und Leistungswillen, andererseits mit der kontrollierten Sexualität gekoppelt. Reinlichkeit förderte gemäss dem bürgerlichen Denken den Arbeitswillen und verhinderte schwüle Sinnlichkeit. Reinlichkeit bezeugte und erzeugte Sittlichkeit.

Die negativen Formulierungen machen deutlich, dass das Feindbild lediglich die Umkehrung des Leitbildes war. Es ist von «Entfernung von der Natur», von «Verspottung der Unschuld und Reinigkeit», von «Unverschämtheit» und «Inkonsequenz» die Rede sowie von «Üppigkeit, Unmässigkeit, Unkeuschheit, Weichlichkeit, Ziererei».[4] In anderen Worten: Entfernung von der Natur statt Natürlichkeit; Unkeuschheit und Unverschämtheit statt Keuschheit und Scham; Unmässigkeit statt Masshalten; Weichlichkeit statt Festigkeit; Flitterpracht statt Einfachheit; sklavisches Kriechen statt selbstbewusstes Aufrechtstehen.

Die politische Bedeutung dieser Verknüpfung von Feindbild und Lasterkatalog im 18. Jahrhundert hat Reinhart Koselleck in «Kritik und Krise» dargelegt.[5] Gemäss Koselleck entwickelten bürgerliche Autoren in der Zeit der Aufklärung einen Diskurs, der nicht nur die Vernunft zum Massstab machte, sondern auch moralische Prämissen einführte. Diese moralische Argumentation ermöglichte es den Bürgern, das aristokratische System zu hinterfragen, ohne politische Forderungen an Adel und König zu richten. Diese moralische Kritik umging die Zensur, die politische Umtriebe verbot, und unterhöhlte langfristig das ständische System. Moralische Kritik ist implizit politische Kritik und führt zur Krise des politischen Systems.

Ein moralischer Diskurs kann einerseits zur Legitimation von Macht oder von Machtansprüchen dienen. Andererseits kann moralische Kritik die Abgrenzung oder Ausgrenzung von spezifischen sozialen Gruppen zum Ziel haben. Meiner Hypothese gemäss diente der moralische Diskurs im 19. Jahrhundert dazu, bestehende Ungleichheiten zu legitimieren oder umgekehrt Gleichstellungsansprüche von Juden und Frauen zu delegitimieren. Der moralische Diskurs überlagerte im 19. Jahrhundert den im Grunde der demokratischen Gleichheitsidee verpflichteten politischen Diskurs und transferierte die Diskussion um die Zulassungskriterien zu exklusiven Männerreservaten in einen unpolitischen, den Regeln der Vernunft entzogenen Bereich: in den Raum des spekulativen Geschlechter- und Rassendiskurses. Im übrigen gehorchte die moralische Kritik an der aristokratischen Lebensführung ganz ähnlichen Mechanismen wie die Verteufelung des «Unsoliden», das im 19. Jahrhundert mit dem Etikett des Jüdischen versehen wurde. Das gleichsam mit einem Judenstempel versehene Stereotyp des Unsoliden zeigt in seiner Entwicklung im 20. Jahrhundert, in der nationalsozialistischen Hetzpropaganda, die Macht moralischer Feindbilder in der extremsten Form.

Adlige und Juden

Machen wir einen Sprung in die Mitte des 19. Jahrhunderts. Die beiden Figuren haben sich gegenseitig angenähert: der Bürger ist selbstbewusster, den Aristokraten gegenüber nachsichtiger geworden, das Feindbild ist zum Fremdbild geschrumpft. Doch von anderer Seite droht nun Gefahr: das Feindbild des Juden taucht in der moralischen Literatur auf. Als Beispiel einer besonders aussagekräftigen Quelle möchte ich Gustav Freytags knapp 1000seitigen Bestseller «Soll und Haben» von 1855 anführen.[6] Der trivialisierte Bildungsroman war das «typische Konfirmandengeschenk»[7] und gilt als meistgelesener aller deutschen Romane und als Schlüsselroman des politisch entmündigten, ökonomisch aber prosperierenden deutschen Bürgertums.[8]
Die bürgerliche Idealfigur ist eindimensional, denn alle negativen Aspekte, die der Roman braucht, um nicht unrealistisch zu wirken, werden entweder den aristokratischen oder den jüdischen Figuren zugeordnet. Die aristokratischen Figuren bewahren noch verschiedene Elemente, die für die Verurteilung des Standes durch das Bürgertum seit der Aufklärung wichtig waren. Noch stärker negativ besetzt sind allerdings die jüdischen Figuren. Freytag zeichnet in grellen Farben den moralischen Verfall eines Lebenswandels, der nicht den bürgerlichen Leitlinien folgt.[9] Die Schicksale der lasterhaften Juden enden voraussehbar in qualvollem Tod, Mord, Selbstmord und Siechtum. Die Analogie zum Erzählmuster der bürgerlichen Tugendliteratur des 18. Jahrhunderts ist auffallend.[10]

Die jüdischen Figuren zeigen die Schwerpunkte der bürgerlichen Moral auf. Der geradezu leitmotivisch eingesetzte Schmutz, der in «Soll und Haben» den Weg des Verbrechens anzeigt, macht uns für die Reinlichkeit der Bürger empfänglich. Die schwüle Sinnlichkeit der jüdischen Figuren rückt die propere Sittlichkeit und die Null-Erotik der Bürger aufs Siegerpodest. Die als jüdisch apostrophierte Eitelkeit hat zum Ziel, die diskrete, ordentliche Art der Repräsentation der Bürger zu preisen.

Noch vor dem modernen Antisemitismus entwickelte Freytag ein antijüdisches Stereotyp ohne religiöse Implikationen. Einerseits verkörperte das Feindbild des Juden, wie zuvor dasjenige des Aristokraten, die bürgerlichen Laster: Schmutz, Sinnlichkeit, Unehrlichkeit, Eitelkeit, demonstrative Pracht, kriecherisch devote Falschheit. Andererseits wurden den Juden zudem die negativen Aspekte der bürgerlichen Tugenden zugeschoben: die Unerbittlichkeit des Gewinnstrebens, die Kälte des Buchhaltergeistes, die Grausamkeit des Kapitalismus in einem Buch notabene, dessen Titel «Soll und Haben» durchaus positiv, ja sogar poetisch verstanden sein will. Der Jude verkörperte die Kehrseite der Medaille. Das Feindbild nahm all die abgespaltenen, negativen Gefühle, möglicherweise auch Schuldgefühle, in sich auf und wurde in der Manier des Schauerromans dafür mit dem Tod bestraft.

Feminisierung und Pathologisierung

Ein Sprung zur Jahrhundertwende soll uns erlauben, zwei Aspekte zu beleuchten: die Feminisierung und die Pathologisierung des Feindbildes. Das Fremdbild der bürgerlichen Frau hatte schon im späten 18. Jahrhundert als Abgrenzung zum bürgerlichen Männerbild gedient. Seit Karin Hausens klassischem Aufsatz über die Polarisierung der Geschlechtscharaktere ist die Herausbildung eines polaren Geschlechterkonzeptes Ende des 18. Jahrhunderts deutlich geworden.[11] Charaktereigenschaften wurden geschlechterspezifisch zugeschrieben. Trotz einer deutlichen Hierarchie der Geschlechter war das Frauenbild im 18. Jahrhundert jedoch nicht negativ, sondern ergänzend gedacht.

Im 19. Jahrhundert setzte sich das polarisierte Geschlechterkonzept durch. Zudem verschärften sich die Gegensätze. Nicht dem männlichen Geschlechtscharakter Entsprechendes wurde im bürgerlichen Denken mit Weiblichkeit etikettiert. Schon den Feindbildern der Aristokraten im 18. Jahrhundert haftete in der Perspektive der Bürger etwas Weibliches an, doch die Kritik erschöpfte sich nicht darin. Ende des 19. Jahrhunderts hingegen haftete allen ausgegrenzten Feindbildern als Weiblichkeit gedeutete Weichheit und Schwäche an. Die Feminisierung war zugleich eine Abwertung, die zu einem eigentlichen Kurszerfall der «Weiblichkeit» führte.

Fin de siècle und Jahrhundertwende erschienen vielen Zeitgenossen zudem als krank. Der Arzt und Schriftsteller Max Nordau popularisierte mit seinem zweibändigen, pseudowissenschaftlichen Werk den Begriff der «Entartung» und titelte auch einen seiner zeitkritischen Romane «Die Krankheit des Jahrhunderts».[12] Er diagnostizierte dem Zeitgeist – wie später Käthe Sturmfels[13] – kurzerhand «Entartung».[14] Ein «lauthinschallender Protest einer Frau gegen die Entartung ihres eignen Geschlechtes»[15] sollte die Streitschrift von Käthe Sturmfels werden. «Krank am Weibe» titelte sie das 1906 publizierte Buch und nannte darin den bedrohlichen Krankheitserreger beim Namen: die Weiblichkeit. Die «Krankheit Frau», die Esther Fischer-Homberger[16] in ihrer Arbeit über die Frau im medizinischen Diskurs des 19. Jahrhunderts ortete, griff scheinbar auch die Männer an. Zum Schluss ihres Pamphletes sah sich die selbsternannte Diagnostikerin Sturmfels gezwungen, die deutschen Männer aufzurütteln: «Es ist wie ein Hohn, dass das männlichste Volk dieser Erde, das deutsche, die Schmach erlebt, von seinen Weibern dem Verfall entgegengeführt zu werden. [...] Diese Rolle spielt ihr, deutsche Männer! Macht doch endlich die Augen auf und seht, was tatsächlich geschieht!» Das Menschliche gab es in dieser polarisierten Vorstellung nicht: «Es gibt männliche und weibliche Wesen, es gibt zwei Ideale, die wir ‹das Männliche› und ‹das Weibliche› nennen, aber es gibt kein drittes Geschlecht, dessen Teil ‹das Menschliche› wäre. Rein menschliche Eigenschaften und Fähigkeiten gibt es nicht.»

Das männlichste Volk war also das deutsche. Und Weiblichkeit machte krank. Nicht mehr lasterhaftes, den Juden oder Aristokraten zugeschriebenes Verhalten, sondern Judentum und Weiblichkeit an sich bedrohten nun die Gesundheit. Käthe Sturmfels fügte noch die Sozialdemokratie hinzu und erklärte Weiblichkeit, Judentum und Sozialdemokratie zur ungesunden Trias. Doch Käthe Sturmfels rannte offene Türen ein, denn die sogenannte Frauenfrage schürte bei vielen Männern tatsächlich die Angst vor dem Verlust der Männlichkeit. In der Diskussion um das Frauenstudium gehörte die Denkfigur zu den beliebten Argumenten: «Unsere Zeit ist ernst. Das deutsche Volk hat anderes zu thun, als gewagte Versuche mit Frauenstudium anzustellen. Sorgen wir vor allem, dass unsere Männer Männer

bleiben! Es war stets ein Zeichen des Verfalls, wenn die Männlichkeit den Männern abhanden kam und ihre Zuflucht zu den Frauen nahm!»[17]
Die Schweizer Männer waren ebenso um die Schaffung und Erhaltung der Männlichkeit bemüht und rivalisierten sogar um den Ehrentitel des männlichsten Volkes. Nicht nur militärische Meisterdenker wie General Ulrich Wille, sondern auch bescheidenere Redner waren diesen Denkmustern verhaftet. Ein im Weltgeschehen nicht weiter in Erscheinung getretener Pfarrer namens Oskar Brändli vermochte bei der Festrede einer Schlachtenfeier 1890 nur noch «Männer, Männer, Männer» zu stammeln. Der Festredner sah den Basler Schulknaben ins begeisterte Herz und las das stille Gelübde an deren stolz leuchtenden Augen ab. Es schien ihm, als ob die männlichen Zuhörer still vor sich hin schwüren: «Wir wollen einst auch Männer sein! [...] Wir wollen in dem Kampfe unserer Tage auch Männer sein und wir wollen unsere Knaben und Jünglinge zu besseren Männern erziehen als wir sind.
Ja, werthe Mitbürger! Wir Eidgenossen müssen wenn irgend ein Volk auf Erden ein Volk von Männern sein und immer mehr werden. Die erste Frage in unserem vaterländischen Katechismus heisst: ‹Welches ist die Kardinaltugend des Schweizers?› und die Antwort lautet: ‹Die Kardinaltugend des Schweizers ist die Mannhaftigkeit!›»[18]

Virilisierung und Militarisierung

Die erwähnte Pathologisierung von Weiblichkeit und Judentum ist durch die umgekehrt proportionale Aufwertung des männlichen Leitbildes ansatzweise erklärbar. Die «Vermännlichung» und Stählung der Männlichkeit hingegen muss im Zusammenhang mit der Propagierung und Durchsetzung der allgemeinen Wehrpflicht gesehen werden. Obwohl die zunehmende Indienstnahme von Geschlechterbildern im militärischen Diskurs des 19. Jahrhunderts wohl kaum als bewusste Werbestrategie für das Militär gewertet werden kann, darf die daraus resultierende Verbesserung des militärischen Prestiges nicht unterschätzt werden.
Seit Anfang des 19. Jahrhunderts wurde in Männerreservaten wie dem Militär, Studentenverbindungen, Turnvereinen usw. das Bewusstsein für einen positiv gewerteten männlichen Geschlechtscharakter gefördert. Männlichkeit wurde in der Sozialisation dieser Vereine in die männlichen Körper eingeschrieben, durch die körperliche Ertüchtigung, durch Drill, Duell oder Bestimmungsmensur,[19]

Biercomment sowie andere scheinbar die Männlichkeit fördernde Rituale. Im Militär wurde nicht nur soldatische Tugend, in den Studentenverbindungen nicht nur akademisches Bewusstsein, in den Turnvereinen nicht nur Körperbeherrschung gelehrt und gelernt, in diesen Männerreservaten wurde vor allem Männlichkeit, ein gestählter, gekräftigter männlicher Geschlechtscharakter gelehrt und gefeiert.

Die Lieder der Turnvereine, Männergesangsvereine und der Studentenverbindungen besangen nicht nur die einschlägigen Fähigkeiten, die sich die Mitglieder im Verein aneigneten, sondern auch Männlichkeit, d. h. die soziale Konstruktion eines Geschlechtscharakters. Um 1900 sangen die Turner zur Singweise von «Freude schöner Götterfunken»:

«Männer müssen alle werden
die umschlingt der Turnerbund
Nur in Mühen und Beschwerden
wird der Mut des Mannes kund

In des Mannes Brust erblüht
Liebe für das Vaterland,
Sie begeistert ihn, er glüht
Wenn er Brüdern reicht die Hand!
[…].»[20]

Als Mann wird man nicht geboren. Zum Manne muss man gemacht werden. Auch der Turnverein nahm für sich in Anspruch, Schule der Männlichkeit zu sein. Das Militär wurde erst im Verlaufe des 19. Jahrhunderts zur gepriesenen Schule der Männlichkeit.[21] Das Offiziers- oder Soldatenideal konnte erst durch den Wandel in der Rekrutierung der Armeeangehörigen zu einem schichtenübergreifenden Männerideal, zu einem universellen Geschlechtscharakter gerinnen. Anfang des 19. Jahrhunderts war die militärische Ausbildung in bürgerlichen Kreisen noch keineswegs besonders beliebt. Vielbeschäftigte Vertreter des Wirtschafts- und des Bildungsbürgertums mochten den Sinn des mechanischen Drills für ihre eigene Person nicht einsehen und machten von den damals in Preussen noch zahlreichen Möglichkeiten Gebrauch, Vertreter in den Militärdienst zu schicken.[22] Erst im Verlauf des 19. Jahrhunderts, nach den Befreiungskriegen und vollends nach den militärischen Erfolgen im Deutsch-Französischen Krieg, bekam auch das zivile bürgerliche Männerleitbild den bekannten scharfen, militärischen Zug.[23] Zudem

prägten in der militarisierten Gesellschaft des Kaiserreichs nicht bürgerliche Zivilmänner, sondern aristokratische Offiziere als Trendsetter das militärisch-schneidige Ideal, das auch in den zivilen Bereich ausstrahlte.[24]
In der Schweiz ist dieser Zusammenhang bei der Durchführung der seit 1848 in der Verfassung verankerten allgemeinen Wehrpflicht nachvollziehbar.[25] 1848 betraf die Wehrpflicht trotz der Formulierung «*Jeder Schweizer ist wehrpflichtig*» nur eine beschränkte Zahl von Männern, da nur 3% der Bevölkerung ausgehoben wurden.[26] Erst seit der Bundesverfassung von 1874 war die Diensttauglichkeit der Männer das einzige Kriterium für die Aushebung.[27] Dies ist die Voraussetzung für die Ideologie der Armee als Schule der Männlichkeit.[28]
Der disziplinierte, stramme Männerkörper stand im starken Kontrast zum zierlichen, zerbrechlichen, unzähmbaren Frauenkörper – und zu demjenigen der Juden und der Homosexuellen. Durch die Sozialisation auf exklusivem Männerterritorium und durch spezifische Instanzen, die ihrem Anspruch gemäss der Vermännlichung dienten, wurde dieser männliche Körper als lebendiger Beweis des Geschlechtscharakters konstruiert. Zur Messlatte der «Virilisierbarkeit» wurde die Militärtauglichkeit.
Der Wandel von einem militärischen Geist als einem Berufsethos von Söldnern zu einem gestählten Geist als männlichem Geschlechtscharakter vollzog sich in mehreren Phasen. Bereits in der Zeit der deutschen Befreiungskriege bestand zwischen der «Vermännlichung» des Militärwesens (der Argumentation, der Militärdienst fördere den männlichen Geschlechtscharakter) und der Militarisierung der männlichen Geschlechterrolle eine Wechselwirkung. In propagandistischer Absicht formulierte Lieder und Gedichte besangen die militärische Härtung des männlichen Geschlechtscharakters.[29] Auch aus den Schriften des Turnvaters Jahn Anfang des 19. Jahrhunderts wird deutlich, dass die körperliche Ertüchtigung der deutschen Männer Wunschbild und noch nicht Realität war. Jahn beklagte erklärtermassen ein Defizit. Auch im Schweizer Liedergut der ersten Jahrhunderthälfte wurde nicht nur soldatische Wehrhaftigkeit, sondern Männlichkeit propagiert. Nicht nur soldatische Tugend, sondern der gekräftigte männliche Geschlechtscharakter wurde in Hans Georg Nägelis in den 1820er Jahren erschienenem «Der Schweizerische Männergesang» mit Titeln wie «Mannesgrösse» und «Männerkraft»[30] besungen. Der Mentalitätswandel fand nicht nur in deutschen Köpfen statt.
Das Versprechen, durch den Dienst am Vaterland die persönliche Männlichkeit zu fördern und zu mehren, verbesserte die Akzeptanz des Militärs und erhöhte

dessen Wertschätzung. Seit der gesetzlichen Verankerung[31] der allgemeinen Wehrpflicht in der ersten Hälfte des Jahrhunderts folgte mit der Durchsetzung in der zweiten Hälfte des Jahrhunderts eine nächste Phase.[32] Im letzten Viertel des 19. Jahrhunderts wurde im deutschen Reich die Rekrutierungsrate nochmals erhöht.[33] Im Zuge der Aufrüstung wurde Stärke ganz allgemein auf-, Schwäche hingegen abgewertet. Weil die Schwäche ausserdem weiblich konnotiert war, werteten sich die Begriffe «Schwäche» und «Weiblichkeit» gegenseitig ab.

Feminisierung des «Juden»

Im antisemitischen Diskurs seit den 1870er Jahren wurde der Jude häufig der Unmännlichkeit, ergo Militäruntauglichkeit, bezichtigt. Ärzte schrieben die sogenannte Militäruntauglichkeit in ihrer schwächlichen Konstitution und ihrer Nervosität fest. Im Plattfuss fanden sie das vermeintliche «Rassenmerkmal», das den Juden den aufrechten Gang verunmöglichte.[34] Den virilen Habitus der Offiziere konnten sich die Juden im Kaiserreich unmöglich aneignen, da ihnen der Zugang zum Offizierskorps verwehrt blieb.[35] Da das Eidgenössische Militärdepartement keine Statistik über die Zahl der jüdischen Offiziere in der Schweizer Milizarmee führt, ist auch ein oberflächlicher Vergleich mit Schweizer Verhältnissen nicht möglich.[36] Seit den 1880er Jahren wurden Juden in Deutschland aus sämtlichen studentischen Vereinen ausgeschlossen, die den biologischen Mann zum sozialen Mann zu machen versprachen: aus akademischen Turnvereinen, Burschenschaften und Landsmannschaften. Auch die elitären Korps und sogar die Reformburschenschaften fanden Wege, jüdische Mitglieder loszuwerden und vor allem keine neuen mehr aufzunehmen.[37] In Österreich blieben die Juden nicht prinzipiell von Offizierschargen ausgeschlossen. Jüdische Mediziner waren bei den Militärärzten sogar vergleichsweise stark vertreten: Arthur Schnitzler überliefert die damals geläufige Bezeichnung des «Mosesdragonertums», mit dem diese verächtlich gemacht wurden.[38] In Österreich wurden die Juden im sogenannten Waidhofner Beschluss 1896 von den deutschnationalen Korporationen als satisfaktionsunfähig erklärt.[39] In Deutschland wurde das Vorgehen in Österreich zwar heftig diskutiert, fand jedoch, von einer Ausnahme abgesehen, bis 1920 keine Nachahmung. In den diesbezüglichen Quellen finden sich trotzdem unzählige Beispiele, die bezeugen, wie gängig bei den deutschen Studentenverbindungen das Klischee war, das Juden ein Defizit an Männlichkeit zuschrieb. In einem vergleichsweise gemässigt antisemitischen Bericht in den «Akademischen Monatsheften» von 1896 heisst es über die Mehrheit der schlagenden Verbindungen der Wiener Universität, die sich auf das «Waidhofner Prinzip» verpflichteten: «So fern wir dem Antisemitismus als solchem stehen, wünschen wir doch von Herzen, dass in diesem Kampfe des Deutschtums gegen die Aufdringlichkeit eines fremden Stammes dem letzteren gezeigt werden möge, dass man, *um der Mannesehre teilhaftig zu sein, auch ein Mann sein und sich als solcher benehmen muss*. Unter den Alten Herren der deutschen Korps finden sich viele Juden, die in Wort und Tat bewiesen haben, dass man nicht gerade arischer Abstammung sein muss, um ein *honoriger* und *schneidiger Student* zu sein. Wenn aber in Wien, Prag und Innsbruck sich die schlagenden Verbindungen in so schroffer Weise gegen die jüdischen Studenten und deren Korporationen stellen, so werden diese ihnen wohl hierzu reichlich Grund gegeben haben [...].»[40]

Der «Mannesehre» teilhaftig wurden gemäss dieser Ideologie nur «honorige» und «schneidige» Geschlechtsgenossen: wer als biologischer Mann im bürgerlich-zivilen, öffentlichen Leben der Politik, Wirtschaft und Wissenschaft zu Ehren kam und wer im militärischen Bereich und im Verbindungswesen Schneidigkeit bewies.

Zur Verteidigung formierten die Ausgeschlossenen jüdische Turnvereine. Zionisten wie Max Nordau propagierten den «Muskeljuden» und ein «kriegshartes, waffenfrohes Judentum».[41] Auch in der Schweiz lässt die Gründung von separaten jüdischen Turnvereinen darauf schliessen, dass es Juden offensichtlich schwer hatten, in den allgemeinen Turnvereinen Anschluss zu finden.[42]

Unmännlichkeit kam Weiblichkeit gleich. Dem Juden und Antisemiten Weininger war die Verwischung der Geschlechterrollen die schärfste antisemitische Waffe. In der vielgekauften, 1903 zum ersten Mal erschienenen Studie «Geschlecht und Charakter» formulierte er die prinzipielle Minderwertigkeit von Unmännlichkeit. Weiblichkeit setzte er mit Körperlichkeit, Sexualität, Schwäche gleich: «Der Zustand der sexuellen Erregtheit bedeutet für die Frau nur die höchste Steigerung ihres Gesamtdaseins. Dieses ist immer und durchaus sexuell.»[43]

Im medizinischen Diskurs der Jahrhundertwende wurde die Feminisierung der Feindbilder festgeschrieben. Die traumatisierten, erwerbsunfähigen Arbeiter und kriegsunfähigen Soldaten trugen die Stigmata der Frauenkrankheit des 19. Jahrhunderts, sie waren hysterische Männer.[44]

Parallel zur Pathologisierung des Frauseins, wie sie in der Hysterisierung des weiblichen Körpers und im sogenannten physiologischen Schwachsinn der Frauen im

Werk eines Paul Möbius[45] zum Ausdruck kommt, erschienen auch die männlichen Feindbilder pathologisch: der Entartete trug dieselben Stigmata wie der Hysteriker und wie der Jude. Der Kreis schliesst sich, wenn die verschiedenen Feindbilder auch noch gleichgesetzt werden. Für Weininger krankten die Juden an denselben prinzipiellen Defiziten wie die Frauen: «[...] der echte Jude hat wie das Weib kein Ich und darum auch keinen Eigenwert. [...] Was dem Weibe wie dem Juden vielmehr durchaus abgeht, das ist Grösse. [...] Männer, die kuppeln, haben immer Judentum in sich; und damit ist der Punkt der stärksten Übereinstimmung zwischen Weiblichkeit und Judentum erreicht. Der Jude ist stets lüstern, geiler, wenn auch merkwürdigerweise [...] sexuell weniger potent, und sicherlich aller grossen Lust weniger fähig als der arische Mann.»[46]
Der Jude galt als weiblich, als physiologisch prädestiniert für die Hysterie wie für die Entartung und für Krankheit. Und der Jude galt wie der Hysteriker und der Entartete als Inbegriff des Stadtmenschen, des überzivilisierten, des alle abgespalteten, negativen Attribute in sich tragenden Produktes einer industrialisierten, modernen grossstädtischen Welt.

Schlussthesen

Erstens: Der von den Geschlechterstereotypen geprägte moralische Diskurs legitimierte im 19. Jahrhundert die Privilegien bürgerlicher Männer und delegitimierte Gleichstellungsansprüche von Frauen und Juden. Der moralische Diskurs rechtfertigte politische Ungleichheit und entzog die Zulassungskriterien zu exklusiven Männerreservaten der vernünftigen, politischen, dem demokratischen Gedanken verpflichteten Diskussion. Insofern unterhöhlte der moralische auch im 19. Jahrhundert den politischen Diskurs. Zudem vermochte die vermehrte Indienstnahme der Geschlechterstereotypen durch die militärische Propaganda das Image des Militärs wesentlich zu verbessern.
Zweitens: Die Fremd- und Feindbilder weisen gemeinsame Züge auf. Ob sie nun von einem Geschlechter-, Standes-, Klassen- oder Rassendiskurs geprägt sind, die Fremd- und Feindbilder dienen als Abgrenzungsfolie: Das bin «nicht ich»! Die Feindbilder wie der Höfling im 18. Jahrhundert oder die Juden im 19. Jahrhundert bilden das Gegenstück zum Tugendkatalog des bürgerlichen Männerleitbildes. Die Negativstereotypen verkörpern die Laster: «So nicht!», verdeutlichen die Norm und haben damit die Umkehrung der bürgerlichen Leitwerte

gemeinsam (Triebrestriktion und -kanalisierung, Affektkontrolle, Sauberkeit, Natürlichkeit). Das Laster wird im 19. Jahrhundert verstärkt pathologisiert: wurde einem unmoralischen Lebenswandel im 18. Jahrhundert eine krankmachende Wirkung zugeschrieben, so erscheint im populärwissenschaftlichen, medizinischen Diskurs des späten 19. Jahrhunderts das Laster als Zeichen eines kranken, entarteten Charakters.

Drittens: Im bürgerlichen Diskurs wird die Unterscheidung zwischen «gut» und «schlecht» bzw. «erhaben» und «niedrig», zwischen Leit- und Fremdbild auf einen Charakter zurückgeführt. Die Sozialisationsinstitute und männerbündischen Vereine (Militär, Turnvereine, Studentenverbindungen), die den Charakter des bürgerlichen Mannes wesentlich formen, schliessen Frauen und Juden tendenziell aus. Die lebensweltlichen Erfahrungen unterstützen und stärken deshalb die Wahrnehmung polarisierter Charaktere. In diesen Reservaten bürgerlicher Männer gedeiht die Ideologie des Virilismus, als eine Zuspitzung der Polarisierung der Geschlechter verstanden. Das Begriffspaar «männlich–weiblich» wird mit «stark–schwach» gleichgesetzt. Ende des 19. Jahrhunderts dominiert dieser Wahrnehmungsraster nicht nur den Geschlechterdiskurs, sondern auch diejenigen Bereiche, die mit der Geschlechterfrage an sich nichts zu tun haben.

Anmerkungen

1 Der Aufsatz basiert auf meiner vor dem Abschluss stehenden Dissertation zum Thema: *«Der herrlich biedere Mann». Die Konstruktion bürgerlicher Männlichkeit: Mode, Körper, Habitus im 19. Jahrhundert des deutschsprachigen Raumes.*
2 Georg Christoph Lichtenberg, *Ausführliche Erklärung der Hogarthschen Kupferstiche,* Franz Mautner (Hg.), Frankfurt a. M. 1983.
3 Die Adelskritik richtet sich in Deutschland in erster Linie gegen den höfischen Adel. Ute Frevert, «‹Tatenarm und gedankenvoll›? Bürgertum in Deutschland 1780–1820», in: Helmut Berding, François Etienne, Hans-Peter Ullmann (Hg.), *Deutschland und Frankreich im Zeitalter der Französischen Revolution,* Frankfurt a. M. 1989, 263–292.
4 Die ganze Schimpftirade gegen die «grosse Welt am Hofe» ist zu finden bei Adolph Freiherr von Knigge, *Über den Umgang mit Menschen,* Gert Üding (Hg.), Frankfurt a. M. 1977, 313 f.
5 Reinhart Koselleck, *Kritik und Krise. Eine Studie zur Pathogenese der bürgerlichen Welt,* Frankfurt a. M. 1973.
6 Gustav Freytag, *Soll und Haben,* Leipzig 1917, 2 Bde., 90. Aufl. (1. Aufl. 1855).
7 Thomas Nipperdey, *Deutsche Geschichte, 1800–1866. Bürgerwelt und starker Staat,* Zürich 1985, 582.
8 Hartmut Steinecke, «Gustav Freytag: Soll und Haben (1855), Weltbild und Wirkung eines

deutschen Bestsellers», in: Horst Denkler (Hg.), *Romane und Erzählungen des Bürgerlichen Realismus. Neue Interpretationen,* Stuttgart 1980; Michael Schneider, «Apologie des Bürgers. Zur Problematik von Rassismus und Antisemitismus in Gustav Freytags Roman ‹Soll und Haben›», *Jahrbuch der Deutschen Schillergesellschaft* 25 (1981), 385–413; Michael Schneider, *Geschichte als Gestalt. Formen der Wirklichkeit und Wirklichkeit der Form in Gustav Freytags Roman «Soll und Haben»,* Stuttgart 1980 (Stuttgarter Arbeiten zur Germanistik 83).

9 Schwarz spricht treffend von einem «Schauerroman». Egon Schwarz, «Das Bild der Juden in deutschen und französischen Romanen des ausgehenden 19. Jahrhunderts», in: Jürgen Kocka (Hg.), *Bürgertum im 19. Jahrhundert,* München 1988, Bd. 2, 431.

10 Vgl. auch die verheerenden Folgen, die der Onanie zugeschrieben wurden. George Mosse, *Nationalismus und Sexualität. Bürgerliche Moral und sexuelle Normen,* München, Wien 1985, 20 f.

11 Karin Hausen, «Die Polarisierung der ‹Geschlechtscharaktere›. Eine Spiegelung der Dissoziation von Erwerbs- und Familienleben», in: Werner Conze (Hg.), *Sozialgeschichte der Familie in der Neuzeit Europas. Neue Forschungen,* Stuttgart 1976 (Industrielle Welt, Bd. 21), 363–393.

12 Max Nordau, *Die Krankheit des Jahrhunderts,* Leipzig 1888, 2 Bde. Der männliche Held kann kein positives weibliches Pendant finden. Die in Paris lebende spanische Geliebte, die – ganz im Sinne Otto Weiningers – reine Sinnlichkeit und Sexualität verkörpert, verlässt er fluchtartig wie eine ansteckende Kranke. Max Nordau (eigentlich M. Südfeld) war später mit Theodor Herzl einer der Begründer des Zionismus.

13 Unter diesem Namen sind weitere Texte zur Frauenrolle erschienen. Die Autorin ist unter Becker, Käthe (Sturmfels) im *National Union Catalog, Pre-1956 Imprints* (XXXXII, London 1969, 396) verzeichnet. Als Geburtsjahr wird 1878 genannt. Ein Todesjahr ist nicht angegeben. Mehr ist nicht bekannt.

14 Max Nordau, *Entartung,* Bd. 1, Berlin 1892–1893, 50.

15 Käthe Sturmfels, *Krank am Weibe. Eine Streitschrift,* Dresden 1906, Zitate 6, 122 f., 13.

16 Esther Fischer-Homberger, «Krankheit Frau», in: Imhof, A. E. (Hg.), *Leib und Leben in der Geschichte der Neuzeit,* Berlin 1983, 215–229; Esther Fischer-Homberger, *Krankheit Frau. Zur Geschichte der Einbildungen,* Darmstadt 1984.

17 Prof. Dr. jur. Otto Gierke (an der Friedrich Wilhelms-Universität Berlin) in: Arthur Kirchhoff (Hg.), *Die akademische Frau. Gutachten hervorragender Universitätsprofessoren, Frauenlehrer und Schriftsteller über die Befähigung der Frau zum wissenschaftlichen Studium und Berufe,* Berlin 1897, zit. nach: Gerd Stein (Hg.), *Femme fatale – Vamp – Blaustrumpf. Sexualität und Herrschaft. Kulturfiguren und Sozialcharaktere des 19. und 20. Jahrhunderts,* Bd. 3, Frankfurt a. M. 1984, 219.

18 Rede des Herrn Pfarrer Oskar Brändli, gehalten auf dem Schlachtfelde bei St. Jakob, den 26. August 1890, in: *Helvetia. Illustrierte Monatsschrift zur Unterhaltung und Belehrung des Volkes,* Basel 1891, 44–48 (Zitat 44 f.).

19 Eine Bestimmungsmensur ist ein übungshalber organisiertes, ritualisiertes Kampffechten, das die Standfestigkeit der Verbindungsstudenten zu fördern hatte. Vgl. Ute Frevert, *Ehrenmänner. Das Duell in der bürgerlichen Gesellschaft,* München 1991, 150 f.

20 *Turner-Liederbuch, für Fahrt und Fest, Rast und Reigen,* Leipzig o. J. (ca. 1900), 12 f.

21 Paulsen lobte das Militär als «Schule der Männlichkeit». Friedrich Paulsen, *Die deutschen Universitäten und das Universitätsstudium,* Berlin 1902, 471.

22 Vgl. Ute Frevert (Konstanz), Die Militarisierung des deutschen Mannes. Allgemeine Wehr-

pflicht im 19. Jahrhundert, Referat gehalten am 21. April 1994 in Bad Homburg an der Tagung des Arbeitskreises für moderne Sozialgeschichte zum Thema «Militär und Geschlechterverhältnis im 19. Jahrhundert». In Frankreich war es begüterten Männern bis 1872 möglich, sich vom Militärdienst durch einen Vertreter bzw. durch eine entsprechende Summe loszukaufen, auch wenn sie ein schlechtes (zum Dienst verpflichtendes) Los gezogen hatten, vgl. Francis Choisel, «Du tirage au sort au service universel», *Revue historique des armées* 2 (1987), 43–60. Zum Fin de siècle vgl. Jean-Charles Jauffret, «L'organisation de la réserve à l'époque de la revanche, 1871–1914», *Revue historique des armées* 1 (1989), 27–37.

23 Die Verschärfung des Leitbildes lässt sich an den zunehmend brutaleren Kampfmethoden beim studentischen Fechten ablesen: In der zweiten Jahrhunderthälfte wurde nicht mehr nur das Zurückweichen hinter die Mensurlinie geächtet, sondern jedes Anzeichen von Angst oder Schmerz bei einer Verletzung. Seit den 1880er Jahren wurde sogar die Deckung als Feigheit empfunden. Ute Frevert, *Ehrenmänner. Das Duell in der bürgerlichen Gesellschaft*, München 1991, 149 f.

24 Zur militarisierten Gesellschaft vgl. Hans-Ulrich Wehler, «Der Fall Zabern von 1913/14 als Verfassungskrise des Wilhelminischen Kaiserreichs», in: Ders., *Krisenherde des Kaiserreichs 1871–1918. Studien zur deutschen Sozial- und Verfassungsgeschichte*, Göttingen 1979 (2. überarbeitete Aufl.), 70–88. Zum aristokratischen Offiziersideal vgl. Eckart Kehr, «Zur Genesis des Königlich Preussischen Reserveoffiziers», in: Ders., *Der Primat der Innenpolitik. Gesammelte Aufsätze zur preussisch-deutschen Sozialgeschichte im 19. Jahrhundert*, Berlin 1970, 53–63.

25 Im Zuge der Umstrukturierung und Zentralisierung der Schweizer Armee anfangs der 1870er Jahre.

26 Das Bundesheer bestand gemäss Artikel 19 der Bundesverfassung *«aus dem Bundesauszug, wozu jeder Kanton auf 100 Seelen schweizerischer Bevölkerung 3 Mann zu stellen hat»*, sowie *«aus der Reserve, deren Bestand die Hälfte des Bundesauszuges beträgt»*.

27 Hans-Rudolf Kurz, «125 Jahre Schweizer Armee», *Schweizer Soldat* 12 (1973), 15.

28 In der Botschaft des Bundesrates von 1874 ist die Rede vom «Militärunterricht»: [...] «ein wesentlicher Faktor der Volkserziehung; er lehrt die Unterordnung des Einzelnen zum Wohle des Ganzen; er wekt den Sinn für bürgerliche Ordnung, hebt das Selbstvertrauen und ist zudem ein mächtiger Hebel der nationalen Einigung. In eine solche Schule dürfen wir nicht blos einen Bruchtheil der männlichen Bevölkerung bringen, wir müssen sie vielmehr einer möglichst grossen Zahl von Bürgern zugänglich machen.» Botschaft des Bundesrathes an die hohe Bundesversammlung über den Entwurf einer Militärorganisation (vom 13. Juni 1874), *Schweizerisches Bundesblatt* vom 24. Juni 1874, 31.

29 Vgl. Karen Hagemann (Berlin), «Von männlichem Mut und deutscher Ehre. Entwürfe militärischer Männlichkeit zur Zeit der Befreiungskriege, Referat gehalten am 22. April 1994 in Bad Homburg an der Tagung des Arbeitskreises für moderne Sozialgeschichte zum Thema «Militär und Geschlechterverhältnis im 19. Jahrhundert».

30 Hans Georg Nägeli, *Der Schweizerische Männergesang*, Partitur, 2. Heft, 38 f., 42.

31 In Preussen 1814, in der Schweiz 1848. Vgl. auch Ute Frevert (Konstanz), «Die Militarisierung des deutschen Mannes: Allgemeine Wehrpflicht im 19. Jahrhundert», Referat gehalten an der Universität München am 7. Juli 1994, unveröffentl. Ms.

32 Die Roonsche Heeresreform führte dazu, dass proportional zur Bevölkerung mehr Rekruten ausgehoben wurden. Noch in den 1890er Jahren verzichtete das Deutsche Reich (mit Hinweis auf Finanzgründe) allerdings darauf, die allgemeine Wehrpflicht vollständig durch-

zusetzen, da dies der Praxis zuwiderlief, möglichst nicht auf die tauglichen (der Sozialdemokratie freundlichen) Angehörigen des städtischen Proletariates zurückzugreifen, vgl. Stig Förster, *Der doppelte Militarismus. Die deutsche Heeresrüstungspolitik zwischen Status-quo-Sicherung und Aggression. 1890–1913*, Stuttgart 1985, 35 f.

33 Heeresstärke 1874: 402'000 Mann; 1887: 427'000 Mann; 1893: 552'000 Mann. Martin Vogt (Hg.), *Deutsche Geschichte*, Stuttgart 1987, 519. Zur Schweiz vgl. Anm. 25–28.

34 Sander L. Gilman, «Der jüdische Körper. Eine Fussnote», in: Ders., *Rasse, Sexualität und Seuchen. Stereotype aus der Innenwelt der westlichen Kultur*, Reinbek bei Hamburg 1992, 181–204.

35 Der Rang eines Reserveoffiziers war der Schlüssel zur besseren Gesellschaft, der Juden und Sozialdemokraten zumindest in Preussen verwehrt blieb. Jürgen Kocka, Gerhard A. Ritter (Hg.), *Deutsche Sozialgeschichte. Dokumente und Skizzen*, München 1974, Bd. 2, 225.

36 Aaron Kamis-Müller kommt zum Schluss, dass in der Truppensanität immer jüdische Offiziere zu finden waren. Jüdische Stabsoffiziere waren allerdings äusserst selten. Jüdische Berufsoffiziere habe es überhaupt keine gegeben, höchstens Juden, die zum Christentum übergetreten waren. Aaron Kamis-Müller, *Antisemitismus in der Schweiz. 1900–1930*, Zürich 1990, 35 f.

37 Norbert Kampe, *Studenten und «Judenfrage» im Deutschen Kaiserreich. Die Entstehung einer akademischen Trägerschicht des Antisemitismus*, Göttingen 1988. Für Schweizer Verhältnisse liegt keine entsprechende Studie vor. Kamis-Müller gemäss waren Anfang des 20. Jahrhunderts die meisten jüdischen Studierenden Ausländer und deshalb sowieso von den für Schweizer reservierten Studentenverbindungen ausgeschlossen. Trotzdem wurden auch in der Schweiz Juden aus antisemitischen Gründen abgelehnt. Im Vergleich zu den deutschen Verhältnissen sei der Antisemitismus in Schweizer Festschriften und Verbindungsblättern jedoch selten. Zum Antisemitismus in Vereinen, wie beispielsweise dem Schützenverein oder dem «Männerchor Zürich», dem nachgesagt wurde, er schliesse Juden aus, kommt er zu keinem abschliessenden Urteil. Aaron Kamis-Müller, *Antisemitismus in der Schweiz. 1900–1930*, Zürich 1990, 225 f., 239 f.

38 Arthur Schnitzler, *Jugend in Wien. Eine Autobiographie*, Frankfurt a. M. 1992, 145.

39 Dem spektakulären Beschluss der Vertreter von 22 österreichischen, deutschnationalen Korporationen schlossen sich in feierlicher öffentlicher Selbstverpflichtung Vereine und Burschenschaften in Wien, Graz, Innsbruck und Leoben an. In Wien verpflichtete sich die Mehrheit der schlagenden Verbindungen auf das «Waidhofner Prinzip». Norbert Kampe, *Studenten und «Judenfrage» im Deutschen Kaiserreich. Die Entstehung einer akademischen Trägerschicht des Antisemitismus*, Göttingen 1988, 193–204. In der demokratischen Schweiz konnte sich die auf einem elitär-aristokratischen Kastengeist beruhende Ideologie der unbedingten Satisfaktion nie durchsetzen.

40 *Akademische Monatshefte* 11 (1984/95), 560, zit. nach: Kampe, 193 f. (Hervorhebungen der Verfasserin).

41 Max Nordau, «Muskeljudentum», *Jüdische Turnzeitung*, Juni 1900 und Ders., «Was bedeutet das Turnen für uns Juden?», *Jüdische Turnzeitung*, Juli 1902, beides neu abgedruckt in: Ders., *Max Nordaus's Zionistische Schriften*, Köln, Leipzig 1909, 379–381 (Zitat 380), 382–388.

42 Aaron Kamis-Müller, *Antisemitismus in der Schweiz. 1900–1930*, Zürich 1990, 240.

43 Otto Weininger, *Geschlecht und Charakter. Eine prinzipielle Untersuchung*, Wien, Leipzig 1919, 18. Aufl., 106 f. Die Ausführungen Weiningers zeigen diesen zwar als einen von Minderwertigkeitsgefühlen und Ressentiments gegenüber Frauen geplagten Männerver-

ehrer, doch das Psychogramm des Autors ist hier irrelevant. Die enorm hohen Auflagenzahlen seines Buches und die populäre Rezeption lassen ihn als einen den Zeitgeist ebenso prägenden wie vom Zeitgeist geprägten Autor erscheinen.

44 Zur «Entdeckung» der männlichen Hysterie in der zweiten Hälfte des 19. Jahrhunderts vgl. Ursula Link-Heer, «‹Männliche Hysterie›. Eine Diskursanalyse», in: Ursula Becher, Jörn Rüsen (Hg.), *Weiblichkeit in geschichtlicher Perspektive. Fallstudien und Reflexionen zu Grundproblemen der historischen Frauenforschung*, Frankfurt a. M. 1988, 364–396.

45 Paul Möbius, *Über den physiologischen Schwachsinn des Weibes*, München 1977 (= Reprint der 8. veränderten Aufl.), Halle 1905.

46 Otto Weininger, *Geschlecht und Charakter*, 399–441, Zitate 408, 410, 412, 413. Vgl. dazu Christina von Braun, «‹Der Jude› und ‹Das Weib›: zwei Stereotypen des ‹Anderen› in der Moderne», *metis* 2 (1992), 6–28.

LYNN BLATTMANN

Entgrenzungs- und Verbindungsrituale in schweizerischen Studentenverbindungen, 1870–1914

«Der Bierschisser ist sämtlicher Bierrechte verlustig und hat sich eines anständigen Betragens zu befleissen. Er kann nur vom Kneippräsidium verdonnert werden. Rekommandation ist gestattet.»[1]

Wie das einleitende Zitat zeigt, kann die Beschäftigung mit Männergeschichte auf sehr exotisches Territorium führen. Die verwirrenden Sätze stammen aus einem Kodex einer renommierten schweizerischen Studentenverbindung,[2] welcher formalisierte Regeln zum Alkoholkonsum enthält. Für die Zeit zwischen den 1870er Jahren und dem Beginn des Ersten Weltkrieges lassen sich eine Menge Quellen finden, die den Eindruck der Unverständlichkeit der Verhaltenskultur in Studentenverbindungen verstärken und die mich dazu führen, einleitend das Interesse und die Absicht meiner historischen Beschäftigung mit Verhaltensvorschriften und Ritualen im Verbindungsstudententum zu skizzieren.
Primär stellt sich die Frage, ob die Untersuchung derartiger Quellen zu rituellem Verhalten für die Geschichtswissenschaft überhaupt relevant sein können und zu welchen Antworten für sozialgeschichtliche Fragestellungen ein Einbezug der verbindungsstudentischen Verhaltenskultur führen kann.
Vom sozialgeschichtlichen Standpunkt her war bisher die Untersuchung des vielzitierten Seilschaftcharakters der Studentenverbindungen von vordringlicherem Interesse als die Entschlüsselung kryptischer Trinkvorschriften. Die schon von Zeitgenossen oft geäusserte Meinung, dass die Mitgliederlisten der Studentenverbindungen bis weit ins 20. Jahrhundert einen stark überproportionalen Anteil an später erfolgreichen Politikern aufweisen, lässt sich mittlerweile sogar belegen.[3] Das abgesicherte Wissen um den engen Zusammenhang der Studentenverbindungen mit den politischen Machtträgern hat zwar die vielgeäusserten Vermutungen um den Seilschaftcharakter dieser Männerbünde bestätigt, bisher

hat dies jedoch keinerlei sozialhistorische Untersuchungen zu Wesen, Funktion und Tradierung der Sozialisation der politischen Eliten im schweizerischen Verbindungsstudententum nach sich gezogen.
Dabei gibt die Verhaltenskultur der Studentenverbindungen durchaus Fragen auf, die auch für eine klassische Sozialgeschichte von Interesse sind. Beispielsweise diejenige nach der Kompatibilität des aus Deutschland stammenden Brauchtums der Studentenverbindungen mit dem schweizerischen Patriotismus und Staatsverständnis. Denn deren Rituale mit Landesvaterstechen, Mensuren und dergleichen nehmen sich in einem republikanischen Land besonders für die drei grossen, sich als dezidiert patriotisch verstehenden gesamtschweizerisch organisierten Studentenverbindungen seltsam fremd aus. Besonders wenn man berücksichtigt, dass in ihnen die angehende politische Elite organisiert war.
Am Desinteresse der «Geschichtszunft» an der Elitesozialisation in Studentenverbindungen änderte auch die Gründung der Schweizerischen Vereinigung für Studentengeschichte nichts, die trotz des 1992 erfolgten Eintritts in die Allgemeine Geschichtsforschende Gesellschaft der Schweiz (AGGS)[4] bisher keinen Historiker der «Zunft», der nicht auch Verbindungsstudent war, für eine historische Untersuchung des Brauchtums und der Sozialisation im schweizerischen Verbindungsstudententum gewinnen konnte.
Dies brachte es mit sich, dass in den letzten Jahren die grosse Zahl von Aufsätzen und Monographien zur Verbindungsgeschichte von der offiziellen Geschichtsschreibung so gut wie nicht rezipiert worden ist.[5]
Somit ist die Verbindungsgeschichte das Anliegen der Verbindungsmitglieder selbst geblieben, minutiös betrieben von Alten Herren der verschiedenen Studentenverbindungen, jedoch ohne Bezug zur aktuellen wissenschaftlichen Diskussion und deshalb ohne jede Brisanz.
Nicht zuletzt hängt das Desinteresse wohl damit zusammen, dass die geschlechtergeschichtliche Dimension einer sozialgeschichtlich betriebenen Verbindungsgeschichte verkannt worden ist, weil die Historiker bislang die Historizität der Geschlechterkonstruktion für ihr eigenes Geschlecht ignoriert haben.
Bei den Studentenverbindungen stösst jedoch ein mit den Erfahrungen der geschlechtergeschichtlichen Frauenforschung auf Männer zugespitzter methodischer Ansatz auf ein besonders interessantes Forschungsfeld. Denn durch den geschlechtergeschichtlichen Einbezug der rituellen Handlungen und der stark normierten Verhaltensregeln im Lehrplan der Studentenverbindungen besteht die Möglichkeit, die männerbündische Dimension der Sozialisation im Verbindungs-

wesen herauszuarbeiten und so einen Beitrag zu leisten zum Verständnis der Historizität des männlichen Rollenverständnisses bzw. der Verhaltenskultur einer männlichen Elite unter männerbündischen Vorzeichen. Erleichtert wird diese Aufgabe durch die neueren Strömungen der Sozialgeschichte, die vermehrt auch mit symbolischen Formen und Ritualen arbeiten und somit die Deutung der symbolischen Formen im verbindungsstudentischen Brauchtum methodisch vereinfachen.

Die Fokussierung auf das erzieherische Moment in der historischen Untersuchung des Verbindungswesens entspringt nicht einem besonders exotischen oder gar psychoanalytischen Ansatz, sondern bezieht sich auf das zeitgenössische Selbstverständnis der Studentenverbindungen selbst. Immer wieder unterstrichen Vertreter verschiedenster Verbindungen die Wichtigkeit des Erziehungsmoments im Verbindungswesen. Ganz lapidar zusammengefasst, heisst es beispielsweise 1893 im Zweckartikel einer Basler Studentenverbindung: «Der Zweck [...] ist die Heranbildung seiner Mitglieder zu tüchtigen Männern auf dem Wege körperlicher Übung und Charaktererziehung.»[6]

Wenn auch dieser Zweckartikel wenig Konkretes über die Art und Weise der «Heranbildung» zu «tüchtigen Männern» verrät, so deutet er doch zumindest auf die enge Verschränkung zwischen Körper- und Charakterbildung hin.

Bundesstaat und Bierstaat

Die Verhaltenskultur oder der Habitus der Studentenverbindungen wurde samt seinem Brauchtum aus Deutschland importiert. Die Strömungen der Urburschenschaft, die 1818 zum bekannten Wartburgfest geführt hatten, fanden mit wenig Verzögerung im ganzen deutschsprachigen Hochschulwesen ihren Niederschlag und erstreckten sich binnen weniger Jahre sogar auf die französischsprachige Schweiz. Bei dieser raschen Verbreitung der Studentenverbindungen erwies sich die Tatsache, dass die Schweiz damals mit Ausnahme der marginalisierten Universität Basel über keine eigene Universität verfügte, keinesfalls als hemmend. In manchen Städten bildeten Schüler die Sektionen des liberalen Zofingervereins, lange bevor die Universitäten gegründet wurden.

Im Gegensatz zu Deutschland, wo die Burschenschaften massiv politisch verfolgt wurden, gediehen die Studentenverbindungen in der Schweiz vortrefflich. Dank ihrem engen Kontakt zu den ehemaligen Mitgliedern spielten sie bis ins letzte

Drittel des 19. Jahrhunderts hinein eine bedeutende politische Rolle. Vielfach übernahmen sie die Aufgaben von Parteien und organisierten und sozialisierten die zukünftigen politischen Exponenten gemäss ihrer politischen Richtung und leisteten einen nicht zu unterschätzenden Beitrag in der Einigung der sehr heterogenen Schweiz zu einem Bundesstaat. Das Verbindungswesen erstreckte sich in der Schweiz nicht nur auf den deutschsprachigen Raum, sondern fasste gleich zu Beginn auch in der französischsprachigen Schweiz Fuss. Die starke Orientierung des frühen schweizerischen Verbindungsstudentums an der burschenschaftlichen Idee einer Einigung aller Studenten brachte es zudem mit sich, dass sich die Studentenverbindungen nicht nur an einem Ort bildeten, sondern an einer gesamtschweizerischen Organisation der Studenten interessiert waren.

Die erwähnte älteste Verbindung, der 1819 gegründete Zofingerverein, organisierte gesamtschweizerisch die Liberalen; von diesen hatte sich in mehreren Brüchen ab den 1830er Jahren die Verbindung Helvetia abgespalten, welche die radikale Parteirichtung vertrat. Als dritte politische Strömung organisierte sich anfangs der 1840er Jahre der politische Katholizismus verbindungsmässig. Nach dem Sonderbundskrieg (1847) entwickelten sich die katholischen Verbindungen zu Sammelbecken für den politischen Katholizismus. Neben diesen Unterschieden in der politischen Couleur der einzelnen Studentenverbindungen überwogen deren Gemeinsamkeiten jedoch bei weitem. Nicht nur deren Patriotismusbegriff war unscharf und meist kaum voneinander abzugrenzen, auch ihr Brauchtum und ihre Wertorientierungen deckten sich zu einem grossen Teil. Keine der drei erwähnten gesamtschweizerisch organisierten patriotischen Studentenverbindungen hatte es geschafft, ein eigenes, «schweizerisches» Brauchtum zu etablieren. Alle orientierten sich an den Formen und Ritualen der deutschen Corpsstudenten. Als im letzten Drittel des 19. Jahrhunderts die politischen Kämpfe auch bei den Studentenverbindungen in den Hintergrund traten, fand eine Schwerpunktverschiebung zu den verbindungsstudentischen Verhaltensformen statt. Die drei grossen gesamtschweizerisch organisierten Studentenverbindungen verloren zusehends ihren Charakter als politische Pressure-groups und stellten das Erziehungsmoment ins Zentrum. Sie verstanden sich selbst als Sozialisationsagenturen für die (männliche) politische Elite und legten zunehmend mehr Wert auf die Vermittlung corpsstudentischer Erziehungsideale. Ab den 1860er Jahren wurde in den Verbindungen das sogenannte Farbentragen[7] eingeführt, es wurden Trinkvorschriften nach deutschem Vorbild erstellt, und das Fechten spielte eine immer grössere Rolle.

Allerdings liessen sich nicht alle Studentenbräuche gleich gut importieren. In der Schweiz hatten beispielsweise die Satisfaktion und die Mensur[8] einen schweren Stand. Obwohl auch in der Schweiz im 19. Jahrhundert verschiedene Duelle und unzählige Mensuren ausgefochten wurden, blieb die Mensur oder das Duellwesen hierzulande immer auf die Studentenschaft beschränkt. Denn es gab in der Schweiz keine sogenannte satisfaktionsfähige Gesellschaft, wie etwa in Deutschland, wo das Duell vom Adel und Offizierskorps im 19. Jahrhundert noch intensiv gepflegt wurde und zu einem Emblem bürgerlich-adliger Männlichkeit[9] geworden war.

Die Trinkrituale des deutschen Comments[10] hingegen wurden in der Form von sogenannten Biercomments breit übernommen und kaum mit schweizerischem Brauchtum vermengt. In diesen Biercomments wurden die komplizierten Abläufe des studentischen Trinkbrauchtums festgeschrieben und tradiert. Den Commentbestimmungen kam sowohl Gesetzes- wie auch Verfassungscharakter zu, und sie wurden unerbittlich durchgesetzt. Meist waren die Comments unterteilt in Paragraphen und unterschieden häufig wie ein Zivilgesetzbuch Personen- und Sachenrecht. Das Burschikose Wörterbuch von 1878 definierte den Comment knapp als «Zusammenstellung der Regeln nach denen Studenten zu leben haben».[11] Halb scherzhaft definierte ein Alter Herr der Manessia Zürich 1912 in deren Correspondenzblatt den Biercomment, indem er einem offenbar zweifelnden Fuxen den Sinn dieser Trinkgesetze in launigen Worten beschrieb: «Der Biercomment ist das, was noch bleibt, wenn man vom Studenten den Leib subtrahiert; er ist das Studentische in reiner, kristallisierter Form.»[12]

Durch das Exerzieren[13] des Biercomments, der fast täglich zur Anwendung kam, wurde eine Art Staat im Staat geschaffen, in welchem die herrschenden gesellschaftlichen Regeln durch diejenigen des Biercomments ersetzt wurden. Es erstaunt deshalb nicht, dass dieser auch «Bierstaat»[14] genannt wurde. Dass der Bierstaat ein reiner Männerstaat war, versteht sich von selbst. Er ist aber nicht nur das, sondern er ist im 19. Jahrhundert auch die Voraussetzung für jede verbindungsstudentische Geselligkeit. Um genauer herauszuarbeiten, wie dieses virile Utopia im Bierstaat beschaffen war, lohnt es sich, die verqueren Regulierungen des Biercomments einer genaueren Untersuchung zu unterziehen. In der Tat ist der Biercomment schon auf den ersten Blick weit mehr als nur eine Trinkanleitung, fand sich darin doch die gesamte verbindungsstudentische Verhaltenskultur quasi in verbierter Form wieder.

So gab es einen *Bier*präses, *Bier*rechte, die *Bier*ehre; wer deren verlustig ging,

landete im *Bier*verschiss und musste sich mit einem *Bier*duell wieder herauspauken. Unter Umständen konnte er nachträglich die *Bier*angelegenheit vor ein *Bier*gericht bringen, und wenn er körperlich krank war, konnte er sich sogar für *bier*impotent erklären lassen ...
Obwohl die Biercomments unbestrittenermassen von offensichtlichem Studentenulk geradezu getränkt waren, darf dieser nicht darüber hinwegtäuschen, dass die Anwendung derselben mit einem ungeheuren Ernst verfolgt wurde. Die «Bierebene» war also nicht in dem Sinne ulkig, dass sie nicht ernst genommen wurde, sondern in dem Sinne, dass als natürlich erachtete Grenzen durch den Biercomment ausser Kraft gesetzt und in einer Art Charivari auf den Kopf gestellt wurden.
Gegen Ende des 19. Jahrhunderts wurden unzählige Biercomments für verbindlich erklärt und – kaum waren sie in Gebrauch – in seitenlang protokollierten Diskussionen wieder abgeändert, verfeinert und immer ausgeklügelter formuliert. Ähnlich wie der Seilschaftcharakter der Studentenverbindungen war auch der extensive Biergenuss gegen Ende des 19. Jahrhunderts nicht so sehr Klischee als vielmehr unwidersprochenes Merkmal, auf das die Verbindungen selbst sehr stolz waren. Davon zeugen einerseits die detaillierten Protokolle der einzelnen Verbindungen, andererseits die offiziellen Berichterstattungen der Verbindungen über Festivitäten, in denen die Alkoholexzesse immer wieder positiv hervorgehoben wurden. Ähnlich, wie der sogenannte demonstrative Müssiggang untrennbar zum Adelshabitus gehörte, war der demonstrative Alkoholexzess eng mit dem Verbindungsstudententum verwoben.
Während der hohe Alkoholkonsum unterer Schichten gegen Ende des 19. Jahrhunderts allmählich zur sanktionierten «Alkoholfrage» wurde, blieb der Trinkexzess der Eliten weiterhin unverzichtbarer Teil des verbindungsstudentischen Habitus, auf den stolz und selbstbewusst rekurriert wurde.[15] Grobe Regelverletzungen wie massive Sachbeschädigungen, Nachtruhestörung, sexuelle Belästigungen etc. waren «systemimmanent» und wurden kaum geahndet, sondern im Gegenteil von den finanzkräftigen und vielfach in wichtigen Positionen sitzenden Alten Herren der jeweiligen Verbindung gedeckt oder entschädigt. So erschien beispielsweise 1893 im Feuilleton der Nationalzeitung folgende von einem Studenten verfasste, bezeichnende Beschreibung des Verbindungslebens an Zentralfesten: «[...] das Fest, wie es jedes Jahr stattfindet, wo man den neuen Centralausschuss wählt, die Vereinsgeschäfte abmacht und daneben sich kennenlernt, commersiert und pokuliert und den Bürgern von Zofingen die alten Bänke

zerbricht, die sie vor ihre Häuser gestellt haben, damit man sie zertrümmere und andern Tages in nüchterner Katerstimmung schwer bezahle.»[16] Die Sachbeschädigung wurde von den Verursachern offensichtlich nicht als solche wahrgenommen, denn in der Aufzählung wurden die offiziellen Vereinsgeschäfte offenherzig gleichberechtigt neben die Vandalenakte gestellt, als gehörten sie unabdingbar zusammen. Ein ähnliches Verhalten einer weniger elitären Organisation hätte mit einer Strafverfolgung rechnen müssen. Dieser Umstand verweist darauf, dass die Studentenverbindungen in der Schweiz als Geselligkeitsvereine einer Elite, die viel auf die demokratische Verfassung und auf die Volksrechte hielt, durchaus Sonderrechte genossen.

Von Verbindungsseite wurde immer wieder behauptet, die verschiedenen Rituale des Biercomments hätten Spielcharakter und seien unabdingbarer Bestandteil einer überschäumenden Jugend. Eine nähere Betrachtung der detaillierten Berichte und Protokolle zeigt jedoch, dass der Umgang mit den Trinkvorschriften derart rigid und mit solchem Ernst betrieben wurde, dass ihnen jeglicher spielerischer Charakter abging. Es war kaum möglich, durch besonderes Wohlverhalten den Trinkstrafen und damit dem Trinkzwang zu entgehen. Einerseits hat das damit zu tun, dass die Gründe einer Strafverhängung nicht immer einsichtig oder vermeidbar waren, andererseits war mit der Einrichtung des Zutrinkens und des Vor- und Nachtrinkens eine hierarchische Trinkverpflichtung ohne Strafcharakter geschaffen worden, die einen mässigen Bierkonsum verunmöglichte. Die eigenen Grenzen des Trinkenkönnens oder Trinkenwollens wurden ausser Kraft gesetzt. Ein Masshalten war unmöglich, hiess doch der berühmte §11 aller Biercomments: «Es wird fortgesoffen!»

Der Alkoholexzess war also fester Bestandteil der verbindungsstudentischen Verhaltenskultur. Durch das gemeinsame Antrinken enormer Bierräusche wurden die Grenzen der gesellschaftlichen Sittlichkeit für alle temporär aufgehoben, gleichzeitig wurde auch die individuelle Verantwortung aufgelöst. Damit wurde eine Art kollektiver Kontrollverlust rituell begangen. Zudem wurden mit dem Bierkonsum die Grenzen und Distanzen zwischen den verschiedenen Mitgliedern aufgehoben. Insofern wurde das Bier nicht nur zum Kittmittel zwischen den einzelnen Verbindungsmitgliedern, sondern auch zwischen den Generationen in den Verbindungen, was mit verschiedenen Formen des Zutrinkens auch rituell begangen wurde. Die Verantwortung des einzelnen wurde mit den Grenzen zwischen den Individuen gleichsam aufgelöst, ebenso geltende Moral und Werte. An die Stelle des Verstandes des einzelnen trat jedoch nicht ein kollektiver, wie immer ein solcher gruppendynamisch auch zu definieren wäre, sondern es entschied der Biercomment, ein wenig beeinflussbares Regelinstrument, das unerbittlich angewendet wurde.

Es wäre jedoch falsch anzunehmen, im Bierstaat sei jeweils eine Gruppe von Gleichen geschaffen worden. Im Comment herrschten klare hierarchische Gesetze, die festlegten, wer befugt war, wen «in die Kanne steigen»[17] zu lassen. Häufig wurde derjenige, der am meisten Trinken konnte, zum Fuxmajor, also zum Erzieher des Nachwuchses gekürt. Dieser war befugt, die Neueintretenden zu fast beliebigen Quanten zu verurteilen bzw. zu verpflichten. Gnade existierte nicht. Wer nicht trinken konnte, musste sich *vorgängig* für «bierimpotent» erklären lassen. Versagte er während einer sogenannten Kneipe, so geriet er in den «Bierverschiss». Das heisst, er wurde so lange für ehrlos erklärt, bis er sich aus seiner Schmach wieder herausgetrunken hatte.

Aus den Bestimmungen des Biercomments tritt klar zutage, dass diese eine erzieherische Funktion hatten. Auffallend ist die Rigidität der unerfüllbar anmutenden Vorschriften und die Unerbittlichkeit des Biercomments Ausnahmen gegenüber. Als Eintrittspreis in eine Verbindung, die als Preis Halt, feste Orientierungen und soziales sowie kulturelles Kapital versprach, mussten die jungen Männer ihre eigenen körperlichen Grenzen vergewaltigen.

Im Biercomment steht nicht wie andernorts die «Härte» im Zentrum der heldisch oder männlich konnotierten Attribute, sondern die Selbstüberwindung, die Grenzaufgabe, das Entgrenzen und Aufgehen in der Corporation, in einem gewissen Sinne sogar die Hingabe. Hier ist es wichtig, nochmals hervorzuheben, dass diese Erziehung durch den Biercomment nicht so sehr durch Anschauung arbeitete wie die traditionelle Wissensvermittlung, sondern durch Zugriff auf den Körper der jungen Verbindungsmitglieder. Natürliche Grenzen des Trinkenkönnens wurden dadurch transzendiert, und das Überleben der Grenzverletzung wurde erfahrbar gemacht und heldisch umgedeutet. Ein junger Zofinger fasste die Stimmung zur Commentfrage, die anlässlich der Antialkoholbewegung 1905 in seinem Verein zu ernsten Auseinandersetzungen führte, folgendermassen zusammen: «Mais un commerce dans les formes, c'est le symbole d'une grande idee. Si nous les comprenons bien, c'est celle de discipline, celle d'obéissance librement voulue et aussi – ne riez pas – celle de courage. Car il en faut pour affronter l'océan alcoolique qui doit traverser l'organisme encore frêle du fuchs.»[18]

Ähnlich wie im Falle der Mensur wurde auch beim Biercomment vom Verbindungsstudenten die völlige körperliche Hingabe an die unvorhersehbaren und unausweichlichen Wogen des Biers verlangt. Hier reimte sich Mut nicht auf Blut wie bei der Mensur, sondern es reimte sich Mut auf Bier.

Der Bierstaat verzichtete auch bewusst auf intellektuelles Gebaren. Viele Biercomments kannten Bestimmungen, die jede intellektuelle Diskussion oder gar Zeitungslesen während der sogenannten Kneipe verboten. Anders ausgedrückt heisst das, die interne Distinktion durfte sich nicht auf die naheliegendste, nämlich auf die akademische Konkurrenz beziehen. Wie ist aber eine solche Bestimmung in einer *Studenten*verbindung zu deuten? Die Studentenverbindungen hatten mit anderen Männerbünden die Eigenschaft gemeinsam, ihre Mitglieder aus den vorhandenen kulturellen Bindungen herauszulösen und zu sozialisieren, indem sie sie eng in ihre Gemeinschaft einbanden. Dies konnten sie am effektivsten erreichen, wenn sie möglichst alle vorher gültigen Rang- und Statusunterschiede aufhoben. Durch das Ausschalten der akademischen Konkurrenz wurde im Bierstaat ein wichtiges Einfallstor der ausserverbindungsmässigen, stark herkunftsgebundenen kulturellen Distinktion unsichtbar gemacht, und der Einflussbereich des Biercomments konnte vergrössert werden.

Der Eintritt in den Bierstaat wurde mit Initiationsriten im Sinne van Genneps[19] begangen. Das Neumitglied wurde in der Regel auf einen neuen Namen (sogenannter Biername oder Vulgo) getauft, der ihm intern lebenslänglich blieb. Durch ein Übergangsritual wurde der Jüngling einerseits in die Verbindung eingebunden, andererseits wurde er durch die neue und fremde Prägung auch seiner Herkunftsfamilie entfremdet. In einer Fuchsentaufe der Zürcher Singstudenten von 1878 heisst es in Versform:

«Was noch im schwachen Herze wühlet,
Aus Kinderstub und aus Pennal,
das schmelze von der Tauf bespühlet
wie Butter vor dem Sonnenstrahl.»[20]

Damit wurde die Kindheit symbolisch abgeschlossen, fortan sollten die Jünglinge in erster Linie Söhne ihrer Verbindung sein. In der erwähnten Fuchsentaufe heisst es dazu:

«Mach dieser Füchse Herz zum Tempel
des theuren Bundes fort und fort.»[21]

Der Student begann mit dem Eintritt in eine Verbindung eine Art zweiten Lebenslauf mit Taufe, Fuxentum, Aktivzeit, Altherrenschaft, der ihn mit seiner Verbindung und den von ihr vertretenen Werten eng verwob.

Die Verbindungsmitglieder waren somit in verschiedenem Sinne eigentliche Schwellenwesen oder Neophyten im Sinn Victor Turners. Einerseits waren sie es in ihrem Curriculum: sie waren noch keine Akademiker, aber auch keine unmündigen Jugendlichen mehr, andererseits waren sie auch im Hinblick auf ihren Geschlechtscharakter Schwellenwesen: sie waren keine Jünglinge mehr, waren aber auch noch nicht heiratsfähig. In diesen amorphen Zustand des «nicht mehr» bzw. des «noch nicht» griff die Verbindung strukturierend ein. Durch den Formalismus des Comments wurden die jungen Männer angehalten, eine «Männlichkeit» zu akquirieren, die im Laufe der Aktivzeit zu derjenigen eines «flotten Burschen» gerinnen sollte. Turner charakterisierte die Schwellenwesen folgendermassen: «Es ist, als ob sie auf einen einheitlichen Zustand reduziert würden, damit sie neu geformt und mit zusätzlichen Kräften ausgestattet werden können, die sie in die Lage versetzen, mit ihrer neuen Situation im Leben fertig zu werden.»[22] Die allgemeine anthropologische Aussage Turners zu den Schwellenwesen führt zur Frage nach dem Sinn und der Funktion dieser verquer anmutenden Regulierungen und Rituale in der Gesellschaft des ausgehenden 19. Jahrhunderts.

«Formen sind kein leerer Wahn»[23]

Die naheliegendste Antwort auf die Frage nach den Implikationen des verbindungsstudentischen Comments liegt im Abgrenzungscharakter dieser Verhaltenskultur gegenüber den Frauen. Es ist offensichtlich, dass Frauen durch einen solchen Habitus ausgegrenzt waren. Da der Comment untrennbar mit dem (Verbindungs-)Studentsein verwoben war, wurde 1896 beispielsweise in Zürich den Studentinnen das Stimm- und Wahlrecht in Universitätsangelegenheiten verweigert. Argumente wie, die Frauen könnten unmöglich an Fackelzügen teilnehmen, oder es wäre für sie unschicklich, an Festlichkeiten teilzunehmen, an denen gekneipt wurde, belegen dies.[24]

Allerdings wäre es für die Erreichung dieses Zieles nicht nötig gewesen, den Comment derart rigid zu exerzieren. Eine symbolische Abgrenzung hätte zur Ausgrenzung der Frauen ausgereicht. Dies deutet darauf hin, dass dem Comment noch weitere Funktionen zukamen, die ich zum Schluss in thesenartiger Form kurz skizzieren werde.

Psychologisch gesehen stand die (gesellschaftlich tolerierte) Verschmelzung der Männer im Zentrum des Comments. Die jungen Studenten wurden durch die männerbündischen Rituale entgrenzt, und es wurden enge emotionale Bindungen an diese Männergesellschaften geschaffen. Der Führungsanspruch der jungen Elite wurde durch die Wertigkeit, die dieser Art von Erziehung in der öffentlichen Meinung beigemessen wurde und durch die öffentlichen Auftritte der Studentenverbindungen erlebbar und erfahrbar gemacht. Das Erlernen des Comments wurde zum Ticket in die Gesellschaft der politisch mächtigen Männer. Im Bierstaat wurde diese Männergesellschaft exemplarisch inszeniert, aufrechterhalten und tradiert. Darin lassen sich auch die herrschenden Wertvorstellungen dieses (Bier-)Staates im Staat ablesen und in Bezug stellen. Im Vergleich der verschiedenen Biercomments lassen sich zwischen den einzelnen Studentenverbindungen im untersuchten Zeitraum, seien es nun Corps, liberale, radikale oder katholische Verbindungen, nur graduelle und kaum qualitative Unterschiede festmachen. Dies bedeutet, dass die von den Studentenverbindungen selbst immer wieder hervorgestrichenen Unterschiede in der politischen Ausrichtung im Erziehungscurriculum ihres Nachwuchses keine Entsprechung fanden.

Aus sozialgeschichtlicher Perspektive lässt sich der Comment als Code zur symbolischen Distinktion verstehen. Er distinguierte die jungen männlichen Verbindungsstudenten in einer Art viriler paraständischer Abgrenzung zur zukünftigen Elite. Paraständisch ist der Comment deswegen, weil er in der Schweiz, im Unterschied zum deutschen Kaiserreich, auf keinerlei ständischem Hintergrund beruhte. Da dem Comment in der Schweiz die politische Entsprechung fehlte, entwickelte er seine Wirkung nur auf der symbolischen Ebene. Der Comment bildete einerseits einen internen Code, der weit über die einzelnen politischen Gruppierungen hinaus reichte und nur für Männer verständlich und einsetzbar war, die selbst mehrere Jahre Verbindungsmitglieder gewesen waren, andererseits hatte die verbindungsstudentische Verhaltenskultur im untersuchten Zeitraum auch öffentlich inszenierte symbolische Anteile. So posierten beispielsweise auch katholische Verbindungen in öffentlichen Auftritten mit Schlägern,[25] obwohl sie wegen päpstlichem Verbot an Mensuren gar nicht teilnehmen durften und obwohl in der Schweiz im Unterschied zum Kaiserreich keine satisfaktionsfähige Gesellschaft bestand, auf die sie symbolisch hätten rekurrieren können.

Am Beispiel des Comments der Verbindungen lässt sich zeigen, so meine abschliessende These, dass sich gegen Ende des 19. Jahrhunderts in der Schweiz die normative, virile Geschlechterkonstruktion über die Ausbildung einer spezifischen politischen Ausprägung schob und auch wider verschiedene politische Unvereinbarkeiten zwischen dem aus Deutschland importierten Comment und den gesellschaftlichen Verhältnissen in der Schweiz wirksam wurde. Diese Art von maskulin-virilem Habitus gerann nicht nur im Comment der Verbindungsstudenten zum Sozialisationsinstrument der zukünftigen politischen Elite der Schweiz. Martin Lengwiler, dessen Aufsatz über «Männlichkeit und Militär um 1900» sich auch in diesem Sammelband befindet, stellt in der schweizerischen Offiziersausbildung um die Jahrhundertwende eine ähnliche paraständische Virilisierung nach deutschem Vorbild fest.

Anmerkungen

1 *Biercomment des Studenten-Gesangvereins.* Zürich 1897, 10 (§ 31)
2 Unter Studentenverbindungen verstehe ich Vereine männlicher Studierender, die Elemente der corpsstudentischen Verhaltenskultur übernommen haben und sich an deren Werten orientieren.
3 Vgl. dazu: Urs Altermatt (Hg.), *Die Schweizer Bundesräte. Ein biographisches Lexikon*, Zürich 1991; Erich Gruner, Kurt Frey, *Die Schweizerische Bundesversammlung 1848–1920*, 2 Bde., Bern 1966.
4 Vgl. *Neue Zürcher Zeitung* vom 16. Januar 1992.
5 Die Zuwachsliste der Schweizerischen Landesbibliothek verzeichnet zwischen 1968 und 1990 allein unter der Rubrik «Akademische Verbindungen» 108 Titel.
6 Universitätsarchiv: Statuten Akademischer Turnverein Alemannia (V.11. Staatsarchiv Basel-Stadt).
7 Mit dem Farbentragen ist die Anschaffung von Mütze und Band in den Farben der jeweiligen Verbindung gemeint.
8 Das Landesvaterstechen ist ein Huldigungsritual an einen Landesvater. Die Mensur ist eine studentische Abwandlung des Duells, bei dem die Gegner den Schlägen nicht ausweichen dürfen.
9 Vgl. dazu Ute Frevert, *Ehrenmänner. Das Duell in der bürgerlichen Gesellschaft*, München 1991.
10 Der Comment ist der Verhaltenskodex des Verbindungsstudentums.
11 *Burschikoses Wörterbuch oder Studentensprache. Allen deutschen Studenten, insbesondere dem jungen Zuwachs gewidmet von einem bemoosten Haupte*, München 1878, 10. Reprint, in: Henne, Helmut, Georg Objartel (Hg.), *Bibliothek zur historischen Studenten- und Schülersprache*, Bd. 3, Berlin 1984, 627–657.
12 *Korrespondenzblatt der Studentenverbindungen Halleriana bernensis und Manessia turicensis*, Bern, Zürich 27. Februar 1912.
13 Im Zofingercomment wurden beispielsweise in den 1890er Jahren die Trinkspiele als Exerzitien bezeichnet. *Zofinger Comment;* darin von Gebräuchen, Solennitäten, Regeln & Vorschriften, wie solche auf der Stube zum Löwenfels in Basel gehalten werden, diskutiert wird, 11–13.

14 Vgl. Erwin Bucher, *Hundert Jahre Studentengesangverein Zürich 1849–1949*, Zürich 1949, 87.
15 Allerdings machte sich nach der Jahrhundertwende auch in der gesellschaftlichen Akzeptanz der Trinkexzesse der Einfluss der Antialkoholbewegung bemerkbar, die den Stolz der Verbindungen auf ihre Trinkexzesse etwas dämpfte.
16 Zit. nach: *Centralblatt des Schweizerischen Zofingervereins* (1893), 28.
17 «In die Kanne steigen lassen» bedeutet, jemanden zum Trinken zu verpflichten.
18 *Centralblatt des Zofingervereins* (1905), 28.
19 Zum Ritualbegriff vgl.: Arnold van Gennep, *Les rites de Passage*, Paris 1909; Victor Turner, *Das Ritual. Struktur und Antistruktur*, Frankfurt a. M. 1989, 95 f.
20 *Fuchsentaufe, gehalten an der Weihnachtskneipe des Studentengesangvereins Zürich den 18. Dezember 1878*, Zürich 1878.
21 Fuchsentaufe.
22 Turner, Das Ritual, 95.
23 Heinrich Mann, *Der Untertan,* 31. Aufl., München 1988, 25.
24 Protokolle der Delegiertenversammlung und des Delegierten-Conventes der Universität Zürich 1889–1896 (Staatsarchiv Zürich, W.12.AS.501); Fritz Brupbacher, *60 Jahre Ketzer*, Zürich 1935, 54.
25 Ein Schläger ist ein schmales, spitzes Fechtinstrument für studentisches Mensurfechten.

MARIANNE RYCHNER UND KATHRIN DÄNIKER

Unter «Männern»

Geschlechtliche Zuschreibungen in der Schweizer Armee zwischen 1870 und 1914

Dass das Verhältnis der Geschlechter in enger Wechselwirkung steht mit der gesellschaftlichen Bedeutung des Militärs, ist keine neue Erkenntnis. Die 1894 veröffentlichte These des Soziologen Georg Simmel in seinem Aufsatz «Der Militarismus und die Stellung der Frauen» mag seinem Stil entsprechend nicht gerade minutiös belegt und – gemessen an der Mehrzahl zeitgenössischer Publikationen zwar nur in geringem Masse – geprägt sein von einer dualistischen Vorstellung des Geschlechterkonzeptes. Und doch ist sie bemerkenswert: «Tiefer noch greift der Gesichtspunkt, dass militärische Tendenzen eine straffe Zentralisierung der Gewalt, eine strenge Unterordnung und Gehorsam fordern; und dieselbe zeigt sich nun innerhalb des einzelnen Hausstandes, aufgrund jener die ganze Sozialgeschichte durchziehenden Analogie zwischen der Form, die die Gruppe als Ganzes hat, mit derjenigen, die jedes ihrer Elemente in sich aufweist. [...] Aber nicht nur vermöge jener eigenartigen Analogiebildung des Gruppenlebens führt die das Individuum vergewaltigende Disziplinierung des Kriegslebens zu der Unterdrückung der Frauen; sie tut es auch auf dem Wege, dass sich die Herrschsucht der Männer, der Trieb, zügellos der Laune zu folgen, an dem schwächeren Geschlecht schadlos hält, da er im politisch-kriegerischen Leben unbedingt unterdrückt werden muss.»[1]

Obwohl Simmel vom «Trieb», von der «Herrschsucht der Männer» und dem «schwächeren Geschlecht» als etwas Gegebenem im Sinne einer anthropologischen Konstante ausgeht, erkennt er doch die Wandelbarkeit sowohl des Geschlechterverhältnisses als auch der diesbezüglichen Bedeutung des Militärs und relativiert dadurch jegliche absolute Aussage über das Wesen von Mann und Frau. Simmel legt in seinem Aufsatz das Schwergewicht auf die gegenseitige Bedingtheit und Wechselwirkung zwischen dem Geschlechterverhältnis und dem Stellenwert militärischer Institutionen und Denkweisen innerhalb einer Gesellschaft

in einer bestimmten historischen Situation: «Gerade derartige Entwicklungen, wo innerhalb einer Gruppe sogar die Wandlungen des kriegerischen Interesses Hand in Hand gehen mit Wandlungen in der Stellung der Frauen – gerade solche sind für den ursächlichen Zusammenhang beider Sozialelemente besonders beweisend, und wir begegnen ihnen an den verschiedensten Punkten der Welt.»[2]
Als einen solchen «Punkt der Welt» betrachten wir das im Entstehen begriffene Massenheer in der Schweiz zwischen 1870 und dem Ersten Weltkrieg. Mit der Zentralisierung der vor 1874 kantonal organisierten Armeen und der damit verbundenen Durchsetzung der allgemeinen Wehrpflicht entspricht die Schweiz einem gesamteuropäischen Trend: «Das Aufkommen der modernen Millionenheere im Zeitraum zwischen 1871 und 1914 mit ihrem komplizierten Führungs-, Verwaltungs- und vor allem kriegstechnischen Apparat führt zwangsläufig zu einem Verzicht auf die ‹universale› Betrachtungsweise des Krieges und der Kriegführung. Die neuen Bedingtheiten absorbieren mehr oder weniger die Kräfte des Soldaten in freilich notwendigen Sonderbereichen, rufen schliesslich den ‹homo faber› mit seinem Streben nach technischem Perfektionismus auch in der militärischen Welt ins Leben. Das Arbeitsverteilungsprinzip der industriellen Gesellschaft findet hier seine Parallele.»[3]
Gesellschaftliche Arbeitsteilung ist eng verwoben mit geschlechtlichen Konnotationen. Als konstituierendes Element sozialer Beziehungen ist der Geschlechtergegensatz ein alle sozialen Beziehungsräume, -strukturen und -orte durchziehendes Symbolsystem.[4] Verschiedene Tätigkeiten und Eigenschaften werden entlang der herrschenden Geschlechterrollenkonzeption «männlich» oder «weiblich» besetzt. Es stellt sich nun die Frage, wie sich die geschlechtliche Konnotation innerhalb einer ausschliesslich aus Männern bestehenden Institution auswirkt, welche überdies als unantastbarer Hort der «Männlichkeit» gilt, als Brutstätte der «Männlichkeit», in der «Männer» Männer zu «Männern» erziehen. Aber gerade unter Männern ist man nicht einfach «männlich», nur weil man ein Mann ist. Die Arbeitsteilung innerhalb der Armee erfordert nämlich auch die Ausführung «weiblich» konnotierter Tätigkeiten; Tätigkeiten, die den Soldaten als «männlich» auszeichnen, während er sich damit im Zivilen das Prädikat «weibisch» einhandeln würde. «Männliche» und «weibliche» Eigenschaften sind also einerseits kontextabhängig und nicht zwangsläufig an das biologische Geschlecht gebunden und haben andererseits eine systematische Funktion im Rahmen der Erziehung zum «Mann». Das Geheimnis, wie im Militär der Mann zum «Mann» wird, sieht der Ethnopsychoanalytiker Mario Erdheim in der Behandlung als

Frau, welche jeder Rekrut erfahren muss: «Hinter den Mauern der Kaserne muss der Rekrut zuerst einmal die Frauenrolle, so wie sie in der Gesellschaft üblich ist, zu spielen lernen: er übt mit höchster Präzision das Bettenmachen, Aufräumen und Putzen. Unversehens merkt er, dass er sich laufend die Frage stellen muss, ob er auch passend angezogen sei, ob sein Gewand richtig sitze und der Gelegenheit entsprechend oder nicht.»[5]

Ausgehend von diesen grundsätzlichen Überlegungen untersuchen wir geschlechtliche Konnotationen innerhalb der Männerorganisation Armee zwischen 1870 und 1914. Anhand von militärischer Anweisungsliteratur und Artikeln der Allgemeinen Schweizerischen Militärzeitung (ASMZ) soll der argumentative Diskurs auf geschlechtliche Metaphern und Geschlechterstereotypen hin ausgeleuchtet werden, um Geschlecht als konstituierendes Element gesellschaftlicher Räume und demzufolge die Kontextabhängigkeit der geschlechtlichen Zuschreibungen offenzulegen. Welche symbolische Ordnung gebiert folgende geschlechtlich-metaphorische Sichtweise, welche den prüfenden Blick auf potentielle Rekruten parallel setzt mit dem des Junggesellen auf Brautsuche? «Der verständige Freier wählt nicht einzig auf dem grossen Kilbitanz – da erscheinen alle schön, reich und angenehm, – er beobachtet die Töchter bei der Arbeit, in der Familie, in den verschiedenen Lebensverhältnissen [...], und dann trifft er die Wahl.»[6]

Es sollen in diesem Zusammenhang keine direkten Schlüsse über die effektive Stellung der Frauen oder die Erfahrungswelt der Soldaten gezogen werden; die Überlegungen beziehen sich auf die geschlechtliche Symbolordnung, die auf der Ebene von Idealbildern Ausdruck eines herrschenden normativen Konzeptes ist, welches den geschlechtlichen Zuschreibungen zugrunde liegt.

Die Armee als «männliche» Institution

Die geschlechtliche Konnotation der Männerorganisation als solche war unbestechlich «männlich». Das Militär galt als Männerschule; unbestritten erfüllten Armee und Wehrpflicht eine zentrale Sozialisationsfunktion bei der Konstruktion von «Männlichkeit». Dies nicht als blosse Erkenntnis heutiger Geschlechtergeschichte, sondern als ein den Militärs um die Jahrhundertwende durchaus bewusster Mechanismus, der klar benannt und deklariert wurde: «Das Ziel der soldatischen Erziehung ist Entwicklung männlichen Wesens!»[7] Als Ziel wird also nicht die Ausbildung des Rekruten im Sinne eines Berufes vorangestellt; im Mittelpunkt steht nicht allein der Erwerb der für das Kriegshandwerk erforderlichen Fähigkeiten. Gefordert werden insbesondere eine spezifische Wesensart und bestimmte Charaktereigenschaften; Ziel ist die Anerziehung und Anwendung eines militärischen Tugendkataloges, Ausdruck des soldatischen Geistes. Soldat sein heisst Mann sein. Das «männliche Wesen» scheint dem Soldatenideal immanent zu sein. Durch die synonyme Verwendung der Begriffe «soldatisches Wesen» und «männliches Wesen» erhebt sich das Soldatenideal zum Männlichkeitsideal: «Der Begriff des Soldaten löst sich aus seiner ursprünglichen militärischen Sphäre und dient zur Kennzeichnung einer wertvollen Haltung überhaupt.»[8]

Die militärischen Ausbildungsziele bauten auf ein Ideal der «Männlichkeit», bei dem der Begriff «Männlichkeit» nie in Anführungs- und Schlusszeichen gesetzt wird, es handelt sich um «Männlichkeit» schlechthin. Gegenüber einer zivilen «Männlichkeit» mannshohe moralische Überlegenheit reklamierend, wurde die höchste Potenz der «Männlichkeit» angestrebt. «Der echte Soldatengeist, der Mühsale gleichmütig erträgt, dem gewissenhafte Pflichterfüllung in allen Lagen selbstverständlich ist und dessen Willensenergie durch Hindernisse und Gefahren nur gestählt und gekräftigt wird, ist nichts als die *höchste Potenz der Männlichkeit.*»[9]

Die Vorstellung von «Männlichkeit», auf die sich die Militärs beriefen, das angestrebte Ideal, fusste keineswegs auf einem bereits vorhandenen gesellschaftlichen Konsens, sondern war oft Gegenstand expliziter und impliziter Auseinandersetzungen. Nur am Rande sei hier auf die Aushandlungsdebatte des Männlichkeitsideals hingewiesen, die sich über die Jahrhundertwende erstreckte und in der sich das preussische und republikanische Soldatenideal duellierten (vgl. den Beitrag Lengwilers in diesem Band).

Das Militär scheint demnach für die Erforschung von «Männlichkeit» gewissermassen ideale Laborbedingungen zu erfüllen; eine reine Männerorganisation, anhand derer sich die erwünschten «männlichen» Eigenschaften aufzeigen lassen, die sich der werdende Mann in der Rekrutenschule anzueignen hat, um sich als Soldat vom Zivilisten zu unterscheiden. Da aber die Konstrukte «Männlichkeit» und «Weiblichkeit» kontextabhängig sind, lassen sich angestrebte «männliche» Eigenschaften als solche nicht herausdestillieren und auflisten. Die These der Verwendung einer dualistischen Geschlechterrollenzuschreibung als strukturierendes Machtmoment legt nahe, dass diese Konzeption selbst die Institution Militär prägt. Tatsächlich stossen wir im Militär auf «weibliche» Präsenz. Militärische Argumentationen lassen eine ihr zugrundeliegende geschlechterdualistische Konzeption erkennen, nach welcher geschlechtliche Konnotationen von Eigenschaften und Tätigkeiten implizit, in manchen Fällen gar explizit vorgenommen werden. Um diese Kontextabhängigkeit von «Männlichkeit» und «Weiblichkeit» zu verdeutlichen, wollen wir einige Beispiele geschlechtlicher Zuschreibungen herausgreifen.

Von der Mannwerdung des Rekruten

Was Rekruten in der Rekrutenschule lernen sollen, entspricht weniger dem Bild des aktiven Kriegshelden im Sinne von unmittelbarer und individueller Gewalttätigkeit und Kühnheit. Der Soldat des im Entstehen begriffenen Massenheeres hat sich in erster Linie in eine gegebene Struktur einzufügen, was vor allem Disziplin und Unterordnung verlangt. Zudem muss er Verhaltensmuster einüben, welche im Zivilleben dem häuslich-privaten Bereich und daher Frauen zugeschrieben werden. Kochen und Putzen beispielsweise sind Tätigkeiten, die im zivilen Leben vorwiegend von Frauenhänden erledigt werden. Die Männerinstitution sieht sich vor das Faktum gestellt, «weiblich» kodierte Aufgaben in ihr Repertoire «männlich» besetzter Tätigkeiten aufnehmen zu müssen, um den Betrieb aufrechtzuerhalten. Insofern findet sich der Soldat im Dienstbetrieb in einer für sein Geschlecht eher ungewohnten Position wieder, denn gerade der Umstand, dass Männer unter sich sind und dass keine «haushaltenden» Frauen zugegen sind, macht es unumgänglich, dass der Tagesablauf des Rekruten bzw. Soldaten geprägt ist von «Kleider- und Schuhbehandlung», «Reinigung der kleinen Ausrüstungsgegenstände», «Flickstunde».[10] Peinlichst genau muss er das Bettenmachen oder den Kaput zu rollen lernen. Die Pflege der eigenen Utensilien sowie die Ausführung der Haushaltarbeiten sind exakt reglementiert, dem sogenannten Inneren Dienst kommt eine besonders disziplinierende Funktion zu. Die angehenden Soldaten haben «in ihren Kantonen mit einem Rekrutendetachement einen Vorunterricht von wenigstens zehn Tagen zu erhalten, der sich zu erstrecken hat auf die Pflichten und Obliegenheiten des Soldaten, überhaupt dessen dienstliches Verhalten, Reinlichkeitsarbeiten, Packen des Tornisters, Rollen des Kaputes und erster Abschnitt der Soldatenschule».[11]
Die Kleidung spielt im Leben des Rekruten ebenfalls eine wichtige Rolle. Er wird angehalten, sich um die passende Ausrüstung zu kümmern. Dies in einem Masse, welches die Assoziation mit dem Verantwortlichkeitsbereich beispielsweise einer

Hausfrau oder Mutter nahelegt. «Beim einzelnen Mann dürfte man ebenfalls fragen, ob er, wenn Waffen, Kleidung und Ausrüstung in seinen Händen sind, denselben die nothwendige Aufmerksamkeit schenke, ob dieselben wirklich in einem solchen Zustand erhalten werden, dass dem Aufgebot sofort in voller Kriegsbereitschaft gefolgt werden könne? Hat der Mann, wenn er zum Fenster hinausschaut und die Temperatur prüft, sich klar gemacht, dass er zum Ausmarsch gute Fussbekleidung und wollene Socken, ein zweites Paar Hosen und schwarzwollene Fausthandschuh (mit einer schwarzen Schnur zu befestigen am Kaputrockkragen) haben muss?»[12]

Diese Anforderungen sind nicht nur nebenbei zu erledigende Unannehmlichkeiten, weil umständehalber keine Frauen da sind, die dies erledigen könnten. Sie haben systematischen Charakter im Rahmen der «Soldatenschule» und wirken darüber hinaus. Der Soldat lernt, die Soldatenstube sauberzuhalten und sein Bett herzurichten. Diese Reinlichkeitsarbeiten, die er im Militär täglich ausübt, wird er bei seiner Rückkehr ins zivile Leben nicht mehr ausüben, sondern seiner Mutter, Schwester oder Gattin auftragen: «Daher muss auch der Soldat sein Lager in Ordnung stellen, die Planke tadellos herrichten, den Boden reinigen und das Fenster weit öffnen, damit Luft und Licht desinfizierend und reinigend einwirke. Welcher Soldat wird nicht mit der Überzeugung nach Hause zurückkehren, dass das gut gelüftete, reine Zimmer gesünder sei als die dumpfe, staubige Stube daheim? Auf mit den Fenstern, wird er befehlen und die Dielen und Boden gekehrt!»[13]

Dielen-und-Boden-Kehren, Kochen, Putzen und Reinhalten der Kleidung wird im zivilen Leben dem Tätigkeitsbereich der Frau zugeordnet. Im Militär aber sieht sich der Rekrut genau vor solche Aufgaben gestellt. Dennoch soll er, so lautete der Volksmund, in der Soldatenschule zum «Mann» werden.

Das Paradox, dass gerade die Ausübung «weiblich» konnotierter Tätigkeiten den Mann erst zu einem solchen macht, ist nur ein scheinbares, sobald der symbolische Aspekt der geschlechtlichen Zuordnung ins Zentrum rückt. Erdheim interpretiert das Militär als «Illusions-Maschine spezifischer Art, die im wesentlichen das Konstrukt der Männlichkeit produziert». So ist auch das Militär die Institution, die paradigmatisch die Kategorien aufstellt, welche die Welt nach einem geschlechtlich konnotierten Symbolsystem ordnen sollen. Was erlernt wird, ist die Aneignung des Standpunktes, von dem aus die Männer die Welt sehen lernen. «Er muss sich mit den Männern identifizieren, indem er ihre Erklärungen von Gegebenheiten zu den seinen macht.»[14] Es geht also darum, den Standpunkt der

Herrschaft zu akzeptieren. Ein Mann zu werden bedeute in erster Linie, Herrschaft «männlich» zu ertragen und sie gegenüber Frauen auszuüben. Die aus der untergeordneten Position entstehende Verbindung von Passivität und einer Unzahl konkreter Handgriffe habe eine narzistische Angst zur Folge, führt die Sozialisationstheoretikerin Astrid Albrecht-Heide in diesem Zusammenhang weiter aus. Die damit verbundene Verweiblichungsangst leite psychologisch einen Regressionsprozess ein. Weil die labile, männliche Identität auf Stabilisierung der hierarchischen Geschlechterpolarisierung geradezu angewiesen sei, baue der militärische Sozialisationsprozess auf fruchtbaren Boden; er organisiere für die Mehrheit eine gemeinsame reale und zugleich illusionäre Erfahrung. Der Anreiz zur eigenen Unterwerfung bildet somit das Versprechen einer «Männlichkeit», dem Soldaten wird mit seiner Zugehörigkeit zur Armee die Teilhabe an einer militärischen «Männlichkeit» suggeriert und garantiert, wobei diese militärische «Männlichkeit» unübertrefflich «männlich» zu sein beansprucht.

Aufbauend auf die psychoanalytischen Untersuchungen Erdheims entwickelte Albrecht-Heide die These einer erhöhten «Männlichkeit» weiter. Sie spricht vom Militär als «Männlichkeitsmaschine»,[15] in dem nicht (mehr) «der Mann» benötigt wird, sondern vielmehr Teile einer Männlichkeitsmaschine.[16] «Die Teilhabe an einer scheinbar ‹identitätsstiftenden Megamännlichkeit› täuscht über die Bedrohung der Männlichkeit hinweg.»[17] Einerseits wird durch den realen Ausschluss von Frauen, durch die effektive Abgrenzung von «weiblich» besetzten Räumen die Teilhabe an einer «echteren Männlichkeit», einer Art «Megamännlichkeit», suggeriert. Diese Kollektivmännlichkeit wird visuell sichtbar gemacht durch die Uniformierung, welche die individuelle Identität in den Hintergrund rückt. Die Zugehörigkeit zur Armee garantiert so gemäss dieser These dem Soldaten seine «Männlichkeit» und motiviert ihn dazu, die «Frauenarbeit» tapfer zu ertragen.

Das Militär als Spiegel des Geschlechterverhältnisses

Obwohl sich Albrecht-Heides und Erdheims Untersuchungen vorwiegend auf moderne Streitkräfte konzentrieren, lässt sich der psychoanalytische Ansatz auch historisch zurückverfolgen. Es ist der militärischen Ausdrucksweise nicht fremd, Metaphern zu verwenden, welche der zivilen Gesellschaft entstammen und in dieser durchaus Räume oder Begebenheiten symbolisieren, die beide Geschlechter betreffen. Metaphern wie z. B. jene der Familie werden im Militär zur Bezeichnung militärischer Strukturen angeführt. Rückgriffe auf bekannte Bilder dienen unterschiedlichen Zwecken; ein Vergleich kann sowohl die Identifikation mit einer Idealvorstellung anstreben als auch als Symbol für das Böse, Unerwünschte oder Bedrohliche fungieren. So verfolgen in der militärischen Sprache vorwiegend «weibliche» Metaphern das Ziel, unerwünschte Situationen zu illustrieren; «Weiblichkeit» ist bei Frauen durchaus erwünscht, im Militär aber droht sie den Mann «weibisch» zu machen.

So bietet sich an, das Männerbiotop Armee als Spiegel der zivilen Gesellschaft im Sinne Simmels mitsamt ihrem Geschlechterdualismus zu sehen.

Zur Verdeutlichung dieser Sichtweise sei hier auf einen Vergleich hingewiesen, der in militärischen Publikationen um die Jahrhundertwende stets wieder auftaucht: den der Familie. «Gerade wie in einer geordneten Familie ein Oberhaupt da ist, das leitet, und Familienglieder, die gehorchen, gerade so notwendig ist es in der Kompagnie, im Bataillon, in der Armee, dass es da Vorgesetzte gebe, die befehlen und Untergebene, die gehorchen. Wenn in einer Familie alle in die Familienangelegenheiten hineinschwatzen wollten, wenn in der Armee sich niemand den erhaltenen Befehlen fügte, wie wären da geordnete Verhältnisse möglich?»[18]

Die Familie enthält aber auch eine Funktionsteilung, unterschiedliche Zuständigkeitsbereiche sind definiert und durch eine hierarchische Struktur verbunden. Mit der Familienmetapher wird beim Beschrieb militärischer Strukturen Bezug genommen auf eine zivile Struktur, die gesellschaftlich wie auch rechtlich massgebend ist. Anzunehmen ist, dass damit an internalisierte Werte appelliert wird; die Soldaten finden sich in der Rolle des Sohnes wieder, und es besteht die Möglichkeit des Aufstiegs innerhalb der militärischen «Familienhierarchie». Was jedoch verdeckt bleibt, ist die tendenziell «weibliche» Besetzung der niederen Hierarchiestufen, sowohl, wie bereits gezeigt, auf der Ebene der Tätigkeiten als auch auf der symbolischen Ebene der Metaphern. Nehmen doch bei dieser Betrachtungsweise die untergeordneten Armeemitglieder die Position der Frau ein, da es vorwiegend Rekruten und Soldaten niederer Hierarchiestufen sind, die «Frauenarbeit» erledigen müssen. Der Aufstieg wäre demzufolge nicht nur mit einem Gewinn an Macht, sondern auch an «Männlichkeit» verbunden; nach einer durchlaufenen «weiblich» besetzten Phase in den unteren Hierarchiestufen steigt der Soldat in immer «männlichere» Ränge auf. Dies wird nicht nur an Hand der Tätigkeiten sichtbar – muss der Offizier keine «Weiberarbeit» mehr leisten, verfügt er doch über einen Soldaten, welcher ihm u. a. die Schuhe putzt –, sondern auch auf der normativen Ebene: «Mit jedem höhern militärischen Grade und Range wachsen die Anforderungen an die Männlichkeit nicht nur im gleichen Verhältnis, sondern stark progressiv! Je höher daher der Vorgesetzte zu avancieren berufen ist, je mehr und ausschliesslicher muss für die Verleihung des höhern Grades sein männliches Wesen massgebend sein. Der Mann, der Dank seiner hohen männlichen Eigenschaften den höchsten zu vergebenden Grad eines Wehrwesens erklommen hat, ist der Mann der Situation, wenn auch seine körperlichen Kräfte im Schwinden begriffen sein sollten. Keine körperliche Rüstigkeit und keine hervorragende Intelligenz werden die wahre Männlichkeit aus dem Felde schlagen.»[19]

«Weibliche» Metaphern

Es ist also nicht nur die handfeste Ebene der Soldatenerziehung, welche von symbolisch «Weiblichem» durchsetzt ist. «Weiblichkeit» kommt oft als Metapher vor und erfüllt vorwiegend die Funktion der Abschreckung oder Diffamierung. Dadurch wird die Verbindung einer unerwünschten Situation mit einer «weiblichen» Besetzung hergestellt, fussend auf einem geschlechterdualistischen Konzept, in dem die Pole «männlich» und «weiblich» hierarchisch miteinander verbunden sind, wobei die Seite der «Weiblichkeit» in einem «männlichen» Raum abwertend wirkt. «Weiblichkeit» wird als Pejorativ verwendet, in deren Abgrenzung die militärische «Männlichkeit» konstruiert wird.

Genau in dieser Funktion wird beispielsweise die Kritik an der Ausbildungssituation von Instruktoren argumentativ «weiblich» besetzt: «Statt beständig in Hinsicht auf ihre spätere Verwendung als Lehrer und Instruierende der Cadres verwendet zu werden, trägt ihre ganze Verwendung in diesem so ausserordentlich wichtigen, weil grundlegenden Stadium den Stempel der Aushilfe, oder, man verzeihe den Ausdruck, des ‹Mädchens für alles›.»[20]

Im Zusammenhang mit der Abstimmung über die Einführung der neuen Militärorganisation von 1907 wird ebenfalls der Vergleich mit einer «weiblich» besetzten Situation gezogen, um militärische Forderungen zu rechtfertigen. «Es wäre verhängnisvoll, wenn uns die 265'000 Neinsager vom 3. November [MO 1907] veranlassen sollten, den Militärdienst fortan nicht mehr als ernste, unter Umständen vielleicht auch recht anstrengende Männerschule zu betrachten, sondern nach den Rücksichten zu betreiben, die in einem Töchterpensionat am Platze sein mögen. Davon will ein rechter Soldat nichts wissen.»[21]

Abstrakte «Weiblichkeit» kann durchaus auch einen positiven Wert verkörpern. Nur nebenbei sei hier an die idealisierte «Weiblichkeit» in der Person der Helvetia erinnert: die Frau als Mutter der Nation, die sich um das Heil des Vaterlandes, des Gemeinwohls und um die Harmonie im Volke sorgt. Weitaus häufiger aber stellt «Weiblichkeit» in der militärischen Sprache eine Bedrohung für die «Männlichkeit» dar: «Tritt bei uns an die Stelle männlicher, entschlossener Denkweise, die zur Tat drängt, das weibische Empfinden, das in feiger Nachgiebigkeit sein Heil sucht?»[22] Oder: «Hand in Hand damit ging der Einfluss, den das beständige Bemuttern durch die Instruktoren auf die Entwicklung der Offiziere ausüben musste.»[23] Nicht immer tauchen «weibliche» Metaphern explizit auf. Verkleideter und versteckter schleichen sie sich in die Argumentation ein. So soll «die Ehrbarkeit belohnt, die Trunkenheit hingegen, als Mutter aller Unordnungen, gänzlich verbannt werden».[24]

Garantin der «Männlichkeit»

In den hier aufgeführten Beispielen «weiblicher» Metaphern handelt es sich um eine Versinnbildlichung unerwünschter, «unmännlicher» – also «weiblicher» – Eigenschaften. «Männlichkeit» muss nicht explizit genannt werden, um die Gedankenverbindung herzustellen. So wird weibische Todesfurcht verachtet, während Todesverachtung gefordert ist. Aber auch «Weiblichkeit», selbst nicht ausdrücklich angeführt, taucht in umschriebenem Sinne auf; die Assoziation ist hergestellt, die Funktion strukturierend. So wird mit der Auflistung von Eigenschaften wie Weichlichkeit, übertriebene Empfindsamkeit, Schwächlichkeit oder Feigheit ein Rückgriff auf die bürgerlichen Geschlechtercharaktere[25] gemacht und so implizit die Gedankenverbindung zu «Weiblichkeit» hergestellt. Indem die «weibliche» Metapher in diesem Kontext eine Abschreckungsfunktion erfüllt, erhält die Armee die Rolle als Garantin der «Männlichkeit», die der drohenden «Weiblichkeit» die Stirn bietet und die Männer vor einer Verweichlichung zu schützen beansprucht.

In derselben Argumentationslogik, in der das Militär vor einer drohenden «Weiblichkeit» zu schützen scheint, wird alles nicht dem Militär Zugehörige tendenziell «weiblich» besetzt. «Weiblichkeit» wird als Metapher benötigt, um den militärischen vom zivilen Bereich abzugrenzen; entsprechend wird der («biologisch männliche») Bürger als Zivilist «weiblich» konnotiert. Diese Strategie der

geschlechtlichen Zuschreibung findet in folgender Symbolik ihren Ausdruck: «So muss die Armee überall gegenüber dem lauen bürgerlichen Denken das besondere Soldatenbewusstsein erziehen. Mit gutem Gewissen darf sie es tun, denn alle von ihr aufgestellten Soldatenbegriffe sind nichts anderes als altbekannte Manneseigenschaften, um die sich aber das bürgerliche Leben herzlich wenig kümmert.»[26]
Indem der Bürger und Zivilist «weiblich» dargestellt wird, ist der Soldat als Mitglied der Armee per definitionem gegenüber Zivilisten und Frauen ein Mann. Ein Mann, der sich seiner «Männlichkeit» selbst in der Flickstunde sicher sein darf.

Anmerkungen

1 Georg Simmel, «Der Militarismus und die Stellung der Frauen», in: Heinz-Jürgen Dahme, Klaus Christian Köhnke (Hg.), *Georg Simmel, Schriften zur Philosophie und Soziologie der Geschlechter*, Frankfurt a. M. 1985, 108 f.
2 Georg Simmel, «Der Militarismus und die Stellung der Frauen», in: Heinz-Jürgen Dahme, Klaus Christian Köhnke (Hg.), *Georg Simmel. Schriften zur Philosophie und Soziologie der Geschlechter*, Frankfurt a. M. 1985, 111.
3 Ekkehart Krippendorff, *Staat und Krieg. Die historische Logik politischer Unvernunft*, Frankfurt a. M. 1985, 361.
4 Joan W. Scott, *Gender and the politics of history*, New York 1988, 42.
5 Mario Erdheim, «‹Heisse› Gesellschaften und ‹kaltes› Militär». *Kursbuch* 67 (1982), 59–70, 69.
6 *Pädagogische Blätter* 20 (1897).
7 Ausbildungsziele des Schweizerischen Militärdepartements vom 27. Februar 1908, 5.
8 Karl Rohe, «Militarismus, soldatische Haltung und Führerideologie», in: Volker R. Berghahn (Hg.), *Militarismus*, Köln 1975, 267–282, 268.
9 Ausbildungsziele des Schweizerischen Militärdepartements vom 27. Februar 1908, 5 (Hervorhebungen im Original).
10 Hans Kaegi, *Zur Ausbildung des Infanteristen*, Basel 1917, 68 f.
11 *Allgemeine Schweizerische Militärzeitung* (1871), 22.
12 *Allgemeine Schweizerische Militärzeitung* (1871), 2.
13 *Allgemeine Schweizerische Militärzeitung* (1915), 496.
14 Frank W. Young, «Die Funktion der Initiationszeremonien für Männer», in: V. Popp (Hg.), *Initiation*, Frankfurt a. M. 1969, 160–175, 165.
15 Astrid Albrecht-Heide, «Patriarchat, Militär und der moderne Nationalstaat», *ami (Antimilitarismus Information)* 6 (1990), 21–36, 30.
16 Albrecht-Heide stützt sich in diesem Punkt insbesondere auf die Untersuchungen von Brian Easlea, *Väter der Vernichtung. Männlichkeit, Naturwissenschaftler und der nukleare Rüstungswettlauf*, Reinbek 1986.

17 Astrid Albrecht-Heide, «Patriarchat, Militär und der moderne Nationalstaat», *ami (Antimilitarismus Information)* 6 (1990), 31.
18 Ernst Schibler, *Die Armee, die Beschützerin unserer Freiheit*, Frauenfeld 1907, 31.
19 *Allgemeine Schweizerische Militärzeitung* (1913), 49 (Hervorhebungen im Original).
20 *Allgemeine Schweizerische Militärzeitung* (1909), 148.
21 *Allgemeine Schweizerische Militärzeitung* (1907), 382.
22 Fritz Prisi, *Soldatische Dienstauffassung und Dienstbetrieb*, Bern 1914, 20.
23 *Allgemeine Schweizerische Militärzeitung* (1909), 316.
24 *Allgemeine Schweizerische Militärzeitung* (1908), 266.
25 Vgl. dazu Karin Hausen, «Die Polarisierung der ‹Geschlechtscharaktere› – Eine Spiegelung der Dissoziation von Erwerbs- und Familienleben», in: Werner Conze (Hg.), *Sozialgeschichte der Familie in der Neuzeit Europas: neue Forschungen*, Stuttgart 1976, 363–393.
26 *Allgemeine Schweizerische Militärzeitung* (1912), 260 (Hervorhebungen im Original).

Martin Lengwiler

Soldatische Automatismen und ständisches Offiziersbewusstsein

Militär und Männlichkeit in der Schweiz um 1900

Anfangs August 1913 verschickte das Eidgenössische Militärdepartement eine Pressemitteilung, um endlich mit den öffentlichen Vorwürfen und Verdächtigungen aufzuräumen, die sich wegen einiger Vorfälle in der Sommerrekrutenschule in Bellinzona erhoben hatten. Die Pressegeschichten seien masslos übertrieben, meinte das Departement, bis auf einen hätten sich alle Vorwürfe als unhaltbar erwiesen. «Die Beschädigung der Käppis zweier Rekruten durch ungeschicktes und aufgeregtes Manipulieren eines Offiziers mit dem Säbel (Klopfen mit dem Säbel auf das Käppi), ist die einzige positive Verfehlung, die die Untersuchung bestätigt hat.» Für diese Sachbeschädigung sei der betreffende Offizier bereits durch seinen Vorgesetzten angemessen bestraft worden. Von systematischen «Soldatenmisshandlungen» könne gar nicht die Rede sein.[1]

Das sozialdemokratische «Volksrecht», das diese Vorfälle von Beginn weg als «Soldatenmisshandlungen» angeprangert hatte, reagierte auf die departementale Mitteilung mit erfahrener Gelassenheit. Schon die Stellungnahme zur Käppi-Geschichte wirkte auf das «Volksrecht» wenig überzeugend. Wie kann trotz Beschädigung der Mütze eine Misshandlung ausgeschlossen werden? «Muss etwa das Käppi direkt gespalten werden und der Kopf mit, bis das Eidgenössische Militärdepartement eine Misshandlung anerkennt?» Zuerst sei die Reaktion derjenigen Zeitungen abzuwarten, die zuerst von den Vorfällen berichtet hatten.[2]

Fünf Tage später war die sozialdemokratische Tageszeitung rehabilitiert und das Militärdepartement am Rande einer Blamage. Die bürgerliche und sonst militärfreundliche «Gotthard-Post» veröffentlichte gleichzeitig mit der Pressemitteilung des Militärdepartements eine Einsendung eines jungen Mannes, der die umstrittenen Vorfälle in Bellinzona als Rekrut miterlebt hatte. Dieser zeichnete von den Ausbildungspraktiken der Offiziere ein völlig anderes Bild als der offizielle Untersuchungsbericht. Es sei insbesondere falsch, wenn das Militärdepartement

Misshandlungen grundsätzlich in Abrede stelle. «Hätte man den Untersuch eingehender betrieben, so würde man vernommen haben, dass der Rekrut Albin Herger von Schattdorf von einem Leutnant mit dem Säbel in das Kniegelenk geschlagen wurde. Es gab keine Wunde, aber doch eine Geschwulst. Jedermann in der Kompagnie hat das gewusst. An Fusstritten beim Schiessen hats auch nicht gefehlt.»[3]

Das Militärdepartement reagierte sofort und veranlasste eine Nachfolgeuntersuchung. Sie ergab, dass Albin Herger tatsächlich von seinem Vorgesetzten beim Üben des Taktschrittes mit der Säbelscheide geschlagen und verletzt worden war. Offenbar waren dem Offizier die Folgen der eigenen Ausbildungsmethoden nicht ganz geheuer. Er traf sich nach dem Vorfall mit dem verletzten Untergebenen auf seinem Offizierszimmer und gab ihm einige medizinische Ratschläge für die Behandlung des geschwollenen Knies. Nach der zweiten Untersuchung musste das Militärdepartement die vorgehaltenen Verfehlungen eingestehen. Es verurteilte den fehlbaren Offizier zu fünf Tagen Arrest. Damit sprach das Militärdepartement eine ausgesprochen milde Strafe aus, es hätte den Vorgesetzten ebenso wegen «offiziersunwürdiger Handlungsweise» des Kommandos entheben können. Die Strafverfügung sah im Säbelschlag des Vorgesetzten auch gar nicht das Schlimmste am Fall. «Weit schwerer fällt in Betracht, wie er [der Vorgesetzte] sich nachher gegenüber dem geschlagenen Rekruten benommen hat. [...] Es entsprach der Stellung eines Vorgesetzten und eines Offiziers nicht, dass er den Rekruten durch Behandlung des verletzten Knies zu beschwichtigen suchte.»[4]

Während das Militärdepartement versuchte, die Vorfälle von Bellinzona als Entgleisungen zu bagatellisieren, gingen andere Militärs einen Schritt weiter. Mitte August veröffentlichte die «Allgemeine Schweizerische Militärzeitung» einen aufschlussreichen Leitartikel unter dem Titel «Offiziersbewusstsein und Demokratie». Der Artikel stammte aus der Feder des Redaktors der Militärzeitung, Ulrich Wille, der ein Jahr später General der schweizerischen Armee wurde. Wille nahm die jüngsten Diskussionen um die Soldatenmisshandlungen zum Anlass, den Spiess umzudrehen und die Haltung der Öffentlichkeit in scharfen Worten anzuprangern. Die strengen Kritiker hätten wohl ihre eigene Jugendzeit vergessen oder seien nie selbst jung gewesen. «Entgleisungen Einzelner sind zunächst nur der erfreuliche Beweis, dass im Offizierskorps neben ernster Tüchtigkeit auch die temperamentvollsten Eigenschaften leben, die ein schönes Vorrecht der Jugend sind und einmal im Kriege der Ursprung von Kühnheit und Ehrgeiz sein werden.» Im Militär müssten andere Regeln gelten als im Zivilleben. «Wenn im heutigen

Staatsleben die Entscheidung über jede Kleinigkeit vorerst einer Kommission überwiesen und dann vom Rat oder gar vom Volk gefällt wird, so bedarf gerade unser Bürgeroffizierskorps eines ausgesprochenen Offiziersbewusstseins, um in allen Lagen des Dienstes nicht spiessbürgerlich, sondern *männlich kraftvoll* zu urteilen.»[5] Und wenn sich die Öffentlichkeit schon darüber aufhalte, dass soldatisches Denken und Handeln sich vom zivilen unterscheide, dann müsse vielmehr geprüft werden, «ob nicht die Erziehung zur Männlichkeit auch vom bürgerlichen Standpunkt anzuerkennen sei, und ob man nicht sogar die mühevolle Arbeit der militärischen Erzieher nachzuahmen versuchen sollte».[6]

«What should historians do with masculinity?»[7] Wer sich aufmacht, die geschilderten Verhaltensweisen von Offizieren zu interpretieren, kommt um die Frage des britischen Historikers John Tosh nicht herum. Denn hinter den Äusserungen vom richtigen und falschen Offiziersverhalten steht eine Auseinandersetzung um militärische Männlichkeitsideale. Die militärischen Erziehungsformen und die damit verbundenen Männlichkeitskonzepte waren in der Schweiz um 1900 heftig umstritten und haben sich nach der Jahrhundertwende radikal gewandelt. Dieser Wandel ist Gegenstand der folgenden Ausführungen, speziell die Frage, was den Aufstieg von neuen, autoritäreren Männlichkeitsidealen ermöglichte.

Paradigmenwechsel der militärischen Erziehung

Als politische Eckdaten für die Erziehungsdiskussionen dienen zwei Abstimmungstermine. Zwischen 1895, als eine weitgehende Zentralisation der Armee per Volksabstimmung abgelehnt wurde, und 1907, als eine moderatere Armeereform die Abstimmung erfolgreich überstand, befehdeten sich zwei Lager im schweizerischen Offizierskorps mit allen Regeln der Kunst. Eine wachsende Gruppe von Offizieren um Ulrich Wille hintertrieb in jahrelanger mehr oder weniger subversiver Kleinarbeit die Positionen der sogenannt republikanischen oder nationalen Richtung.

Die republikanische Richtung war noch bis nach 1900 die tonangebende Partei innerhalb der Militärverwaltung und stand in der politischen Tradition des radikalen Freisinns, teilweise auch des demokratischen Aufbruchs der 1860er und 1870er Jahre: die sozialen Verbindungen etwa zum politisch radikalen aargauischen oder zum radikal-demokratischen basellandschaftlichen Bürgertum sind augenfällig.[8] Die soziopolitische Hegemonie der radikal-demokratischen Par-

teiengruppe in der Schweiz nach 1888 – deutliche Mehrheit im Bundesrat einschliesslich radikal-demokratischem Militärdepartementschef – war der beste Schutz der republikanisch gesinnten Militärs.
Für die republikanische Richtung war die schweizerische Armee eine Funktion des Bundesstaates. Allgemeine Wehrpflicht und Milizsystem hiessen die Scharniere, über welche das Militär integral ins politische System eingebaut war. In der Armee sollten die gleichen Erziehungskonzepte gelten wie in der bürgerlichen Gesellschaft. Der Soldat sollte, so eine der Lieblingsformulierungen der republikanischen Militärs, nichts anderes sein als ein «Bürger in Uniform». Auch ein Soldat handle primär vernunftgemäss und erst davon abgeleitet militärisch. Also sei auch der militärische Betrieb gegründet auf «Intelligenz» und «Bürgersinn».[9] Die republikanische Optik machte die Armee zu einer Institution mit Symbolcharakter, zu einem Spiegelbild der schweizerischen Gesellschaft, wie sie sich die radikal-demokratisch gesinnten Bürgerlichen gerne vorstellten: «Arm neben Reich, der Herr neben dem Knecht, der Arbeitgeber neben dem Arbeitnehmer, der Prinzipal neben dem Angestellten und mitunter auch einmal jener unter diesem.»[10]
Dem republikanischen Konzept einer Symbiose zwischen ziviler und militärischer Gesellschaft setzte die neue Richtung um Ulrich Wille ein militärzentriertes Modell entgegen. Für sie legitimierte sich die Armee nicht als Spiegelbild des schweizerischen Bundesstaates, sondern als unverzichtbare Voraussetzung der staatlichen Existenz: ohne Militär keine zivile Gesellschaft. Für die republikanische Richtung war die Armee eine Funktion des Bundesstaates, für die neue oder autoritäre Richtung traf genau das Gegenteil zu. Von diesen unterschiedlichen Voraussetzungen ausgehend, kamen die beiden Richtungen auf völlig gegensätzliche Erziehungsvorstellungen. In den Augen der autoritären Richtung war der Soldat alles andere als ein republikanischer «Bürger in Uniform». Demokratische Manieren hatten für die autoritäre Richtung im Militärdienst nichts zu suchen. Die Ausbildung sollte ausschliesslich nach militärischen Kriterien erfolgen und auf Gepflogenheiten des Zivillebens keine Rücksichten nehmen. Diese militärzentrierte Haltung macht es schwierig, die neue Richtung politisch einzuordnen. Obwohl die autoritären Erziehungsideale gerade wegen ihrer sozialen und politischen Konsequenzen äusserst kontrovers diskutiert wurden, hatte sich der Kreis um Wille nie derart eng mit einer politischen Richtung verbündet wie die republikanischen Militärs. Die Erziehungsbegriffe der neuen Richtung waren in erster Linie militärischen Ansprüchen verpflichtet, ihr Ausbildungsziel war ohne politische Einfärbung formuliert: die militärische Ausbildung war eine «Erziehung zur Männlichkeit».[11]

Elemente des autoritären Männlichkeitskonzeptes

Das neue militärische Männlichkeitskonzept stellte nicht an alle Militärdienstleistenden dieselben Anforderungen. Offiziere zeichneten sich durch anderes Verhalten als «männlich» aus wie Soldaten. Diese je nach Rang verschiedenen Verhaltensweisen gehen jedoch beide zurück auf ein gleiches neues Konzept des männlichen Körpers, dasjenige eines selbsttätigen Automatismus.

Anlass für dieses neue Körperkonzept gab die militärisch-technologische Entwicklung. Die militärischen Folgen von Industrialisierung und Technisierung stellten in der zweiten Hälfte des 19. Jahrhunderts die überlieferten Kriegstaktiken der europäischen Armeen grundsätzlich in Frage. Mit dem Wandel der taktischen Vorgaben veränderten sich auch die Anforderungen an die kämpfenden Soldaten und Offiziere. Die militärisch-technologische Entwicklung erfasste mehrere Truppengattungen. Innerhalb der Infanterie wurden die Soldaten bereits in den 1880er Jahren durch die Einführung von rauchschwachem Pulver und zielgenaueren Schusswaffen völlig ungewohnten Gefährdungen im Gefecht ausgesetzt. Gegen die Jahrhundertwende erhöhte die Artillerie mit neuen Geschützen ihr Zerstörungspotential um ein Vielfaches. Schliesslich brachten Flugzeuge und Luftschiffe bis 1914 eine neue Dimension in die taktischen Konzepte der europäischen Armeen. Als Konsequenz dieses technologischen Wandels beschäftigte sich die militärwissenschaftliche Fachwelt seit den 1880er Jahren mit der Frage, mit welcher Taktik die neuartigen, gleichzeitig unübersichtlicheren und gefährlicheren Infanteriegefechte am geeignetsten zu führen seien. Die in diesem Zusammenhang wichtigste taktische Neuerung betrifft die Streuung der angreifenden Streitkräfte. Um die Soldaten besser vor den neuartigen Gefahren im Gefecht zu schützen, begannen verschiedene Armeen, ihre angreifenden Truppen in einzelne Schützenlinien aufzuteilen.[12] Diese wurden manchmal gerade noch von einem subalternen Offizier geleitet. Gleichzeitig wurde die Stellung der einzelnen Soldaten innerhalb der kleineren Gruppen aufgewertet. Die militärisch-technologische Entwicklung stellte somit an die Ausbildung der Soldaten eine paradoxe Forderung: Soldaten sollten befähigt werden, verantwortlicher und selbständiger zu handeln, gleichzeitig aber musste ihr Gehorsam noch perfekter und disziplinierter sein, damit sie sich auch in Abwesenheit eines vorgesetzten Offiziers in dessen Sinne verhielten.

Das Körperkonzept eines selbsttätigen Automatismus versprach, den gewandelten Ausbildungsanforderungen gerecht zu werden. Das neue Erziehungsziel sollte sein, die körperlichen Fähigkeiten des Soldaten soweit einzuüben, dass er sich in jeder noch so unmöglichen Situation automatisch richtig verhalten würde. Neben den körperlichen waren die intellektuellen Fähigkeiten weiterhin gefragt, jedoch höchstens unterstützend.[13] Nur durch körperliche Schulung, durch den exzessiven Einsatz von Drillübungen, wurde der Soldat dem neuen Männlichkeitskonzept gerecht: «Denn das ist immer der Effekt wirklichen Drills, dass er, durch seinen Zwang dort, wo gesunde Willensenergie vorhanden ist, diese stärkt und aufspeichert und sie zu mächtiger Kraftäusserung befähigt.»[14]

Die Offiziersrichtung um Wille machte in ihren Erziehungsvorstellungen den Drill zur Glaubensfrage und verteidigte ihre autoritäre Pädagogik gegen alle Vorwürfe, es handle sich dabei nur um «preussischen Kadavergehorsam». Mit einem aufschlussreichen Vergleich rechtfertigte der kavalleristisch bewanderte Ulrich Wille den Drill. Nicht pedantischer Formalismus sei sein Zweck, sondern gerade das Gegenteil: «Das ist ganz dasselbe wie mit dem Reiten des Pferdes in der Reitbahn und im Terrain. In der Reitbahn wird das Pferd in Gleichgewicht, in Haltung und in Stellung, in Gehorsam und Aufmerksamkeit auf den Reiter gebracht, damit man es im Terrain frei gehen lassen kann und es doch zuverlässig ist.»[15] Wie nachhaltig der Vergleich zwischen Pferden und Soldaten auch Nichtkavalleristen vom Sinn des Drill überzeugt haben mag, sei dahingestellt; auf jeden Fall zeigt er eine bemerkenswerte Modifikation der militärischen Herrschaftstechniken. Das neue Männlichkeitskonzept machte ideologisch möglich, was unter republikanischen Vorzeichen noch unmöglich war: Widerspruchsfrei versöhnten sich die vollständige militärische Beherrschung des soldatischen Körpers mit dem letzten Überrest soldatischer Einsichtsfähigkeit. Aus radikaldemokratischer Optik war ein solches pferdeähnliches Soldatenwesen ein Hohn, die autoritäre Richtung zeichnete es dagegen als besonders männlich aus.

Die praktischen Konsequenzen dieses Männlichkeitskonzeptes waren zunehmend autoritärere militärische Ausbildungsformen nach der Jahrhundertwende. Die Grenzen des legitimen Zugriffs von Vorgesetzten auf Soldaten verschoben sich zuungunsten der letzteren. Die «Erziehung zu Männlichkeit» bedeutete im Kasernenalltag Drillübungen in allen Variationen bis zur Erschöpfung, im schlimmsten Falle bis zum Tod.[16]

Ständisches Offiziersbewusstsein

Auf das Offizierskorps hatte das neue Männlichkeitskonzept vielseitige und historisch gesehen äusserst nachhaltige Auswirkungen. Das moderne Konzept eines automatisierten und selbständig handelnden Soldaten akzentuierte gleichzeitig die Herrschaftsposition des Offiziers. Dem automatisierten Soldatenideal entspricht ein aristokratisiertes Offiziersideal. Die autoritäre Richtung forderte von den Offizieren ein neues, quasiständisches Offiziersbewusstsein, um die autoritären Erziehungsvorstellungen durch einen speziellen Verhaltenskodex legitimatorisch abzusichern. Eine bürgerlich-republikanische Legitimation reichte für die Absichten des Kreises um Wille nicht aus oder stand dazu im Widerspruch. In sozialgeschichtlicher Betrachtung hatte dieses Offiziersideal weitreichende Konsequenzen. Es verlieh den Offizieren der autoritären Richtung das Bewusstsein einer gesellschaftlichen Elite, die ausserhalb der Regeln der bürgerlichen Gesellschaft stand. Konflikte wie der eingangs erwähnte Streit um Soldatenmisshandlungen häuften sich deshalb mit dem Aufstieg der autoritären Richtung.

Offen bleibt die Frage, welche sozialen und politischen Umstände es möglich machten, dass nach der Jahrhundertwende die autoritäre Richtung ihre Ansichten durchsetzen und das bis dahin einflussreiche republikanische Lager verdrängen konnte. Immerhin war das politische Umfeld für die autoritäre Richtung auch nach 1895 alles andere als günstig: das Militärdepartement war bis 1911 fest in radikal-demokratischer Hand. Wie kommt beispielsweise der radikal-demokratische Bundesrat Emil Frey, nachdem er sich 1895 gehörig mit Wille verkracht hatte und für dessen Entlassung die Verantwortung trug, dazu, sich bei Kriegsausbruch 1914 mit dem frischgewählten General auszusöhnen und im Juni 1915 zusammen mit Wille, ganz im privaten Rahmen, eine kleine Feier auf den deutschen Seesieg bei Skagerrak abzuhalten?[17]

Deutung des Aufstiegs der autoritären Männlichkeitskonzepte

Die Frage nach dem politischen und sozialen Hintergrund für den Aufstieg der autoritären Männlichkeitsideale ist nicht einfach zu beantworten, weil eine zusammenhängende Analyse der militärpolitischen Diskussionen in Exekutive, Parlament und Presse zwischen 1890 und 1914 noch aussteht. Ich werde deshalb zwei gängige Interpretationsfiguren diskutieren und anschliessend thesenhaft einen alternativen Erkärungsansatz entwerfen.

Verpreussung

Die Interpretation findet sich mehr oder weniger pauschal in fast allen Arbeiten zur autoritären Richtung: Wille und seine Mitstreiter hätten die schweizerische Armee nach dem preussischen Modell umzugestalten versucht. Diese Deutung ist eine ursprünglich sozialdemokratische und hat sich bis in die zeitgenössische Forschung tradiert.[18]
Wer innerhalb der autoritären Richtung preussische Vorlieben vermutet, braucht nicht weit zu suchen. Eingestandenermassen war etwa für Wille die wilhelminische Armee ein valables Vorbild.[19] Die Unterschiede im politischen System mahnen allerdings zur analytischen Vorsicht. Eine Armee, die wie in Preussen ausserkonstitutionellen Charakter besass, wäre im schweizerischen politischen System nicht denkbar gewesen. Wenn die neue Richtung ernsthaft beabsichtigt hätte, in der Schweiz preussische Verhältnisse zu schaffen, dann hätte sie konsequenterweise auch das Milizsystem in Frage stellen müssen. Die Forderung nach Abschaffung des Milizsystems hat jedoch in der autoritären Richtung niemand zu stellen gewagt. Allein die konstitutionellen und institutionellen Differenzen zwischen den beiden Staaten verunmöglichten eine unvermittelte Übernahme des preussischen Modells in der Schweiz.
Noch viel weniger lässt sich pauschal von einer Verpreussung des schweizerischen Bürgertums sprechen. Die bürgerliche Haltung gegenüber dem nördlichen Nachbarstaat nach 1871 ist vielschichtig und gespalten. Einige Stichworte müssen hier genügen. Mit der «halbabsolutistischen, pseudokonstitutionellen Militärmonarchie» Deutschlands[20] mochte sich in der Schweiz politisch fast niemand zu identifizieren. Trotz vielfältiger sozialer Kontakte und enger kultureller Verbundenheit standen besonders die kleinbürgerlichen Schichten in der Deutschschweiz und mit ihnen die radikalen und demokratischen Parteien dem konservativen Nachbarstaat aus politischen Gründen sehr reserviert gegenüber.[21] Diesen zwiespältigen Standpunkt formulierte der demokratische Bundesrat Ludwig Forrer 1912 in seiner Tischrede zum Schweizbesuch Wilhelms II. geradezu mustergültig: Die Beziehungen der Schweiz zum Ausland seien mit Deutschland die umfangreichsten, hielt Forrer fest, «der gegenseitige Austausch von ideellen und mate-

riellen Gütern zwischen Deutschland und der Schweiz ist in dem Masse bedeutend, dass wir das allergrösste Gewicht auf dessen Fortdauer und Entwicklung auf der Grundlage der Gleichberechtigung legen».[22] Aus diesem gespaltenen Arrangement mit dem Kaiserreich lässt sich jedenfalls keine Verpreussung konstruieren, die den autoritären Stimmungsumschwung um 1900 erklären würde.

Aristokratisierung

Sind die autoritären Männlichkeitskonzepte, um einen zweiten Erklärungsansatz aufzugreifen, nicht einfach eine Folge verbreiteter aristokratischer Tendenzen im schweizerischen Bürgertum? Der aristokratische und elitäre Habitus grossbürgerlicher Schichten ist gerade am Beispiel des Kreises um Wille nicht zu übersehen.[23] Denkbar, dass aristokratische Vorbilder für Teile des Offiziersideals Pate gestanden haben, den Aufstieg der autoritären Erziehungskonzepte erklären sie damit noch nicht. Denn über die grossbürgerlichen Kreise hinaus fand aristokratisches und elitäres Denken in der Schweiz keine wirkungsvolle Verbreitung.[24] Zudem besitzt der Aristokratisierungsbegriff eine nur begrenzte erklärende Reichweite. Er taugt zwar als illustrative Annäherung an einen vornehmlich kulturellen Trend, bietet dafür aber keine schlüssigen Erklärungen an. Der Grund dafür liegt in der Unschärfe des Begriffs. Das Postulat einer «aristokratischen» Erneuerung gehört zum Standardrepertoire der unterschiedlichsten bürgerlichen Reformbewegungen der Jahrhundertwende. Für die verschiedenen aristokratischen Tendenzen im schweizerischen Bürgertum finden sich zwar jeweils spezifische Interpretationen, aber keine generelle Erklärung.

Soziopolitische und soziokulturelle Faktoren

Nicht äussere Einflüsse machten den Aufstieg der autoritären Richtung möglich, sondern ein durch innere Faktoren erklärbares gewandeltes Selbstverständnis des schweizerischen Bürgertums, im speziellen des radikal-demokratischen, an der Schwelle zum 20. Jahrhundert. Für jenes waren die neuen militärischen Erziehungskonzepte eine passende Antwort auf die um 1900 gewandelte soziale Umwelt. Diese These lässt sich auf zwei Ebenen ausführen, auf einer soziopolitischen und auf einer soziokulturellen.

Soziopolitisch gewann die Armee gegen 1900 wesentlich an Bedeutung als vorbildhafte Erziehungsinstitution. War sie noch bis in die 1890er Jahre in erster Linie eine symbolische Repräsentation der republikanischen Gesellschaft, so wandelte sie sich gegen 1900 zu einer reformierenden Instanz. «Dass unsere Jugend zur Militärfreudigkeit erzogen werde, ist heute angesichts der mannigfachen gegnerischen Strömungen von grösster Wichtigkeit», hielt der ehemalige radikal-demokratische Bundesrat Emil Frey 1906 fest.[25] Hinter der Erwartung einer gesellschaftlichen Erneuerung durch die militärische Erziehung stand eine weitreichende politische Ernüchterung. In den 1880er Jahren hatten sich die Hoffnungen der herrschenden Radikalen und Demokraten auf eine alle sozialen Klassen integrierende Gesellschaft endgültig zerschlagen. Sowohl der radikale Bildungsoptimismus wie die demokratische Ausweitung der politischen Partizipation hatten nicht verhindert, dass die Schweiz an der Jahrhundertwende noch gespaltener war als in den 1870er Jahren. Zusätzlich hatte spätestens nach der grossen Depression (1876–1884) der verstärkte Einfluss der nach ökonomischen Kriterien organisierten Interessen, die «Verwirtschaftlichung der Politik», die politischen Ideale des Radikalismus der Jahrhundertmitte und der demokratischen Bewegung der 1860er Jahre definitiv entwertet und gleichzeitig die Sozialdemokratie in der Schweiz dauerhaft etabliert.[26] Das radikal-demokratische Bürgertum suchte in dieser Situation den Ausweg in einem Rechtsbündnis mit den alten liberalen Parteien durch die Gründung der Freisinnig-demokratischen Partei.[27]

Wie hängt diese soziopolitische Neuformierung des schweizerischen Bürgertums mit den autoritären Männlichkeitsidealen zusammen? Hanna Schissler hat aus amerikanischen Untersuchungen über Männlichkeitsvorstellungen des 19. Jahrhunderts die allgemeine These abgeleitet, dass der Geschlechterdiskurs die Ausbildung der industriellen Gesellschaft nicht einfach begleitet, sondern sich direkt darauf bezieht, und zwar je nach klassen- und schichtenspezifischem Standpunkt als Schutz vor der Destabilisierung der sozialen Umwelt.[28] Die These lässt sich auf die militärpolitischen Debatten in der Schweiz um 1900 übertragen.

Für die politisch entscheidenden Teile des schweizerischen Bürgertums, die kleinbürgerlichen Schichten und die sie vertretenden radikalen und demokratischen Parteien, wurden die autoritären Männlichkeitskonzepte nach der Jahrhundertwende zu einer hoffnungsvollen integrativen Klammer für eine auseinanderdriftende Gesellschaft. Die militärische Sozialisationsinstanz sollte mittels eines neuen Männlichkeitsideals alle männlichen Erwachsenen in dieselbe bürgerliche Gesellschaft integrieren und damit leisten, was weder das bürgerliche Schulwesen noch die demokratischen Partizipationsmöglichkeiten vollbracht hatten. Die autoritären Männlichkeitskonzepte versprachen, unter dem Zeichen der Männlichkeit die schweizerische Gesellschaft militärisch zusammenzubringen, nachdem die politischen und pädagogischen Mittel aus bürgerlicher Sicht erschöpft waren.

Nicht nur in soziopolitischer, sondern ebenso in soziokultureller Hinsicht mussten die autoritären Männlichkeitskonzepte an der Schwelle der Jahrhundertwende interessant erscheinen. Gleich auf zwei kulturelle Unsicherheitserfahrungen der bürgerlichen Gesellschaft lieferte das neue Männlichkeitskonzept eine schlüssige Antwort: auf die Wahrnehmung eines anbrechenden «materialistischen» Zeitalters einerseits und auf die damit zusammenhängenden Befürchtungen, den arbeitsweltlichen Anforderungen der industrialisierten Gesellschaft körperlich nicht gewachsen zu sein, was sich beispielsweise in der bürgerlichen Angst vor der «Neurasthenie» konkretisierte.[29]

Auf der soziokulturellen Ebene glaubten viele Autoren der Jahrhundertwende ihr bildungsbürgerliches Denken ökonomisch unterwandert und in Frage gestellt. Auch wenn die Warnung vor dem aufsteigenden «Materialismus» teilweise bis zur völligen inhaltlichen Entleerung floskelhaft wiederholt wurde, steht dahinter eine als Gefahr interpretierte Entwertung bildungsbürgerlichen Gedankenguts. Für den radikal-demokratischen Nationalrat und Staatsrechtsprofessor Karl Hilty war die Schweiz besonders gefährdet, eine «Taxierung aller Dinge und Menschen nach Geldwert» zu übernehmen, da sie im europäischen Vergleich stark industrialisiert war, was ihr nicht nur Bevölkerungszuwachs und Urbanisierung, sondern auch einen allzu ökonomischen Zeitgeist einbrachte. Damit, so Hilty weiter, schwinde auch die militärische Widerstandskraft gegen äussere Gefahren. Gegen diese negativen Auswirkungen der wirtschaftlichen Entwicklung schlug Hilty die «Stärkung der Wehrkraft» vor.[30] Ganz ähnlich äusserte sich der demokratische Bundesrat Ludwig Forrer in einer Rede, mit der er für die Annahme der Militärgesetzvorlage 1907 warb: Wie bei anderen zivilisierten Ländern bestehe auch in der Schweiz die Gefahr der gesellschaftlichen «Degenerierung». Die militärische Ausbildung genüge deshalb den Anforderungen der Zeit nicht mehr.[31] Gerade an der Person von Ludwig Forrer wird klar, dass trotz politischer Differenzen zu Wille selbst ein kleinbürgerlicher Demokrat in Fragen der militärischen Ausbildung mit der autoritären Richtung zusammenspannen konnte.[32]

Mit einem Artikel über die «Neurasthenie» eröffnete der weitherum beachtete Karl Hilty 1896 seinen ersten Jahresband des «Politischen Jahrbuchs».[33] Trefflicher lässt sich die vor allem in bürgerlichen Schichten verbreitete Angst vor der modernen Nervenschwäche kaum illustrieren. Der ursprünglich neuromedizinische Terminus der «Neurasthenie» entwickelte sich als Nervenschwäche oder als Nervosität nach 1880 innert weniger Jahre zu einem weitverbreiteten populärwissenschaftlichen Begriff. Die Nervenschwäche war der Preis für die vielfältigen Belastungen der modernen Zivilisation, denen das geistig arbeitende Bürgertum noch weniger als das Proletariat gewachsen waren.[34] Karl Hilty warnte mehrfach davor, dass die Neurasthenie mitunter ganze Nationen oder Zeitperioden befalle.[35] Diesen bürgerlichen Selbstzweifel wussten die Anhänger der autoritären Männlichkeitskonzepte geschickt für ihre Interessen zu instrumentalisieren. Die Hinweise auf die Neurasthenie sind auch in der Militärpublizistik häufig, meist mit dem Schluss, dass gegen sie nur eine erneuerte militärische Erziehung weiterhelfe.[36] Aus einem medizinischen wurde allmählich ein pädagogisches Problem: Zusammenfassend meinte ein Mitarbeiter der Militärzeitung 1909, die Neurasthenie sei eigentlich gar keine Krankheit, sondern im Kern eine «geistige Schwäche». Ihr trete entgegen, wer in Selbstzucht und Erziehung die Tapferkeit und den Mut fördere.[37] Zeitlich und gedanklich blieb nur noch ein kleiner Schritt zum nervenstärkenden Stahlgewitter.

Anmerkungen

1 «Mitgeteilt» des Eidgenössischen Militärdepartements, anfangs August 1913, Dossier über die Bestrafung von Leutnant J. wegen Behandlung eines Rekruten, Schweizerisches Bundesarchiv, E 27, 4577.
2 *Volksrecht*, 4. August 1913.
3 *Gotthard-Post*, 9. August 1913.
4 Verfügung des Eidgenössischen Militärdepartements, Bern, den 16. September 1913, Schweizerisches Bundesarchiv, E 27, 4577.
5 Ulrich Wille, «Offiziersbewusstsein und Demokratie», *Allgemeine Schweizerische Militärzeitung (ASMZ)* (1913), 260.
6 *ASMZ* (1913), 259.
7 John Tosh, «What Should Historians do with Masculinity?», *History Workshop Journal* 38 (1994), 179–202.
8 Einige der wichtigsten Vertreter der republikanischen Richtung: Arnold Keller, Sohn und Biograph von Augustin Keller, Generalstabschef von 1890–1905; Stephan Gutzwiller, I. Sekretär des Militärdepartements von 1891 bis 1908; Karl Fisch, seit 1892 Mitarbeiter

und von 1900 bis 1903 Redaktor der «Schweizerischen Monatschrift für Offiziere aller Waffen», von 1900 weg Stabsoffizier des Militärdepartements; verantwortlich für einige wichtige personalpolitische Weichenstellungen; Emil Frey, radikaldemokratischer Bundesrat und Vorsteher des Militärdepartements von 1891 bis 1897.
Zu den Parteibezeichnungen: Die beiden militärinternen Richtungen bezeichne ich mit den zeitgenössischen Begriffen wie «republikanische» oder «neue» Richtung. Die politischen Parteienbezeichnungen sind in der föderalistischen schweizerischen Politlandschaft des 19. Jahrhunderts vielfältiger. Ich halte mich an Gruners Terminologie, die innerhalb des freisinnigen Bürgertums unterscheidet zwischen einer liberalen, einer radikalen und einer demokratischen Richtung. Auf nationaler Ebene waren diese Richtungen in den 1870er und 1880er Jahren repräsentiert durch zwei politische Lager, die sich gegenseitig die politische Hegemonie streitig machten. Auf der einen Seite stand das liberale «Zentrum», auf der anderen die radikal-demokratische Gruppe. Erich Gruner, *Die Parteien in der Schweiz*, Bern 1977, 73–85.

9 St. G., «Über die Disziplin», *Schweizerische Monatschrift für Offiziere aller Waffen (SMOW)* (1890), 183–184; *ASMZ* (1874), 141–142.
10 *SMOW* (1889), 177.
11 Besonders deutlich in den von Wille 1907 entworfenen Ausbildungszielen: «Das Ziel der soldatischen Erziehung ist Entwicklung männlichen Wesens!», in: *Militärorganisation der schweizerischen Eidgenossenschaft und ihre Ausführungsbestimmungen*, Bern 1924, 320.
12 Die Entwicklungen in Deutschland und in Frankreich sind erörtert in: Dieter Storz, *Kriegsbild und Rüstung vor 1914: europäische Landstreitkräfte vor dem Ersten Weltkrieg*, Berlin 1992, 16–17, 25–30. Zu den Diskussionen in der Schweiz: Rudolf Jaun, *Der Schweizer Offizier im 19. Jahrhundert, Funktion und Rolle im Wandel von Truppenführung und Gesellschaft*, Ms., Zürich 1994. Jaun analysiert die Neukonzeption der Offiziersrolle im Zusammenhang mit den militärtechnischen und -taktischen Veränderungen der Gefechtssituation, der zunehmenden Kriegsorientierung der schweizerischen Gesellschaft und der Neuformierung der Gesellschaft zwischen 1870 und 1914.
13 Indem Wille den Soldaten durchaus eine vernunftmässige Seite zugestand und diese in sein Drillkonzept einbaute, unterschied er sich von den älteren Drillübungen, die noch zu Beginn des 19. Jahrhunderts den militärischen Gehorsam einzig auf körperlichem Wege, durch Körperdrill und Körperstrafen, erzwangen.
14 Ulrich Wille, «Paradedrill», *ASMZ* (1901), 146.
15 Ulrich Wille, «Der Geist der Vorschriften», *ASMZ* 1908, 137.
16 Vgl. die Debatten um die häufigen Soldatenmisshandlungen: A. S., «Ein Wort über die Mittel, Soldatenmisshandlungen vorzubeugen», *SMOW* (1913), 209–212; aus sozialdemokratischer Sicht: Paul Brandt, *Soldaten-Misshandlungen und Maulkrattengesetz*, Zürich 1903.
17 Fritz Grieder, *Der Baselbieter Bundesrat Emil Frey. Staatsmann, Sozialreformer, Offizier*, Basel 1988, 321–322, 434.
18 Erich Gruner spricht von «Preussengeist» und von «uneinsichtiger Nachahmung ausländischer Vorbilder»; Erich Gruner (Hg.), *Arbeiterschaft und Wirtschaft in der Schweiz 1880–1914, Bd. 3, Entstehung und Entwicklung der schweizerischen Sozialdemokratie*, Zürich 1988, 551, 559.
19 Wille bereits 1881: «Ich habe nun einmal den Glauben an das Milizsystem und habe doch dabei, was inneren Gehalt anbetrifft, das preussische Heer als das bis zu einem gewissen Grade erreichbare Ideal vor Augen!» Ulrich Wille, «Verkehrte Auffassungen», *Schweizerische Zeitschrift für Artillerie und Genie* (1881), 74.

20 Hans-Ulrich Wehler, *Das deutsche Kaiserreich 1871–1918*, Göttingen 1988, 67.
21 Edith A. Picard, *Die deutsche Einigung im Lichte der schweizerischen Öffentlichkeit*, Diss., Zürich 1940, 260–264.
22 Rede abgedruckt in: Alfred Schär, *Kaiser Wilhelm II. in der Schweiz*, Zürich 1912, 62.
23 Als «Tafelrunde zu Mariafeld» hat der Aargauer Literaturwissenschaftler Adolf Frey einmal jenen grossbürgerlichen, teils auch patrizischen Zirkel bezeichnet, der sich schon unter Willes Vater regelmässig auf dem Familiengut bei Zürich traf; zitiert nach: Carl Helbling, *Mariafeld. Aus der Geschichte eines Hauses*, Zürich 1951, 59.
24 Albert Tanner, «Aristokratie und Bürgertum in der Schweiz im 19. Jahrhundert. Verbürgerlichung der ‹Herren› und aristokratische Tendenzen im Bürgertum», in: Sebastian Brändli et al. (Hg.), *Schweiz im Wandel. Studien zur neueren Gesellschaftsgeschichte*, Basel 1990, 225.
25 Emil Frey, *Die Erziehung der schweizerischen Jungmannschaft zur Erfüllung ihrer Bürgerpflichten*, Zürich 1906, 22. Vergleichbar: Karl Hilty, «Die Zukunft der Schweiz», *Politisches Jahrbuch der Schweizerischen Eidgenossenschaft* 16 (1902), 34.
26 Erich Gruner (Hg.), *Arbeiterschaft und Wirtschaft in der Schweiz 1880–1914, Bd. 1, Demographische, wirtschaftliche und soziale Basis und Arbeitsbedingungen*, Zürich 1987, 87–96; Erich Gruner, *Parteien*, 126–130.
27 Erich Gruner, *Parteien*, 84–86.
28 Hanna Schissler, «Männerstudien in den USA», *Geschichte und Gesellschaft* 18:2 (1992), 209.
29 Der Ausdruck «Neurasthenie» geht zurück auf den amerikanischen Arzt George Beard, der in einer 1880 veröffentlichten Schrift auf die seiner Ansicht nach neue und epidemische Nervenkrankheit aufmerksam machte. Beards Buch erregte grosses Aufsehen und erlebte in schneller Folge mehrere Auflagen. Die Neurasthenie war auch in Europa bald allgemein bekannt und wurde zu einem eigentlichen «Epochenphänomen» der Jahrhundertwende. Vgl. dazu Joachim Radkau, «Die wilheminische Ära als nervöses Zeitalter, oder: Die Nerven als Netz zwischen Tempo- und Körpergeschichte», *Geschichte und Gesellschaft* 20 (1994), 211–212.
30 Karl Hilty, *Zukunft der Schweiz*, 29–35.
31 Ludwig Forrer, *Rede zugunsten der neuen Wehrvorlage am 27. 10. 1907 in Zürich. Separatabdruck aus der «Neuen Zürcher Zeitung»*, Zürich 1907.
32 Forrer hat sich nicht nur 1907 mit Wille zusammen für die neue Militärorganisation stark gemacht, sondern setzte mit seinen Bundesratskollegen Arthur Hoffmann und Eduard Müller 1914 Willes Wahl zum General gegen den anfänglichen Widerstand des Parlaments durch und wurde in der Zeit nach dem Kriegsausbruch sogar zum Freund Willes. Walter Labhart, *Bundesrat Ludwig Forrer 1845–1921*, Winterthur 1972, 164–170.
33 Karl Hilty, «Über Neurasthenie», *Politisches Jahrbuch der Schweizerischen Eidgenossenschaft* 1 (1896), 1–49.
34 Joachim Radkau, *Nervöses Zeitalter*, 211–217.
35 Vgl. auch Karl Hilty, *Kranke Seelen. Psychotherapeutische Betrachtungen*, Leipzig, Frauenfeld 1907.
36 Theodor Gut, «Zur Psychologie der Übung und des Drills», *ASMZ* (1912), 197; Richard Schäppi, «Die Psyche in der modernen Infanterietaktik», *ASMZ* (1904), 362, 364; *ASMZ* (1905), 277.
37 M., «Zur Psychologie des Kampfes», *ASMZ* (1909), 213.

SIMONE CHIQUET

Viel Selbstbewusstsein – wenig Erfolg

Der Schweizerische FHD-Verband, 1944–1948

Als sich im Mai 1944 Angehörige des Schweizerischen Frauenhilfsdienstes aus 18 Kantonen zur Gründung des Schweizerischen FHD-Verbandes (SFHDV)[1] in Olten trafen, waren sie sich in der Einschätzung ihrer Erfahrungen aus der Vergangenheit und in der Formulierung ihrer Zielvorstellungen für die Zukunft einig. Sie alle hatten seit 1940 in den Hilfsdienstgattungen Flieger-, Beobachtungs- und Meldedienst, Sanität, Administration, Verbindung, Ausrüstung und Bekleidung, Küche, Feldpost und Fürsorge gemeinsam mit männlichen HD-Angehörigen gearbeitet. Sie hatten Meldungen weitergeleitet, Kinder betreut, Briefe getippt, Telefonzentralen bedient, Uniformen ausgebessert, Post weitergeleitet, Soldaten bekocht. Unbeeindruckt von den in einer breiten Öffentlichkeit geführten Diskussionen um die Frage, ob es denn der «Natur» der Frau überhaupt entsprechen könne, sich innerhalb der militärisch organisierten Hilfsdienstgattungen für die «Verteidigung der Heimat» einzusetzen, leisteten sie ebenso überzeugt wie selbstbewusst Militärdienst. Dass sie Frauen waren, war für sie von untergeordneter Bedeutung, sie wollten Soldaten sein und wünschten, als solche akzeptiert und behandelt zu werden. Diese Haltung wurde weder durch die zeitweilig massiv ablehnende Haltung, mit der sie sich auch innerhalb der Armee konfrontiert sahen, noch durch die Schwierigkeiten, die aus der Zusammenarbeit mit leitenden Armeestellen resultierten, verändert. Im Gegenteil: es waren nicht zuletzt solche Erfahrungen, die bei vielen Angehörigen des militärischen Frauenhilfsdienstes (FHD) den Wunsch verstärkten, sich in einem gesamtschweizerischen Verband zu organisieren, um so die eigenen Vorstellungen nachhaltiger vertreten zu können.

Ich möchte nun der Frage nachgehen, wie die Angehörigen des SFHDV in den Jahren 1944–1948 – also bis zur Inkraftsetzung der bundesrätlichen Verordnung über den Frauenhilfsdienst – ihre Ziele und die damit verbundenen Vorstellungen über eine Mitarbeit von Frauen in der Armee weiterentwickelten. Gleichzeitig möchte ich diesen Zielen und Vorstellungen die Überlegungen derjenigen Armeevertreter gegenüberstellen, die an der Reorganisation des Frauenhilfsdienstes massgeblich beteiligt waren; es waren dies vor allem der Generaladjutant der Armee, Vertreter der Sektion Heeresorganisation und der Chef der Sektion FHD im Generalstab.[2]

Doch gehen wir noch einmal zurück zu den Erfahrungen der FHD-Angehörigen während der Aktivdienstzeit, waren sie doch sowohl Ausgangspunkt der Überlegungen bei der Gründung des SFHDV als auch bei der Formulierung der Zielvorstellungen für die Friedenszeit. Wie bereits erwähnt, stiessen die militärdienstleistenden Frauen nicht nur auf Begeisterung: Vorsichtig kritische bis klar ablehnende Äusserungen von Soldaten und Offizieren erschwerten den Dienstalltag und führten zu Klagen der FHD-Angehörigen über eine «geringschätzige Behandlung».[3] Die Schwierigkeiten waren so gross, dass sich der Chef der Sektion FHD, Oberst Sarasin,[4] bereits 1940 gezwungen sah, auf dem Dienstweg entsprechende Befehle anzufordern.[5] Schwierigkeiten gab es jedoch nicht nur in den einzelnen HD-Gattungen und Stäben. Problematisch gestaltete sich auch die Zusammenarbeit zwischen leitenden Armeestellen und dem «Zentralkomitee».[6]

Als Bindeglied zwischen den Behörden und den FHD-Angehörigen war das Komitee einerseits für die Durchführung von Weisungen und Befehlen verantwortlich, anderseits versuchten seine Mitglieder – Vertreterinnen ziviler Frauenorganisationen und FHD-Inspektorinnen –, die Interessen der FHD-Angehörigen zu vertreten. Und gerade dies war offenbar «gar nicht so einfach»:[7] nicht nur, dass die Kompetenzen des Komitees kaum geregelt waren, der «frauliche Einfluss» fand auch wenig Beachtung.[8] Kritische Bemerkungen, beispielsweise seitens der Vertreterinnen ziviler Frauenorganisationen, wurden oftmals ebenso umgehend wie wortreich zurückgewiesen. So verwahrte sich etwa der Unterstabschef Gruppe I d in einem langen Schreiben an den Generalstabschef gegen von Else Züblin-Spiller schriftlich eingereichte Vorwürfe und warnte vor der Verfasserin, die er als «eine sehr herrschsüchtige Frau, die alles nach ihrem Kopf dirigiert haben möchte», bezeichnete. Gleichzeitig betonte er die Notwendigkeit, ein «Regiment» des Komitees zu verhindern, und zwar nicht ohne ähnliche Stimmen anderer Kommandanten zu zitieren: «J'ai l'impression qu'il existe vraiment un mouvement contre le Colonel Sarasin. Ce mouvement doit être dirigé par quelques dames qui aspirent avoir dans les S. C. F. *d'avantage de pouvoir*. De ma part, si on me permet d'exprimer mon opinion personel, j'avoue que je suis convaincu que le Comando des S. C. F. doit rester dans les mains des hommes, car le jour, où tout passerait exclusivement sous une direction complètement féminine, ça sera le *commencement de la fin des S. C. F.*»[9] Unterstützung erhielt der Unterstabschef vom General höchstselbst. Guisan liess keinen Zweifel daran, dass ein «Hineinregieren auch seitens noch so bewährter und erfahrener Frauen unter keinen Umständen geduldet werden [könne]:» das Komitee stehe zwar der militärischen Leitung für «rein frauliche Belange» beratend zur Seite, ob sich seine Anregungen jedoch durchführen liessen oder nicht, sei ausschliesslich Sache der Armee.[10]

Die Einschätzung der Frauen, man schenke ihren Anliegen zu wenig Gehör, war mehr als Grund genug, die Schaffung eines gesamtschweizerischen Zusammenschlusses der FHD-Angehörigen vorzubereiten. Ein Verband bot nicht nur Gewähr, die eigenen Vorstellungen nachhaltig vertreten zu können, durch ihn konnten auch «Zusammenhalt und Zusammengehörigkeitsgefühl» gestärkt und ein kontinuierlicher «Gedanken- und Erfahrungsaustausch» ermöglicht werden,[11] beides Anliegen, die noch dadurch an Bedeutung gewannen, als bereits gegen Ende des Aktivdienstes die armeeinternen Diskussionen um eine Reorganisation des militärischen Frauenhilfsdienstes für die Zeit nach dem Zweiten Weltkrieg ihren Anfang nahmen.

Es stellt sich nun die Frage, ob es dem SFHDV während der Reorganisationsdebatten tatsächlich gelang, seinen Angehörigen ein Diskussionsforum zu bieten und deren Interessen wirkungsvoll innerhalb der Armee zu vertreten. Auffällig ist in diesem Zusammenhang, dass praktisch von Beginn der verbandsinternen Diskussionen an die Meinungen gemacht waren – es herrschte eine geradezu verblüffende Einigkeit: diie Frauen entwickelten nicht nur die gleichen Vorstellungen von ihrer künftigen Mitarbeit in der Armee, sondern sie bezogen sich dabei auch auf die gleichen Vorstellungen darüber, welche Aufgaben Frauen in der Gesellschaft zu übernehmen haben. Und hier zeigten sie sich stark von den aktuellen Frauenstimm- und -wahlrechtsdebatten beeinflusst! Davon ausgehend, dass «der Mensch nur das wahrhaft liebt, woran er mitarbeiten, formen und gestalten kann», sahen sie in der Mitarbeit in der Armee und in der «Mitbeteiligung im Staat» eine Möglichkeit, die «Vaterlandsliebe der Frau» zu vergrössern bzw. «sachlicher und ruhiger» zu gestalten.[12]

Der Versuch, die Vorteile einer Mitarbeit in der Armee mit den Vorteilen umfassender politischer Rechte inhaltlich zu verknüpfen, wurde jedoch nicht nur in den verbandsinternen Diskussionen – etwa an Delegiertenversammlungen – deutlich. Deutlich wurde er auch in den Bestrebungen des SFHDV, gemeinsam mit anderen Frauenverbänden zusammenzuarbeiten. Als im November 1944 auf Initiative des

Schweizerischen Frauensekretariats 16 zivile Frauenverbände – unter ihnen der Bund Schweizerischer Frauenvereine, der Schweizerische Verband für das Frauenstimmrecht, der Schweizerische Gemeinnützige Frauenverein – eine Kommission zum «Studium des Problems des FHD» einsetzten, sicherte auch der SFHDV seine Mitarbeit zu.[13] Dieser Schritt stellte für alle Beteiligten eine bemerkenswerte Neuerung dar. Für die Angehörigen der zivilen Frauenverbände war die Zusammenarbeit bedeutungsvoll. Sie, die noch bis 1943 die Einteilung von Frauen in die militärisch organisierten Hilfsdienstgattungen mehrheitlich skeptisch bis kritisch ablehnend kommentiert hatten, bekundeten nun keinerlei Mühe mehr mit der Vorstellung, dass Frauen freiwillig Militärdienst leisten wollten. Für die Mitglieder des SFHDV – oder genauer: für die Militärdienst leistenden Frauen – bedeutete die Zusammenarbeit einen Bruch mit ihrer bislang verfolgten Politik. Während sie sich noch in den Jahren zuvor immer wieder mit der Begründung, der «Dienst am Vaterland» habe nichts mit Politik zu tun, von den zivilen Frauenverbänden abgegrenzt hatten, werteten sie nun ihre Mitarbeit in der Armee als Teil ihres umfassenden Politikverständnisses und setzten sich damit klar über die Warnungen der Armeeleitung hinweg, sich mit der «staatsbürgerlichen Bereitschaft der Frauen» öffentlich auseinanderzusetzen.[14]

Dass sich der SFHDV von der Notwendigkeit überzeugt sah, die Beziehungen zwischen Frau und Staat zu verändern, prägte auch seine Vorstellungen von der Mitarbeit der Frauen in der Armee. Grundsätzlich lehnte er die Beibehaltung des Frauen*hilfs*dienstes ab und plädierte statt dessen für eine Herauslösung der militärdienstleistenden Frauen aus den Hilfsdiensten. Als neue Organisationsform schlug er die Schaffung eines «selbständigen Dienstzweiges», eines «Frauendienstes der Armee», vor – mit eigenem Kader und unter der Leitung einer erfahrenen Frau. Gleichzeitig forderte der Verband eine klare Regelung der Ausbildung (dreiwöchiger Einführungskurs) und die Einführung einer Gradstruktur anstelle der bis anhin verwendeten Funktionsstufen. Nicht einverstanden war der SFHDV mit der Forderung der ehemaligen FHD-Inspektorin Hedwig Schudel[15] nach einem gesetzlich verankerten Rekrutierungsrecht. Mit der Begründung, es sei in jedem Fall sinnvoller, Qualität anstelle von Quantität zu fördern, trat er entschieden für das Freiwilligkeitsprinzip ein.[16]

Angesichts dieser Forderungen nach umfassenden Veränderungen vor dem Hintergrund deutlich egalitär orientierter Vorstellungen stellt sich die Frage, welche Haltung die Armeevertreter einnahmen, die sich mit der Reorganisation des Frauenhilfsdienstes zu befassen hatten. Interessant ist hier, dass man nun – anders als in den Jahren zuvor – einem Engagement von Frauen in der Armee uneingeschränkt positiv gegenüberstand. So betonten die Armeevertreter beispielsweise immer wieder, dass jede FHD-Angehörige es durch ihre Dienstleistung ermögliche, «ein[en] Mann entweder für andere Aufgaben frei [zu] machen oder [ihn] nach Hause entlassen» zu können.[17] Und man fragte sich, wie sich die Entlassung von mehreren 1000 Frauen auf die Funktionsfähigkeit einzelner Hilfsdienstgattungen auswirken könnte. Sowohl der Generaladjutant der Armee wie Vertreter der Sektion Heeresorganisation kamen dabei zum Schluss, dass man auch in Friedenszeiten nicht auf die Frauen verzichten könne.[18] Gleichzeitig liess die Prognose, dass in den Nachkriegsjahren die Zahl der männlichen Rekruten voraussichtlich zurückgehen werde und sich die Armeeleitung bereits mit der Frage der Auflösung ganzer Truppenkörper befassen müsse, eine Ergänzung der Bestände durch Frauen verlockend erscheinen. Dass man in diesem Zusammenhang den Frauenhilfsdienst auch als eine «sehr begrüssungswerte Entlastung für die Männerarmee» bezeichnete, ist einleuchtend.[19]

Neben den einhellig formulierten Befürchtungen, ohne die Frauen die notwendigen Bestände in einzelnen Bereichen nicht mehr sichern zu können, versprach man sich – ebenso einhellig – vom «weiblichen Wesen in der doch rauhen Männerwelt» nicht zuletzt auch einen positiven Einfluss auf die Soldaten: «Sie [die FHD] wird ihrem Kdt. eine eifrige und äusserst zuverlässige Helferin sein, sich, wie es unzählige Beispiele gezeigt haben, in aufopfernder Weise ihrer Aufgabe hingeben, diese ihre Aufgabe aber nicht nur von der rein fachlichen Seite aus bewerten, sondern auch bestrebt sein, ihren männlichen Kameraden eine fraulich-verfeinerte Atmosphäre zu schaffen und dadurch ‹d'Seel i d'Armee inebringe›.»[20]

Diese Übereinstimmung bei der Formulierung von Beweggründen für eine weibliche Mitarbeit in der Armee fand keine Entsprechung bei der Konkretisierung der Vorstellungen. Hier gab es ebenso Stimmen, die der Schaffung eines selbständigen Dienstzweiges positiv gegenüberstanden, wie solche, die eine «Frauentruppe» schlicht als «Gefahr» für die ganze schweizerische Gesellschaft bezeichneten. Es gab ebenso Stimmen, die für die Einführung einer Gradstruktur plädierten, wie solche, die eine «Anpassung an die Gebräuche der Armee» vehement ablehnten. Und es gab ebenso Stimmen, die ein Dienstobligatorium für alle Frauen forderten, wie solche, die ausdrücklich die Werbewirksamkeit des Freiwilligkeitsprinzips betonten.[21]

Wo lagen die Gründe für diese Meinungsvielfalt? Die Vermutung, dass bei denjenigen Männern, die über kontinuierliche Kontakte zu dienstleistenden Frauen verfügten, die Bereitschaft am grössten war, sich für eine Gleichstellung der weiblichen Armeeangehörigen einzusetzen, erwies sich als falsch. Während beispielsweise die Sektion Heeresorganisation klar für die Einführung der Gradstruktur plädierte, wurde dieser Schritt praktisch ausnahmslos von allen höheren Offizieren, die während der Aktivdienstzeit in ihrem Kommandobereich eine grössere Anzahl von Frauen eingeteilt hatten, abgelehnt. Auch die Vermutung, dass etwa schlechte Erfahrungen mit FHD-Angehörigen einzelne dazu veranlasst hatten, sich gegen eine Gleichstellung weiblicher Militärdienstleistender auszusprechen, lässt sich nicht belegen. Wo lagen dann aber die Gründe? Auffällig ist, dass sich jene Armeevertreter, die sich am stärksten gegen die Einführung der Gradstruktur und die Herauslösung des militärischen Frauenhilfsdienstes aus den Hilfsdiensten aussprachen, ausführlichen Betrachtungen zum «Wesen» und zur «Andersartigkeit» der Frau hingaben: «Ich ersehe [...], dass beabsichtigt ist, den Frauenhilfsdienst im buchstäblichen Sinne des Wortes zu militarisieren und, etwas übertrieben ausgedrückt, eine Art Amazonentruppe, wenn auch ohne Kampfaufgabe, innerhalb der Armee zu schaffen. Es kommt dies besonders zum Ausdruck durch die Einführung der in der Armee üblichen Grade anstelle von Funktionsbezeichnungen sowie durch die Einführung bzw. Beibehaltung des Drills (Achtungstellung) und des militärischen Grusses. Ich betrachte diese Massnahmen als sachlich unnötig und auch als eine Verkennung des Wesens der Frau. [...] Die Achtungstellung ist überflüssig. Kein Dienstbetrieb des Frauenhilfsdienstes wird darunter leiden, wenn die Achtungstellung nicht angewendet wird. In der kurzen Einführungszeit wird die FHD den Drill ja doch nicht als Erziehungsmittel richtig erleben können. Die Achtungstellung ist überdies bei der Frau eine unästhetische Haltung.»[22] Man war jedoch nicht nur der Ansicht, dass «alles, was äusserlich nach Soldätelen aussieht», dem «Wesen» der Frau in keiner Art entspreche, man zeigte sich auch überzeugt davon, dass eine FHD von ihren männlichen Dienstkameraden nur dann ernst genommen werde, «wenn sie sich als Frau aufführt und nicht als kriegerisch verkleidete Wehrmännin». Eine Frau musste sich wie eine Frau benehmen – dies galt auch für eine FHD. Sie war nicht nur verpflichtet, «gewissenhaft, gewandt, ausdauernd und sich unterordnend» ihren Dienst zu leisten, sie hatte dabei auch ihr «Wesen» beizubehalten und dafür zu sorgen, dass ihre «Andersartigkeit» sichtbar blieb. Das heisst zum Beispiel, dass die FHD den militärischen Gruss eines männlichen Armeeangehörigen auf zivile Art erwidert. Und das bedeutet auch, dass eine FHD auf die Achtungstellung verzichtet und nicht den «weiblichen Hampelmann» spielt.[23]

Diese farbigen Formulierungen derjenigen Armeevertreter, die einer Gleichstellung der weiblichen Militärdienstleistenden ablehnend gegenüberstanden, ziehen die Frage nach sich, mit welchen Ausführungen die wenigen Armeevertreter, die sich etwa für die Einführung einer Gradstruktur aussprachen, die Debatten belebten. Die Antwort fällt ernüchternd aus: mit keinen! Sie verfochten zwar ihre eigene Position mit Nachdruck, verzichteten jedoch weitgehend auf allgemeine Betrachtungen über das «Wesen» der Frau. Und die verschwindend kleine Minderheit, die einer weiblichen Armeeangehörigen grundsätzlich die gleichen Rechte wie einem männlichen Armeeangehörigen zubilligen wollte, sah angesichts der harschen Reaktionen einiger Dienstkollegen sogar davon ab, ihre Überlegungen auszuführen.[24]

Die hier in aller Kürze skizzierten Diskussionen um die Mitarbeit von Frauen in der Armee während der Jahre 1944–1948 sind in zweierlei Hinsicht aufschlussreich. Bemerkenswert ist zum einen, dass sich sowohl die Angehörigen des SFHDV wie auch alle Vertreter einzelner Armeestellen klar für die Weiterführung eines militärisch organisierten Fraueneinsatzes aussprachen. Begründet wurde diese Haltung allerdings unterschiedlich. Während die Frauen davon überzeugt waren, dass ihr Einsatz auch künftig seine *Berechtigung* habe, bezeichneten die Männer diesen Einsatz angesichts der drohenden Entlassung mehrerer 1000 Frauen aus den Hilfsdiensten als eine absolute *Notwendigkeit*. Die Verwendung der beiden Begriffe «Berechtigung» und «Notwendigkeit» verdeutlicht jedoch nicht nur die unterschiedlichen Beweggründe der in die Diskussionen involvierten weiblichen und männlichen Armeeangehörigen. In der Verwendung dieser beiden Begriffe waren auch bereits die Debatten um die konkrete Ausgestaltung der Mitarbeit angelegt. Und damit sei auf einen weiteren interessanten Punkt hingewiesen: auf die höchst unterschiedlichen Forderungen der organisierten FHD-Angehörigen einerseits und der mit der Reorganisation beauftragten Armeestellen anderseits. Hier zeigten sich die Angehörigen des SFHDV klar *egalitär* orientierten Vorstellungen verpflichtet. Beeinflusst von den aktuellen Frauenstimm- und -wahlrechtsdebatten forderten sie eine weitgehende Gleichbehandlung und Gleichstellung der diensttauglichen Frauen mit den diensttauglichen Männern. Im Gegensatz dazu argumentierte die grosse Mehrheit der Armeevertreter ausgesprochen *dualistisch*. Davon ausgehend, dass eine Frau auch im Dienst ihr «Wesen» beizubehalten bzw. ihre «Andersartigkeit» zu demonstrieren habe, lehnte sie eine allzu sichtbare Anpassung der weiblichen Dienstleistenden an die als «männlich» eingestuften Verhaltensformen ab.

Interessant ist nun, welche Konsequenzen man angesichts der kaum zu vereinbarenden Vorstellungen zog. Entgegen den Forderungen des SFHDV entschloss man sich definitiv für die Integration der weiblichen Dienstleistenden in die einzelnen Hilfsdienstgattungen. Damit blieben die ausdrücklich als *dienst*tauglich geltenden Frauen den *hilfsdienst*pflichtigen Männern gleichgestellt – gleichgestellt in formaler Hinsicht. Diese Relativierung drängt sich deshalb auf, weil für die hilfsdienstleistenden Frauen nicht die gleichen Einsatzmöglichkeiten vorgesehen waren wie für die hilfsdienstleistenden Männer; ihnen standen von den über 30 HD-Gattungen nur gerade deren zwölf offen.[25] Man behielt auch die bereits während der Aktivdienstzeit verwendeten Funktionsstufen bei. Entsprochen wurde lediglich der Forderung des Verbandes nach einheitlich geregelten Einführungs- und Kaderkursen (Einführungskurse: neu 20 Tage, Ergänzungskurse: 90 Tage) und der Forderung nach Beibehaltung des Freiwilligkeitsprinzips. Kurz, dem SFHDV blieb ein Erfolg weitestgehend versagt. Dieser Umstand wog um so schwerer, als ungefähr gleichzeitig mit der definitiven Einstufung der *militärdienst*leistenden Frauen als eidgenössische *Hilfs*dienstpflichtige ein verbindliches «FHD-Dienstreglement»[26] ausgearbeitet wurde, das sich deutlich an den Ausbildungsvorschriften für Männer orientierte. Neu galt es nun, jede FHD-Angehörige «zum militärischen Auftreten» zu erziehen, wobei die dafür notwendige «Selbstbeherrschung» durch eine gezielte Einzelausbildung beispielsweise im «korrekten Ausführen der Ruhe- und Achtungstellung» und im «einwandfreien Beherrschen des militärischen Grusses» erlangt werden sollte.[27] Die Frauen befanden sich also in einer wenig beneidenswerten Lage. Sie hatten nicht nur ihre Vorstellungen von Gleichstellung vergeblich vertreten, sie sahen sich jetzt auch mit der Tatsache konfrontiert, dass die gleichen Armeevertreter, die etwa die Herauslösung des FHD aus dem Hilfsdienststatus als eine zu weitgehende Anpassung an die «Gebräuche» der Armee qualifizierten, nun offenbar keine Schwierigkeiten darin sahen, die Frauen auf «männliche Gepflogenheiten» zu verpflichten. Eine Inkonsequenz, die in den folgenden Jahren mitverantwortlich für eine Reihe von grundlegenden Konflikten war.

Anmerkungen

1 Schweizerisches Bundesarchiv (BA), E 27, 9417, «Frau und Vaterland», Oktober 1960.
2 Ich stütze mich im wesentlichen auf Quellen aus dem Schweizerischen Bundesarchiv, namentlich auf die Bestände E 27, Landesverteidigung und E 5302 (B), BADJ Akten 1939–1980. Weiter verwende ich das monatlich erschienene Organ des SFHDV «Frau und Vaterland, Femme et Patrie, Donna e Patria».
3 Karl Haltiner, Ruth Meyer, «Frau und Armee in der Schweiz», in: *SAMS-Informationen* (1982) 2, 24 ff.
4 Oberst im Generalstab Sarasin war vom 8. Mai 1940 bis zum 31. Dezember 1941 Leiter der Sektion FHD.
5 BA, E 27, 9467, Sarasin, Schreiben vom 19. August 1940.
6 Ab August 1940 «Stab FHD» genannt, später auch «Eidgenössische FHD-Kommission».
7 Gertrud Hämmerli-Schindler, «Aus der Gründungszeit des militärischen Frauenhilfsdienstes (FHD) in der Schweiz», in: *25 Jahre Schweizerischer Militärischer Frauenhilfsdienst*, Zürich 1964, 17.
8 BA, E 27, 9362–9374, Zentralkomitee FHD, Schreiben vom 5. Juli 1941 an Oberstdivisionär Huber.
9 BA, E 27, 9362–9374, Oberstbrigadier Hold, Schreiben vom 29. August 1941 an Oberstkorpskommandant Huber.
10 BA, E 27, 9362–9374, General Henri Guisan, Schreiben vom 24. Oktober 1941 an Bundesrat Kobelt.
11 Elisabeth Steffen, «Der Schweizerische FHD-Verband», in: *25 Jahre FHD*; BA, E 27, 9417, «Frau und Vaterland», Oktober 1960.
12 BA, E 27, 9417, «Frau und Vaterland», November 1946.
13 BA, E 27, 9357, Schweizerisches Frauensekretariat, Bericht der Frauenkommission für das Studium des Problems des FHD, Juni 1945.
14 BA, E 27, 9417, «Frau und Vaterland», Juni, Juli, August 1946.
15 Hedwig Schudel war während der Aktivdienstzeit die verantwortliche FHD in der Sektion FHD, sie wurde inoffiziell auch «Chef-FHD» genannt.
16 BA, E 27, 9357, Schweizerisches Frauensekretariat, Bericht der Frauenkommission für das Studium des Problems des FHD, Juni 1945; BA, E 27, 9357, SFHDV, Schreiben an den Vorsteher des EMD vom 18. September 1945; BA, E 27, 9417, «Frau und Vaterland», Oktober 1946.
17 BA, E 27, 9362–9374, Pressedienst des EMD, Organisation und Aufgaben des Frauenhilfsdienstes in der schweizerischen Armee (undatiert), 1.
18 BA, E 27, 9374, Protokoll vom 20. Mai 1947.
19 BA, E 27, 9415–9417, Oberst Annasohn an den Chef der Sektion Heeresorganisation, Schreiben vom 19. Februar 1947.
20 BA, E 5302 (B) 1976/121, Bd. 4, Oberst Vaterlaus, Schlussbericht des Schweizerischen Frauenhilfsdienstes über den Aktivdienst 1940/45, 47.
21 BA, E 27, 9374, Protokoll vom 20. Mai 1947.
22 BA, E 27, 9415–9417, Oberst Annasohn an den Chef der Sektion Heeresorganisation, Schreiben vom 19. Februar 1947.
23 BA, E 27, 9374, Protokoll vom 20. Mai 1947.
24 In den Protokollen tauchen in diesem Zusammenhang immer wieder Warnungen auf, mit

entsprechenden Äusserungen nicht auch die Frauenstimm- und -wahlrechtsdebatten anzuheizen.
25 BA, E 27, 9410–9417, Presseerklärung des EMD, Dezember 1948.
26 BA, E 27, 9362–9374, Entwurf Dienstreglement FHD vom 20. Januar 1949.
27 Eidgenössische Militärbibliothek Bern, X IX brosch.

Eva Klesli

Education physique féminine entre 1900 et 1930

Les motivations pour l'introduction de la gymnastique féminine ont été très différentes de celles des garçons. Si ces derniers pratiquent la gymnastique pour des raisons de défense nationale, la santé de la jeunesse féminine a été la base principale de l'introduction de l'éducation physique des jeunes filles. Ces deux chemins parallèles vont cependant se croiser et s'influencer au cours des décennies qui suivent leur début. Si le grand frère protège sa petite sœur au départ en lui transmettant un peu de sa discipline et de son organisation, celle-ci dès la fin des années 20 va rechercher son indépendance et bien des années plus tard sera capable d'apporter à son ancien protecteur une note d'originalité qui lui manquait dans le passé.

Motivation militaire pour la gymnastique masculine

A cause des événements politiques (la question savoyarde, la guerre franco-allemande 1870/71), la défense devient une question nationale en Suisse.[1] Elle s'exprimera de façon légale dans la nouvelle constitution de 1874 qui va introduire la gymnastique comme branche obligatoire pour la jeunesse masculine dès l'âge de dix ans. Les débuts de cette discipline sont laborieux et trouvent une certaine opposition dans les cantons fédéralistes qui acceptent mal cette ingérence de la Confédération dans leurs affaires privées. Bon gré, mal gré, ceux-ci commencent à construire des places et des halles de gymnastique et à former les enseignants dans les écoles normales. Sans les inspections fédérales, les cantons n'auraient certainement pas montré beaucoup de zèle. Or, la Confédération va publier les résultats des examens de recrutement, ce qui va définitivement faire réagir les cantons qui se trouvent en queue du peloton. Ainsi, les Instructions publiques cantonales vont édicter des lois pour une amélioration du niveau scolaire et une introduction de l'éducation physique à l'école.
Pour sa part, la Confédération va s'appuyer sur deux sociétés de gymnastique: la

Société fédérale de gymnastique et la Société suisse des maîtres de gymnastique. Elle organisera des cours de formation pour les instituteurs dans des écoles de recrues spécialement conçues pour le corps enseignant.

Le but de cette éducation physique est de fortifier et de discipliner la jeunesse masculine par des exercices qui sont établis en fonction de la future tâche de soldat du citoyen suisse. Rien de commun avec l'éducation physique qui se pratique dans nos écoles aujourd'hui.

La santé, motivation principale de la gymnastique féminine

A la fin du 19e siècle, la gymnastique féminine est pratiquement inexistante en Suisse. Seules quelques écoles de filles font figurer l'éducation physique dans leur programme scolaire, ce sont les écoles des grandes villes, où il existe des halles de gymnastique.

Les médecins et les pédagogues dénoncent les dégâts physiques causés par une éducation dominée par des activités statiques; ils dénoncent surtout les aberrations d'une mode qui prône la taille de guêpe avec le port du corset et les chaussures à hauts talons qui déforment les pieds. Ils «ne cessent de réclamer des exercices physiques pour les jeunes filles. Mais quant à l'application des théories, on se borne à quelques indications sommaires, tout en faisant» de nombreuses réserves.»[2]

C'est leur collaboration avec les maîtres de gymnastique qui va amener progressivement à l'introduction de la gymnastique dans les écoles de filles. Ces derniers, tout en appuyant le raisonnement des médecins ajoutent un argument qui peut se rapprocher de la motivation militaire de la gymnastique des garçons; si la force physique des hommes est importante pour la défense de la patrie, la santé des femmes, qui mettent au monde les futurs soldats, a à fortiori encore plus d'importance. Les maîtres de gymnastique de Bâle sont les premiers à chercher à coopérer avec les médecins. Ils les réunissent un premier temps pour leur démontrer les bienfaits de la gymnastique sur la santé des jeunes filles. A cette occasion, même les médecins réticents sont obligés d'admettre que l'éducation physique enseignée selon une méthode bien structurée, et adaptée aux capacités du sexe féminin, ne peut être dangereuse, bien au contraire. A la suite de cette démonstration, médecins et enseignants vont établir ensemble un programme de gymnastique pour les filles de la ville de Bâle.[3]

Dès 1889, la Société fédérale de gymnastique organise des cours d'éducation physique pour les instituteurs. En parallèle la Société suisse des maîtres de gymnastique met sur pied une formation équivalente pour les enseignants des écoles de filles, qui débute à Winterthour en 1891. Bien que ces cours essaient de développer la grâce et l'élégance chez les jeunes filles, beaucoup d'exercices sont empruntés à la gymnastique des garçons et ont un caractère martial.

Cependant, le grand pas franchi en faveur de l'éducation physique féminine est avant tout dû à l'enquête demandée en 1907 par la Société suisse d'hygiène scolaire et soutenue par la Société suisse des maîtres de gymnastique et la Société suisse des instituteurs.

L'enquête de 1907

Sur la proposition du Docteur Schmutziger, le 5 janvier 1906 la Société suisse d'hygiène scolaire demande au Département de l'Intérieur d'envoyer à toutes les Directions d'Instruction publique cantonales un questionnaire sur l'état de la gymnastique féminine dans leurs écoles.[4]

J. Spühler, vice-président de la Société suisse des maîtres de gymnastique, donne les résultats lors de l'assemblée générale de sa société le 19 juin 1909 à Soleure. Voici ce qui ressort de son enquête.

La gymnastique féminine dépend de la situation topographique des cantons, de l'occupation des habitants, des moyens financiers mis à disposition et de son appréciation par la population, les autorités et les enseignants. Ainsi elle est pratiquement inexistante dans les écoles primaires des villages de montagne et de campagne. Dans les écoles secondaires et supérieures, les conditions sont meilleures, car les grandes écoles possèdent en général un local. Certains cantons privilégient l'ouvrage manuel au dépend de l'éducation physique. Le co-rapporteur Bubloz juge que les fillettes de la campagne et des montagnes bougent peut-être assez quantitativement mais que la gymnastique peut leur apporter le manque qualitatif.[5]

Bref, la gymnastique féminine a encore besoin de beaucoup de stimulation pour occuper une place sérieuse dans le programme d'enseignement. Le résultat pratique de cette enquête est la publication en 1916 d'un manuel fédéral de gymnastique, ayant pour but d'aider les enseignants dans leur tâche. Cette enquête a également pour effet une prise de conscience des différents cantons. Certains d'entre eux feront des efforts pour promouvoir jusque dans leurs législations cette nouvelle branche.

Le plus grand obstacle que rencontre la gymnastique féminine est le manque de moyens financiers. Dans la plupart des cantons, les Directions d'Instruction publique ont déjà assez de mal à respecter les réglementations concernant la gymnastique des garçons, pour ne pas songer à s'occuper encore de trouver des fonds pour une branche qui est de toute façon considérée comme inutile par la population.

Gymnastique et sports féminins, synonyme de changement?

Les débuts de la gymnastique féminine en Suisse coïncident avec l'arrivée en Europe des premiers mouvements féministes et sportifs. On différencie à l'époque la notion de gymnastique et de sport, la première ayant un caractère éducatif et la seconde, un caractère récréatif.

Bien qu'indépendants et n'ayant aucune relation directe entre eux, le sport féminin et le féminisme, qui viennent d'Amérique et d'Angleterre, mettent en valeur les mêmes qualités, à savoir la confiance en soi, l'émancipation, l'indépendance et la sensibilisation aux contacts sociaux. Au tournant du siècle, on assiste en Suisse à l'ouverture de différentes écoles supérieures pour jeunes filles qui leur offrent la possibilité de faire des études universitaires. Ce droit est néanmoins réservé aux femmes des classes supérieures. Pour le sport, le cheminement est presque identique puisqu'il est pratiqué par la couche sociale qui a des loisirs, c'est-à-dire une minorité. Les autres sont d'abord initiées à la gymnastique et ne pourront goûter que plus tard aux joies du sport.

Sur le plan fédéral

Le mouvement en faveur du sport et des jeux, venu de Grande-Bretagne, va se répandre en Suisse et créer des dissidences. La Société suisse des maîtres de gymnastique se laisse dépasser par ce courant qui, selon elle, ne trouve pas sa place à l'école. Par contre, la jeune génération des professeurs de gymnastique, séduite, soutient les nouvelles idées sportives et fonde en 1908 une société parallèle, la Ligue suisse pour l'éducation physique et les jeux. Cette association va opposer au drill de la gymnastique scolaire des jeux, des excursions et surtout le plaisir des activités corporelles. Elle défend aussi une gymnastique féminine qui évolue avec son temps. Les deux sociétés s'affrontent pendant plus de 17 ans et se réunissent finalement en 1925, pour le plus grand bien de la gymnastique scolaire.[6] Celle-ci, tout en gardant les aspects positifs des théories du passé, s'ouvre aux sports et aux jeux.

Quant aux sports féminins, au début du 19e siècle, seules quelques rares femmes en pratiquent en Angleterre. Vers la fin du siècle, ces activités sportives se développent. Les pionnières du sport féminin sont naturellement les femmes des couches sociales supérieures, qui disposent de leur temps libre. Les étudiantes des collèges américains créent les premiers clubs sportifs.[7]

Quand en 1896, Pierre de Coubertin organise les premiers jeux olympiques modernes, il ne prévoit pas d'intégrer les femmes dans ces nouveaux jeux. Celles-ci cependant ne se laissent pas écarter longtemps. Elles font une timide apparition aux jeux de Paris (douze participantes), et leur nombre va augmenter progressivement, ceci malgré l'opposition du fondateur des J. O. L'épreuve reine des jeux, l'athlétisme, leur sera néanmoins fermée jusqu'en 1928, date de la démission de Pierre de Coubertin du comité olympique. La Fédération sportive féminine internationale a organisé des jeux séparés pour les femmes de 1921 à 1934. A ce moment-là toutes les disciplines de l'athlétisme sont ouvertes aux femmes.[8]

Qu'en est-il des femmes suisses? On sait qu'il y eut une représentation féminine de la Suisse aux olympiades de Paris en 1900. On sait également qu'elles furent représentées aux jeux séparés organisés à Monaco par la Fédération sportive féminine internationale. Mais ces femmes reflètent une minorité. L'attitude en Suisse face au sport féminin est plutôt négative. Même la Société suisse de gymnastique féminine fondée en 1908, est opposée à ces nouveautés qu'elle ne trouve pas compatibles avec la nature profonde de la femme. Malgré ces oppositions, les sports et les jeux vont faire leur apparition dans les écoles de filles en Suisse grâce à la ténacité de la Ligue suisse pour l'éducation physique et les jeux. La réalisation pratique de son effort se manifeste dans le deuxième manuel «fédéral» de gymnastique pour les filles. Ce livre comprend en effet à côté des exercices de la gymnastique traditionnelle, des sports tels la natation, le patinage, le ski, les excursions, et, sous le titre d'exercices populaires, on trouve des sports liés à l'athlétisme, comme le saut en hauteur, en longueur, la course et les lancers.

Mais la population helvétique ne montre pas encore un grand enthousiasme pour l'éducation physique de ses filles. Les différentes sociétés de gymnastique essayent de promouvoir leurs activités par des manifestations extérieures, mais l'accueil est tellement froid et hostile que les femmes gymnastes montrent une grande retenue à présenter leurs exercices en plein air. Souvent elles y renoncent face aux critiques de l'opinion publique. Il faut éduquer cette dernière, lui expliquer le pourquoi du «costume de gymnastique» et lui démontrer les bienfaits de la culture physique. Trois grandes manifestations rendent populaire la gymnastique féminine; il s'agit de l'exposition pour le travail féminin (Saffa) en 1928 à Berne, l'exposition suisse sur le sport et l'hygiène (Hyspa) en 1931 et enfin la grande démonstration de gymnastique à l'occasion du jubilé de la Société suisse de gymnastique en 1932 à Aarau.[9] A chaque démonstration, les femmes améliorent leurs prestations et deviennent de ce fait plus crédibles.

Sur le plan cantonal: l'exemple de Fribourg

Si l'acceptation de la gymnastique au niveau fédéral est difficile, son introduction dans le canton de Fribourg est encore plus laborieuse. En effet Fribourg est un canton très catholique et très fidèle à ses traditions conservatrices. Les rapports établis par les médecins scolaires autour de 1915 font état d'un canton qui souffre de graves problèmes d'alcoolisme et d'hygiène, d'où de nombreuses maladies surtout dans les couches inférieures de la société. La gymnastique apparaît en fait comme le moyen rêvé pour lutter contre tous ces fléaux. Les autorités politiques cantonales s'en rendent compte au début du siècle, mais elles ont beaucoup de peine à convaincre une population qui ne veut pas être dérangée dans ses habitudes et qui brandit, de concert avec les curés de campagne le sacro-saint respect de la morale.

Deux hommes seront les artisans de l'introduction de l'éducation physique féminine dans le canton, ce sont Guillaume Sterroz, professeur de gymnastique et Georges Python, le Directeur de l'Instruction publique. Sterroz enseigne la gymnastique dans de nombreuses classes de filles et de ce fait est à même de comprendre et d'adapter cette branche aux besoins des écoles. Il publie des programmes pour la gymnastique des filles et des garçons, il organise des cours de perfectionnement pour l'introduction de ces programmes auprès des instituteurs et institutrices et enfin introduit dans les écoles de filles des examens similaires à ceux des garçons. C'est ce dernier point qui rencontre le plus d'oppositions. Différentes communes refusent que les filles de leurs écoles soient inspectées.

Elles vont écrire à la Direction de l'Instruction publique pour protester. Voici quelques-uns de leurs arguments: «N'ayant pas de place fermée propice à ces exercices, il n'est pas convenable pour la Rde Sœur et pour des filles de gesticuler sur une place publique. Les autorités communales ainsi que les parents s'opposent et s'opposeront aussi longtemps que possible à ces exercices pour les filles. Il nous semble impossible que les autorités supérieures exigent cela surtout pour la campagne où on a assez de gymnastique.»[10]

Elles relèvent également que ces exercices se font à proximité des auberges et que les enfants vont s'y désaltérer après l'examen (problème de l'alcoolisme), qu'il n'est pas décent que les fillettes fassent des exercices de gymnastique dans l'habit villageois, qu'un homme soit responsable de l'inspection (proposition d'engager une inspectrice), etc.

Dans le district de la Singine, certaines écoles ne se présentent même pas aux examens de gymnastique pour les garçons, ni aux cours de perfectionnement. Les raisons de ce refus sont d'une part la personnalité de G. Sterroz, l'inspecteur officieux, d'autre part la frontière linguistique et un désir de garder une certaine indépendance face à l'Instruction publique. Cette indépendance se retrouve en matière de gymnastique féminine, puisque les sœurs d'Ingenbohl, responsables en grande partie des écoles de filles dans le district organisent elles-mêmes leurs cours de perfectionnement d'éducation physique. Cette liberté prise au mépris des prescriptions cantonales mécontente Sterroz qui soupçonne les sœurs de pratiquer ce qu'il appelle «une gymnastique à l'eau de rose».[11]

Dans certaines écoles, les cours de gymnastique souffrent d'un grand abstentionnisme. C'est la manière que choisissent les parents pour exprimer leurs protestations et leurs craintes face à cette nouvelle branche d'enseignement. Dans ce cas précis, le directeur de l'Instruction publique intervient pour vérifier la validité des excuses parentales et pour mettre à l'amende les récalcitrants.

Mais Sterroz cherche comment dissoudre cette opposition et faire accepter la gymnastique féminine. Il trouve plusieurs moyens qui à longue échéance vont porter leurs fruits. Il va d'abord former des femmes à l'enseignement de l'éducation physique, puis, avec d'autres enseignants, il écrit des articles dans le Bulletin pédagogique (journal des enseignants) pour expliquer les principes de la gymnastique féminine et ses bienfaits. Etonnamment les écoles tenues par des religieuses suivent l'énergique professeur de gymnastique et le gouvernement fribourgeois et inscrivent la gymnastique au programme de leur école. La campagne a plus de peine à suivre. Certaines écoles, à défaut de gymnastique, proposent des cours d'hygiène pour lutter contre des fléaux tels que l'alcoolisme, la tuberculose et la forte mortalité infantile.

Si les autorités fribourgeoises se sont efforcées d'introduire la gymnastique féminine dans le canton, elles ont tenu à le faire dans le respect des traditions conservatrices de la population. Pour elles, la gymnastique a pour but de donner la santé aux futures mères, qui sont les gardiennes des foyers et les premières éducatrices des futurs citoyens. En soignant leur éducation, elles soignent en même temps toute une société qui évolue avec l'ère du temps tout en conservant les principes d'une tradition basée sur la religion catholique.

Conclusion

Privée de moyens financiers valables, critiquée par l'opinion publique, coincée entre les mouvements modernes venus de l'extérieur et des traditions conservatrices reniant toutes innovations, la gymnastique féminine a malgré tout fait son chemin en Suisse. Grâce au support d'hommes ouverts à un certain changement, elle a bénéficié d'une sorte d'indépendance que la gymnastique masculine n'avait pas. Cette dernière était tenue de respecter les lois et les réglementations du Département militaire fédéral et de ce fait n'avait pas autant de liberté que la culture physique féminine. Celle-ci s'est ouverte à des mouvements plus libres, plus naturells que ceux qui étaient son lot lorsqu'elle essayait encore d'imiter son grand frère. Les femmes ont dû s'affranchir des structures imposées par les hommes et ce n'est que dans les années 40 qu'«elle s'émancipe de la gymnastique masculine et se combine avec la musique. Depuis 1966, elle enrichit les exercices des garçons de ses apports originaux.»[12] Juste retour des choses que cette influence réciproque qui enrichit une discipline dont le but est aujourd'hui enfin le bien-être physique qui s'adresse aux citoyens suisses des deux sexes.

Notes

1   Heini Herter, «Der schweizerische Turnlehrerverein», in: *125 ans au service de l'éducation physique scolaire 1858–1983*, Stäfa 1983, 41.
2   S. Arbenz et al., *Manuel suisse pour l'enseignement de la gymnastique aux jeunes filles*, Zurich 1930, 14.

3 Jakob Bollinger-Auer, *Turnübungen für die Mädchen der oberen Klassen*, Zürich 1897, vol. 2, 3–8.
4 Louis Burgener, *La Confédération suisse et l'éducation physique de la jeunesse*, La Chaux-de-Fonds 1952, vol. 1, 266.
5 J. Spühler, «Förderung des Mädchenturnens in den schweizerischen Schulen durch Bund und Kantone», *Annales suisses d'hygiène scolaire* 98 (1909), 109–111.
6 Fritz Pieth, «De la confrontation à l'intégration», in: *125 ans au service de l'éducation physique 1858–1983*, Stäfa 1983, 60–62.
7 Uriel Simri, *A concise world history of women's sports*, Netanaya 1983, 15–16.
8 Uriel Simri, *A historical analysis of the role of women in the modern olympic games*, Netanaya 1977, 8–15.
9 Eugen Zehnder, *Jubiläumsschrift des eidgenössischen Turnvereins 1832–1932, Eine Rückschau*, Zurich 1933, 205–207.
10 Archives de l'Etat de Fribourg, DIP gymnastique, lettre de J. Borcard, président de la commission scolaire de Grandvillard à G. Sterroz, 23 octobre 1913.
11 Archives de l'Etat de Fribourg, DIP gymnastique, Lettre de Guillaume Sterroz à Georges Python, directeur de l'instruction publique, 23 mars 1914.
12 Louis Burgener, «L'éducation physique en Suisse: histoire et situation actuelle», in: *Le sport et l'éducation: documents et recherche*, Derendingen 1974, vol. 1, 45.

Chantal Ostorero

Les rapports sociaux de sexes

Un élément constitutif de la modernité de la pensée d'Auguste Forel?

Figure connue que celle d'Auguste Forel (1848–1931), et toute auréolée d'épithètes flatteuses. Les notices biographiques, à relents souvent hagiographiques,[1] le présentent en effet comme un entomologiste et psychiatre réputé, directeur pendant près de 20 ans de l'asile d'aliénés du Burghölzli à Zurich, comme un grand savant, libre-penseur, qui se distingua également par ses positions socialistes et humanistes, par son militantisme antialcoolique, ainsi que par sa lutte contre la prostitution et les maladies vénériennes. Tant et si bien que, consécration ultime, son portrait orne actuellement notre billet de mille francs...

Cette image de gloire nationale a été quelque peu nuancée ces dernières années. Des chercheurs, comme Frank Preiswerk,[2] Philippe Ehrenström,[3] Marie-France Zeller[4] et Marc Rufer,[5] ont mis en évidence les ambiguïtés des propos de ce scientifique et réformateur social, à savoir ses théories en matière d'hérédité et de dégénérescence de la race. Faisant écho aux angoisses collectives que suscite, au tournant du siècle, la crise de la modernité,[6] Auguste Forel apparaît en effet comme l'un des plus ardents défenseurs d'une *hygiène de la race*, soit d'une politique de *sélection humaine rationnelle*. Face à une société dont les valeurs fondamentales sont en crise, la science bénéficie à ses yeux d'un droit légitime d'expertise en matière de politique sociale, dans la mesure où elle seule peut contribuer à une régénération sociale, morale et raciale.

C'est dans cette perspective que la question sexuelle, ainsi que les rapports entre hommes et femmes, intéressent Forel. Il y consacre, en 1905 – année qui voit également la parution des *Trois Essais sur la théorie de la sexualité* de Freud –, un ouvrage de plus de 600 pages,[7] véritable best-seller puisqu'il connut de multiples rééditions et fut traduit en plusieurs langues, dont le français en 1906. C'est la responsabilité des êtres humains vis-à-vis des générations futures qui constitue le point de départ de la réflexion de Forel dans cet ouvrage. Or cette responsabilité est indissociable de la nécessité de mettre en place des *réformes rationnelles dans le domaine de la sexualité*. Comme il le précise dans son introduction, *«pour son bonheur, l'humanité doit désirer se reproduire d'une façon qui élève progressivement toutes les facultés physiques et mentales de l'homme* [...].»[8] Dans son élaboration d'une morale sexuelle rationnelle, les rapports entre hommes et femmes occupent bien évidemment une place prépondérante, non seulement du fait de leur fonction biologique de reproduction de l'espèce, mais également sur le plan social, dans la mesure où parmi les interactions sociales, celles entre l'homme et la femme sont pour lui parmi les plus importantes. C'est cette interdépendance entre le biologique et le social qui l'amène d'ailleurs à se prononcer en faveur d'une émancipation des femmes, car «chez aucun animal la femelle n'est un objet possédé par le mâle. Nulle part dans la nature, nous ne trouvons de loi esclavagiste qui subordonne de force l'un des sexes à l'autre.»[9] Il est à relever que Forel est l'un des rares auteurs de cette période à justifier une égalité sociale et politique des femmes fondée sur la complémentarité des sexes par des références à la nature; la plupart y puisent au contraire matière à légitimer leur infériorité...

Cette contribution se propose d'explorer cet intérêt d'Auguste Forel pour la sexualité, ainsi que la place que cette question occupe dans son «projet de régénération sociale, morale et raciale» – comme l'intitule Preiswerk. Il s'agira de se demander quelles analyses de la sexualité masculine et féminine Forel nous propose; quelles incidences ont de telles conceptions sur sa vision des rapports sociaux de sexes; et enfin quelle place il attribue à ces derniers dans sa doctrine sociale.

La Question Sexuelle: un ouvrage d'avant-garde?

Il faut inscrire *Die sexuelle Frage* dans le contexte du développement, dès la seconde moitié du XIXe siècle, des recherches sur la psychologie et la psychopathologie sexuelles.[10] En effet, s'appuyant sur les nombreuses découvertes biologiques et anatomiques qui, au cours du XIXe siècle, viennent éclairer le mécanisme de la reproduction ainsi que le fonctionnement respectif des organes sexuels masculins et féminins, certains médecins commencent à poser sur la sexualité un regard analytique, donnant ainsi naissance à la «science du sexuel» – le terme «sexologie» apparaît pour la première fois, selon Brenot,[11] en 1911, dans le titre d'un ouvrage de Sirius de Massilie[12] où il est utilisé pour désigner «la détermination du sexe des enfants avant la naissance»;[13] il faut attendre 1931 pour le voir utilisé dans son sens actuel,[14] quant au Petit Robert, il situe les premiers usages courants de ce terme en 1949.

C'est au clinicien autrichien Richard von Krafft-Ebing, déjà connu pour ses travaux de psychiatrie médico-légale, que l'on attribue généralement le mérite d'avoir fondé la pathologie sexuelle scientifique moderne avec la publication, en 1886, de sa *Psychopathia Sexualis*.[15] Krafft-Ebing, au travers de sa classification des anomalies sexuelles donna une forte impulsion à la connaissance de la pathologie sexuelle; aussi les études à ce sujet se multiplièrent-elles. On peut citer, entre autres, celles de Magnus Hirschfeld, qui fonda en 1899 la première revue spécialisée, le *Jahrbuch für sexuelle Zwischenstufen*, ainsi que les travaux de Moll,[16] de Meynert,[17] de Féré,[18] d'Eulenburg[19] et enfin les 19 volumes (dans l'édition française)[20] des *Etudes de psychologie sexuelle* que publie Havelock Ellis entre 1896 et 1928.

Ainsi, lorsqu'Auguste Forel publie *Die sexuelle Frage* en 1905, il s'inscrit dans un vif courant d'intérêt pour la psychologie et la psychopathologie sexuelles, intérêt fortement marqué, il faut le préciser, par les débats sur l'évolution de l'espèce humaine et la question de la dégénérescence de la race,[21] la nature de l'«instinct sexuel», la définition de la «normalité» en matière de pratiques sexuelles et la constructions de nouvelles catégories sexuelles et psychologiques pour caractériser et classer les différents types de «déviances». Toutefois, ce qui, à mon sens, fait l'originalité de son ouvrage, c'est que loin de se contenter d'aborder la sexualité sous un angle purement médical et analytique, qu'il s'agisse de l'analyse des mécanismes de la reproduction, de la description méticuleuse des troubles sexuels, d'un catalogue des déviances, ou encore de la présentation scientifique de telle ou telle pratique, *La Question Sexuelle* inscrit la sexualité *au centre* d'une vaste réflexion sur l'homme et la société.

Destiné à un vaste public – même si l'éditeur de la traduction française, Georges Steinheil, de Paris, exigea, en même temps que la suppression de la dédicace à sa femme, l'adjonction au titre *La Question Sexuelle* des mots: *Exposée aux Adultes cultivés* –, cet ouvrage se propose en effet d'aborder la sexualité de manière claire et franche, en faisant «table rase des préjugés, des traditions et de la pruderie»,[22] et de traiter cette question «au point de vue des sciences naturelles, de la physiologie, de la psychologie et de la sociologie».[23] Cette perspective globalisante lui permet donc de faire de la sexualité un thème central autour et à partir duquel il articule ses différents combats contre «les racines de la dégénérescence»:[24] la lutte contre le culte de l'argent (et contre le capitalisme), la lutte contre l'usage des narcotiques (principalement contre l'alcoolisme), la lutte pour l'émancipation de la femme, la lutte contre le préjugé et l'autorité de la tradition, la lutte contre la pornographie, la lutte contre les empiétements de la politique dans la vie sexuelle (immixion de l'Etat dans la vie sexuelle et influence de la sexualité en politique), la lutte contre les maladies vénériennes et la prostitution, et enfin la lutte des races humaines, soit «comment notre race aryenne et sa civilisation pareront-elles au danger de se voir pacifiquement envahies et exterminées par la fécondité effrayante de certaines autres races humaines?»[25]

Si Forel traite, dans d'autres ouvrages ou brochures, plus spécifiquement de chacun de ces différents thèmes, la question sexuelle lui permet de les articuler de manière plus étroite et plus cohérente. En effet, comme il le souligne dans son introduction, face au diagnostic de dégénérescence qu'on ne peut manquer de poser sur la société, «la question sexuelle est d'une importance fondamentale pour l'humanité, dont le bonheur et le bien-être à venir dépendent en très grande partie de la meilleure solution de cet important problème».[26]

Cette place centrale qu'Auguste Forel attribue à la question sexuelle dans son analyse de la société ainsi que dans son projet de réformes morales, sociales et raciales me paraît tout à fait originale, dans la mesure où, comme il le relève lui-même, le discours sur la sexualité était alors confiné aux ouvrages moraux, religieux et aux traités scientifiques; ou alors, c'était une sexualité le plus souvent considérée comme vulgaire qui était décrite dans les écrits frivoles, érotiques, voire même pornographiques.

Forel apparaît donc comme l'un des précurseurs de cette attention grandissante pour une sexualité comprise comme élément déterminant de la conduite humaine et des rapports sociaux, et sa *Question Sexuelle* peut ainsi être considérée comme un ouvrage d'avant-garde en la matière.

La reproduction: une responsabilité fondamentale du genre humain

Comment Forel justifie-t-il l'importance fondamentale qu'il attribue à la sexualité? C'est la reproduction qui est pour lui le fondement de la vie sexuelle. Comme il le mentionne dans son introduction, «l'axiome fondamental de la question sexuelle est le suivant: *Chez l'homme, comme chez tous les êtres vivants, le but immanent de toute fonction sexuelle, par conséquent aussi de l'amour sexuel, est la reproduction de l'espèce.»*[27]

Mais l'être humain a une responsabilité dans ce processus: il doit viser à régulariser et à améliorer les procréations: *«Pour son bonheur, l'humanité doit désirer se reproduire d'une façon qui élève progressivement toutes les facultés physiques et mentales de l'homme, tant aux points de vue de la santé et de la force corporelle qu'à ceux du sentiment, de l'intelligence, de la volonté, de l'imagination créatrice, de l'amour du travail, de la joie de vivre et du sentiment de la solidarité sociale.* Toute tentative faite pour résoudre la question sexuelle devra donc être dirigée vers l'avenir et vers le bonheur de nos descendants.»[28]

Cette importance de la reproduction s'inscrit chez Auguste Forel dans une conception qui attribue aux *dispositions héréditaires* une importance primordiale: «Tout peut se transmettre par héritage, jusqu'aux plus fines nuances du sentiment, de l'intelligence et de la volonté, jusqu'aux détails les plus insignifiants des ongles, de la forme des os, etc.»[29]

Cet héritage biologique est double, dans la perspective de Forel: d'une part l'être humain reçoit «toutes les qualités héréditaires des énergies de l'espèce (mnème héréditaire)»,[30] d'autre part il hérite de traits plus spécifiques légués par ses ancêtres directs.

Si l'hérédité est donc un facteur important dans la détermination des caractéristiques individuelles, la théorie de la *blastophtorie ou détérioration du germe*[31] développée par Forel suppose que l'usage de poisons narcotiques et avant tout de l'alcool[32] peut porter atteinte au patrimoine héréditaire. D'où l'importance qu'il accorde à la question de la responsabilité de l'homme face à sa descendance.

Toutefois, Forel ne réduit pas l'homme à son héritage biologique. Bien que certains traits soient, dès la naissance, constitutifs de l'individu, qu'ils fassent partie de sa nature biologique, l'influence du milieu sur l'individu est également fondamentale, d'où la nécessité de mettre en place des réformes sociales: «[...] les dispositions individuelles héritées se combinent chez l'homme avec un nombre immense d'expériences et de souvenirs qu'il acquiert dans tous les domaines, dans le courant de sa longue vie, en les accumulant dans son cerveau par ce que l'on appelle l'éducation ou l'adaptation au milieu. De l'immense complexité des énergies résultant des dispositions héréditaires combinées avec les facteurs acquis, jaillissent les résolutions et les actes de l'homme, sans qu'il puisse se rendre compte de la multiplicité infinie et latente des causes qui les déterminent.»[33]

Cette dualité hérédité-milieu implique donc une réforme à deux volets: l'un impliquant une sélection de la race, l'autre visant à l'établissement d'une véritable morale sociale, à fondement scientifique.

L'appétit sexuel et l'influence du mécanisme de l'accouplement des hommes et des femmes sur leurs psychologies respectives

Pour Forel, le mécanisme de l'accouplement humain a des incidences directes sur les comportements et la psychologie des hommes et des femmes. Attardons-nous donc quelques instants sur la manière dont il présente ce fonctionnement.

C'est sur un substrat scientifique que Forel fonde sa conception, assez traditionnelle il est vrai, d'une sexualité active chez l'homme, et passive chez la femme. Présentant de manière générale, en guise d'introduction à la description du mécanisme du coït, la reproduction cellulaire, il précise que «la conjugaison exige le rapprochement de deux cellules, par conséquent le mouvement d'au moins l'une d'entre elles. Ce mouvement cellulaire suffit pour les formes inférieures de l'accouplement et se limite d'ordinaire à l'une des cellules conjuguées, à *la cellule mâle*. Par le fait de son déplacement, elle joue dans l'acte le *rôle actif*, tandis que le *rôle passif* est réservé à *la cellule femelle.*»[34] Et plus loin: «Chez l'homme, la différence sexuelle a amené la formation de deux sortes d'individus, assez peu différents dans leurs attributs corrélatifs, et dont chacun est le porteur d'une des formes de cellules germinatives. Dans l'accouplement, l'homme joue le rôle actif et la femme le rôle passif.»[35]

Or cette différence dans la fonction sexuelle entraîne, pour notre savant, la formation de différences dans les instincts et dans les sentiments, ainsi que dans d'autres organes du corps, tel que par exemple le développement du cerveau, ce qui a pour conséquence une *mentalité sexuelle* distincte. C'est dire que ce sont ces différences dans les fonctions sexuelles biologiques qui sont à l'origine des différences de genres.

Pour exemples de ces différences structurelles entre hommes et femmes l'on mentionnera que, d'après Forel, «au point de vue intellectuel pur, l'homme dépasse considérablement la femme par son imagination créatrice, sa faculté de combiner et de découvrir, ainsi que par son esprit critique».[36] Mais que «la femme possède, par contre, au point de vue intellectuel, une faculté de réception et de compréhension, ainsi qu'une facilité de reproduction qui, en somme, sont à peu près les égales de celles de l'homme».[37] Elle dispose de surcroît de talents d'intuition, ainsi que d'une volonté, d'une persévérance et d'une ténacité supérieures à l'homme. Ces différences influencent également ce que Forel nomme l'*appétit sexuel* des hommes et des femmes. Celui de l'homme est plus fort, ses passions plus brutales, et il se caractérise par un désir de changement – ce qui explique notamment le phénomène de la prostitution. Quant à celui de la femme, il est plus faible dans la mesure où chez elle, c'est l'instinct de procréation qui domine. D'où ses aspirations plus grandes à une relation monogame fondée sur l'amour et la maternité.

C'est donc sur ces différences biologiques fondamentales entre les hommes et les femmes que Forel fonde sa conception de l'égalité des sexes. Il souligne en effet à maintes reprises la *complémentarité* qui unit les genres: «[...] chaque sexe est indispensable, non seulement à la conservation de l'espèce, mais encore à chaque conception ou reproduction d'individu. Tous deux sont donc équivalents et s'appartiennent l'un à l'autre comme les deux moitiés d'un tout, l'une ne pouvant exister sans l'autre.»[38] Ou encore: «Autant nous avons le devoir de donner les mêmes droits aux deux sexes, autant il est absurde de méconnaître la profondeur de leurs différences ou de s'imaginer que celles-ci puissent jamais s'effacer.»[39] Forel prône donc l'égalité, mais dans la différence.

Comme on peut le constater, notre auteur attribue à la sexualité une importance prépondérante dans le développement de ce qu'il nomme l'*âme humaine*. Ces instincts sexuels, l'homme moderne les a hérités en bloc de ses ancêtres animaux, conformément à la conception de l'évolution et de la sélection naturelle issue de la pensée de Darwin. C'est pourquoi «on ne peut douter que le sentiment de l'attraction des sexes, c'est-à-dire l'appétit sexuel, n'ait été la source primitive de presque tous, sinon de tous les sentiments de sympathie et de devoir qui se sont développés chez les animaux et spécialement chez l'homme».[40]

Ainsi des notions telles que l'amour, le mariage, la famille sont-elles directement issues de l'instinct sexuel.

Une sexualité originelle pervertie

Cette sexualité originelle, naturelle, la civilisation moderne l'a toutefois pervertie: «La sexualité humaine a été malheureusement dénaturée et en partie grossièrement altérée par nos mœurs civilisées, qui l'ont même développée artificiellement dans un sens pathologique. On en est arrivé au point de considérer comme normaux des rapports qui sont en réalité absolument anormaux.»[41] Forel condamne ainsi vigoureusement, entre autres choses: la prostitution, la pornographie, l'art moderne – en tant que support de la pornographie –, l'influence de l'alcool, mais également le patriarcat – qu'il considère comme «une atroce tyrannie du chef de famille, qu'on honore comme un dieu»[42] alors même qu'il a astreint la femme à être son esclave – ou encore le régime de la dot qui réduit l'union sexuelle à «de pures spéculations de convenance et de fortune».[43]

Un autre facteur important de dégénérescence réside, pour Forel, dans les pathologies sexuelles. Réfutant la classification de Krafft-Ebing qui distingue les anomalies sexuelles héréditaires ou congénitales de celles qui résultent d'habitudes vicieuses, Forel souligne que la différence entre ces deux types d'anomalies n'est que *relative* et *graduelle*.[44] En effet, l'hérédité est pour lui à l'origine de la moitié, voire même des trois quarts des conduites vicieuses. Dès lors, la responsabilité du «déviant» doit être limitée: «Il ressort [...] de ce fait fondamental, qu'on n'a pas le droit de considérer la conduite vicieuse, et paraissant acquise, de certains individus comme le produit d'une volonté libre pervertie ou mauvaise, mais bien plutôt comme le résultat malheureux et destructeur d'une mauvaise disposition héréditaire développée sous l'influence des mauvaises mœurs d'un milieu corrompu.»[45] C'est pourquoi, dans la droite ligne des théories de l'école positiviste italienne et de son plus célèbre représentant, l'anthropologue Cesare Lombroso,[46] Forel critique de manière virulente l'inutilité des sanctions pénales traditionnelles qui frappent des êtres somme toute pitoyables. Il propose, quant à lui, de commuer la notion de peine infamante en un traitement médical thérapeutique, et surtout de prévenir la *dangerosité*[47] de ce nouveau «malade» en l'empêchant de nuire, c'est-à-dire principalement de procréer: «Les cas héréditaires les plus intenses peuvent constituer une véritable peste pour l'individu et la société, et c'est alors que la castration peut devenir une délivrance, en tranquillisant le malade obsédé, en lui permettant de s'occuper utilement, et en l'empêchant en même temps d'abuser de son prochain et de procréer des êtres semblables à lui.»[48]

La sélection humaine rationnelle comme «solution» à la dégénérescence de la société

La procréation, on a déjà pu le constater, occupe une place privilégiée dans la morale forélienne. Fondée sur une croyance dans le progrès de l'humanité, elle impose à l'homme une responsabilité vis-à-vis des générations futures: «[...] nous avons le devoir de chercher à procréer des enfants de la meilleure qualité possible»,[49] nous dit Forel. Et cette responsabilité commande d'empêcher la transmission de tares mentales ou physiques considérées le plus souvent comme héréditaires: «[...] notre but ne doit nullement être de créer une race humaine nouvelle, une sorte de *surhomme*, mais simplement d'éliminer peu à peu les *soushommes* défectueux, en supprimant les causes de la blastophtorie et en stérilisant par un acte de volonté spontanée les porteurs de mauvais germes, tout en déterminant les hommes meilleurs, plus sains, plus heureux et plus sociaux, à se multiplier de plus en plus.»[50]

Aussi Forel préconise-t-il de soumettre au médecin le droit de permettre ou d'interdire des mariages, et ce sur la base d'une expertise du bagage héréditaire des individus concernés...

La morale que Forel propose à ses contemporains en matière de sexualité est, selon lui, affranchie des préjugés et de la «tyrannie des dogmes religieux».[51] Elle s'appuie sur un substrat défini comme «rationnel» et «scientifique»: l'eugénique. Seule importe la régénération de la race aryenne et occidentale, quels que soient les moyens pour y parvenir...

Aussi ce primat de la science l'amène-t-il à défendre parfois, en matière de comportements sexuels, des positions surprenantes pour l'époque. S'il considère l'homosexualité comme pathologique, il ne s'oppose pas à des unions, voire même à des mariages entre des «invertis» adultes consentants: «Tant que l'amour homosexuel ne s'attaque ni aux mineurs, ni aux aliénés, il est assez innocent, car il ne produit pas de descendance et s'éteint par conséquent de lui-même au moyen de la sélection. Lorsque les deux individus sont adultes et d'accord, il est certainement moins nuisible que la prostitution légalement protégée»[52] – Forel défend en effet des positions abolitionnistes en matière de prostitution.

De même la sodomie n'est pour lui ni un péché, ni un crime: «En fait, considérée au point de vue du droit et de l'humanité, la sodomie est, de toutes les aberrations pathologiques de l'appétit sexuel, l'une des plus innocentes. Seule l'imagination humaine lui a appliqué le stigmate d'un épouvantail au point de vue moral et en a fait un crime. Pratiquée avec de gros animaux, la sodomie ne lèse personne, pas même l'animal; en second lieu elle ne peut léser son produit, puisqu'elle n'en donne pas, et enfin elle ne met pas en cause l'infection vénérienne. [...] Il vaut certes mieux pour la société humaine qu'un idiot ou un imbécile s'accouple avec une vache, que de le voir rendre une fille enceinte et produire ainsi des rejetons faits à son image. La vache continue à brouter paisiblement et tout reste dans l'ordre.»[53]

Dans le même ordre d'idée, Forel n'hésite pas à prôner une certaine forme de polygamie: «Lorsqu'une union se conclut entre une personne capable à tous égards et une autre qui ne l'est pas du tout, cette dernière devrait pouvoir accorder à l'autre la permission de procréer des enfants avec un tiers apte à donner de bons produits. Immorale d'après l'opinion reçue aujourd'hui, pareille manière de faire me semble devoir se concilier avec la morale positive de l'avenir.»[54]

La gestion de la sexualité et de la reproduction semble ainsi soumise aux mêmes impératifs que la production industrielle. L'être humain est désormais un «produit», et sa conception doit être organisée de manière rationnelle et fonctionnelle, afin d'éviter les «déchets» et de maximiser les rendements, et par conséquent les profits... sociaux! Quant à la morale traditionnelle, elle doit céder le pas devant cette nouvelle «morale positive de l'avenir».

La morale sexuelle rationnelle comme fondement d'un nouvel ordre social

Cette *morale sexuelle rationnelle*, telle que la définit notre réformateur social, se veut l'antidote à la crise de la modernité. Réponse «scientifique» aux bouleversements économiques, idéologiques et sociaux qui désorientent en profondeur les individus, elle prétend offrir une alternative «logique» et «efficace» à l'effritement des anciennes valeurs sociales issues de l'utopie libérale du 19e siècle. Considérant la sexualité comme un élément déterminant de la conduite humaine et des rapports sociaux, c'est sur une transformation radicale des relations entre hommes et femmes qu'Auguste Forel fonde son nouvel ordre social: reconnaissance du rôle social de la femme – au travers d'une maternité qu'il veut triomphante –; égalité des sexes; mariage fondé non plus sur l'argent, mais sur l'amour réciproque des conjoints, le travail social et l'éducation des enfants; condamnation de la double morale, et par là-même de la prostitution; reconnaissance des mêmes droits pour les enfants illégitimes que pour les enfants légitimes; large diffusion des moyens de contraception; propagande en faveur de l'éducation sexuelle, tels sont les principaux éléments susceptibles, selon lui, de contribuer au progrès et au bonheur de l'humanité, au même titre que la lutte contre l'alcoolisme, ou l'adoption d'idéologies et de pratiques socialistes et pacifistes.

C'est donc par une réforme de la sexualité, de l'intimité, et des rapports entre les individus que Forel entend lutter contre la dégénérescence de la société. Une sexualité «saine» et scientifiquement contôlée apparaît comme garante de stabilité sociale, dans la mesure où la sexualité est désormais comprise comme définissant profondément l'être humain tant socialement que moralement.

Or, si cette *morale sexuelle rationnelle* comprend de nombreuses propositions novatrices et progressistes, et qu'elle s'affirme résolument «moderne» dans son approche de la question sociale, elle n'en est pas moins terrifiante dans la mesure où elle s'appuie sur des fondements positivistes et scientifiques pour imposer, sous couvert d'amélioration du genre humain, de nouvelles normes à l'individu ainsi qu'une nouvelle gestion du social, au travers de l'eugénisme.

Rappelons que ce type de discours aura la vie longue et qu'il sera même institutionnalisé, puisqu'en 1928, le Canton de Vaud se dotera d'une législation sur la stérilisation des malades mentaux...[55]

Dans le projet forélien de régénération sociale, morale et raciale, la question sexuelle et les rapports entre hommes et femmes apparaissent donc comme des éléments centraux. Sa *Sexuelle Frage* témoigne à l'évidence de l'importance de ces questions dans la réflexion contemporaine sur la modernité. En effet, si les rapports sociaux de sexes – et plus particulièrement ce que l'on a appelé la *question des femmes* – occupent une place de choix dans les écrits de l'époque, la sexualité, en quittant l'ombre du péché pour briller sous les «lumières» aseptisées de la science, commence elle aussi à retenir l'attention des réformateurs sociaux et à devenir un lieu privilégié d'intervention et d'organisation sociales.

Notes

1 Jean Wagner, *Auguste Forel. La vie, l'œuvre, l'homme*, Lausanne 1918; Alex von Muralt, *Auguste Forel,* Berne 1931; Rolf Meier, *Auguste Forel (1848–1931). Arzt, Naturforscher, Sozialreformer. Eine Ausstellung der Universität Zürich*, Zürich 1986.
2 Frank Preiswerk, *Auguste Forel (1848–1931). Un projet de régénération sociale, morale, et raciale*, mémoire de Licence, Genève 1989, et «Auguste Forel (1848–1931): un projet de régénération sociale, morale et raciale», *Les Annuelles* 2 (1991).

3 Philippe Ehrenström, *La stérilisation des malades mentaux et l'avortement eugénique dans le canton de Vaud: eugénisme et question sociale du début du XXe siècle aux années 1930*, mémoire de Licence, Genève 1989, et «Eugénisme et politique: réflexion sur une étude de cas», *Les Annuelles* 2 (1991).
4 Marie-France Zeller, *Le discours public sur l'aliénation en Suisse avant la première guerre mondiale*, mémoire de Licence, Lausanne 1987, et «A propos de l'aliénation, de la criminalité et de l'alcoolisme au tournant des XIXe et XXe siècles: le discours eugénique», *Les Annuelles* 2 (1991).
5 Marc Rufer, «La poutre dans l'œil: racisme et psychiatrie. Histoire et actualité de la génétique dans la psychiatrie suisse», *Les Annuelles* 2 (1991).
6 Jean Clair (sous la direction de), *Vienne 1880–1938. L'apocalypse joyeuse*, Paris 1986; Jacques Le Rider, *Modernité viennoise et crises de l'identité*, Paris 1990; Hans Ulrich Jost, *Les Avant-gardes réactionnaires. La naissance de la nouvelle droite en Suisse, 1890–1914*, Lausanne 1992.
7 Auguste Forel, *La question sexuelle exposée aux adultes cultivés*, Paris 1906.
8 Auguste Forel, *La question sexuelle*, 2 (en italique dans le texte).
9 Auguste Forel, *La question sexuelle*, 566.
10 Henri F. Ellenberger, *Histoire de la découverte de l'inconscient*, Paris 1994 (1ère édition anglaise 1970), 320–334; Michel Foucault, *Histoire de la sexualité. La volonté de savoir*, Paris 1976; Frank Mort, *Dangerous Sexualities. Medico-moral politics in England since 1830*, London 1987; John D'Emilio et Estelle B. Freedman, *Intimate Matters. A history of sexuality in America*, New York 1988; Jeffrey Weeks, *Sex, Politics and Society. The regulation of sexuality since 1800*, London 1989 (1ère édition 1981); Thomas Laqueur, *La fabrique du sexe: essai sur le corps et le genre en Occident*, Paris 1992; Philippe Brenot, *La sexologie*, Paris, 1994.
11 Philippe Brenot, *La sexologie*, 14.
12 Sirius de Massilie, *La sexologie, prédiction du sexe des enfants avant la naissance*, Paris 1911.
13 Philippe Brenot, *La sexologie*, 14.
14 Philippe Brenot, *La sexologie*, 16–17.
15 Richard von Krafft-Ebing, *Psychopathia Sexualis, eine Klinisch-forensische Studie*, Stuttgart 1886.
16 Albert Moll, *Die Conträre Sexualempfindung*, 1891, *Untersuchungen über die Libido Sexualis*, Berlin 1898, et «Über eine wenigbeachtete Gefahr der Prügelstrafe bei Kindern», *Zeitschrift für Psychologie und Pathologie* III (1901).
17 Theodor Meynert, *Klinische Vorlesungen über Psychiatrie auf wissenschaftlichen Grundlagen*, Vienne 1889–1890.
18 Charles Féré, «Contributions à l'histoire du choc moral chez les enfants», *Bulletin de la Société de médecine mentale de Belgique* LXXIV (1894).
19 Albert Eulenburg, *Sexuale Neuropathie, genitale Neurosen und Neuropsychosen der Männer und Frauen*, Leipzig 1895.
20 Havelock H. Ellis, *Etudes de psychologie sexuelle*, Paris 1908–1935.
21 Henri F. Ellenberger, *Histoire de la découverte de l'inconscient*, 309–310.
22 Auguste Forel, *La question sexuelle*, 3.
23 Auguste Forel, *La question sexuelle*, 2.
24 Auguste Forel, *La question sexuelle*, 564.
25 Auguste Forel, *La question sexuelle*, 571. Les différentes «luttes» citées constituent le

programme de réformes sociales que Forel présente dans la conclusion de *La question sexuelle*, 564–573.
26 Auguste Forel, *La question sexuelle*, 1.
27 Auguste Forel, *La question sexuelle*, 2 (en italique dans le texte).
28 Auguste Forel, *La question sexuelle*, 2 (en italique dans le texte).
29 Auguste Forel, *La question sexuelle*, 29.
30 Auguste Forel, *La question sexuelle*, 14.
31 Auguste Forel, *La question sexuelle*, 35–36.
32 Auguste Forel, *La question sexuelle*, 292–296, 565–566.
33 Auguste Forel, *La question sexuelle*, 115.
34 Auguste Forel, *La question sexuelle*, 47 (en italique dans le texte).
35 Auguste Forel, *La question sexuelle*, 48.
36 Auguste Forel, *La question sexuelle*, 67.
37 Auguste Forel, *La question sexuelle*, 68.
38 Auguste Forel, *La question sexuelle*, 70.
39 Auguste Forel, *La question sexuelle*, 102.
40 Auguste Forel, *La question sexuelle*, 113–114.
41 Auguste Forel, *La question sexuelle*, 87.
42 Auguste Forel, *La question sexuelle*, 172.
43 Auguste Forel, *La question sexuelle*, 116.
44 Auguste Forel, *La question sexuelle*, 235.
45 Auguste Forel, *La question sexuelle*, 236–237.
46 Marie-France Zeller, *Le discours public sur l'aliénation en Suisse avant la première guerre mondiale*, mémoire de Licence, Lausanne 1987, et «A propos de l'aliénation, de la criminalité et de l'alcoolisme au tournant des XIXe et XXe siècles: le discours eugénique», *Les Annuelles* 2 (1991).
47 Michel Foucault, «L'évolution de la notion ‹d'individu dangereux› dans la psychiatrie légale», *Déviance et société* 4 (1981).
48 Auguste Forel, *La question sexuelle*, 247.
49 Auguste Forel, *La question sexuelle*, 480.
50 Auguste Forel, *La question sexuelle*, 575 (en italique dans le texte).
51 Auguste Forel, *La question sexuelle*, 394.
52 Auguste Forel, *La question sexuelle*, 270.
53 Auguste Forel, *La question sexuelle*, 280.
54 Auguste Forel, *La question sexuelle*, 503.
55 Philippe Ehrenström, *La stérilisation des malades mentaux et l'avortement eugénique dans le canton de Vaud: eugénisme et question sociale du début du XXe siècle aux années 1930*, mémoire de Licence, Genève 1989, et «Eugénisme et politique: réflexion sur une étude de cas», *Les Annuelles* 2 (1991).

PUENZIEUX DOMINIQUE UND RUCKSTUHL BRIGITTE

«Dem Schwachen ein Schutz, dem Laster ein Damm»

Die Sorge für «sittlich gefährdete» und «gefallene» junge Frauen: Ein Konzept von Schutz und Kontrolle um die Jahrhundertwende

Der Strukturwandel des ausgehenden 19. Jahrhunderts warf in verschiedenen gesellschaftlichen Bereichen neue Fragen und Probleme auf. Besonders brisant zeigte sich dieser Wandel in den neu entstandenen Grossstädten. Anonymität, Mobilität, grosse soziale Differenzen und eine sich entwickelnde Freizeit- und Vergnügungskultur sind einige der Merkmale, welche die neue grossstädtische Lebensweise charakterisierten. Der gesellschaftliche Wandel machte nicht nur vertraute Normen und Werte obsolet, sondern beeinflusste Familienstrukturen, Biographien und das Geschlechterverhältnis; sichtbarer Ausdruck dafür war die bürgerliche Frauenbewegung.

Der Strukturwandel wurde unterschiedlich interpretiert, und entsprechend verschiedenartig war die Suche nach Lösungen. Für die einen bedeutete der Wandel Fortschritt und war von Optimismus geprägt, andere interpretierten die Veränderungen als Zerfall der gesellschaftlichen Ordnung und Sitte. Aufgrund der zweiten Einschätzung entstand eine breitgefächerte Bewegung, die sich unter dem Begriff «kulturkritische Bewegung» zusammenfassen lässt. Die Ziele dieser Bewegung waren unterschiedlich. Die einen wollten Altvertrautes bewahren, andere plädierten für eine einfachere Lebensweise, um die «Unsitten» der Zeit anzugehen, so etwa die Lebensreformbewegung.[1] Die Sittlichkeitsbewegung ist ebenfalls in die kulturkritische Bewegung einzuordnen. Sie setzte sich zum Ziel, den moralischen Zerfall aufzuhalten. Ihr gehörten eine Vielzahl von Vereinen und Organisationen an: Frauen- und Männervereine zur Hebung der Sittlichkeit, Antialkoholvereine, christliche Männervereine, um nur einige zu nennen. Gemeinsam war ihnen die Einschätzung, dass die rasante gesellschaftliche Entwicklung in den Grossstädten bisher verbindliche ethische Werte untergraben und soziale Probleme wie Wohnungsnot, die Ausbreitung von Krankheiten und die Prostitution,

das «Krebsübel des Fin de siècle», mit verursacht habe. In der Stadt sei der Mensch haltlos geworden, der Sinn für Recht und Ordnung, für Gut und Böse verlorengegangen.[2]
Den Folgen dieser Entwicklung, so die Meinung der Vereine zur Hebung der Sittlichkeit, waren die Jugendlichen in besonderem Masse ausgesetzt: «Das Land entvölkert sich, die Städte wachsen an. [...] Man kennt seine Nachbarn nicht mehr und weiss nicht, wes Geistes Kind er ist; man weiss nicht, ob den Kindern von rechts oder links Gefahr droht. Die Eltern vom Lande schicken ihre Kinder zu ihrer Ausbildung in die Stadt, oder es ist in der Stadt Gelegenheit geboten zu frühem Broterwerb, so kommt es, dass Tausende von Kindern gerade zwischen ihrem 14. und 18. Jahre ausser ihren Lern- oder Arbeitsstunden auf sich selbst angewiesen sind, dass niemand die Verantwortung fühlt, ernstlich über ihnen zu wachen, dass sie thatsächlich in diesem Alter der reifern Jugendlichkeit viel mehr Gefahren ausgesetzt sind als zur Zeit, da Vater und Mutter über ihnen wachten.»[3]
Artikuliert wird ein Defizit sozialer Kontrolle, das als Folge des gesellschaftlichen Wandels interpretiert wurde. Als gefährdet betrachtet wurden nicht etwa nur die Jugendlichen, die vom Land in die Stadt zogen, sondern auch die städtischen Jugendlichen, die ebenfalls mit den angeblich immer grösser werdenden Gefahren der Grossstadt konfrontiert waren. Die Stadt, wahrgenommen als Verursacherin vieler neuer Übel, wurde als ein aufreibender, nie zur Ruhe kommender Hexenkessel beschrieben, der ständig überreizte, der die Menschen haltlos und widerstandslos und dadurch leichter sexuell verführbar machte. Dass gerade die Gruppe der jungen Menschen besondere Aufmerksamkeit erhalten sollte, hing mit der Vorstellung zusammen, dass deren «Reifungsprozess» noch nicht abgeschlossen sei und die Jugendlichen daher besonders verführbar machte.
Die «Entdeckung» der Jugend und ihrer Schutzbedürftigkeit markiert seit Ende des 19. Jahrhunderts den eigentlichen Beginn der Jugendfürsorge.[4] Die Jugend war aber keineswegs eine homogene Gruppe. Im Gegenteil, die für die weiblichen und männlichen Jugendlichen unterschiedlich formulierten Gefahren stechen ins Auge: «Das junge Mädchen, das die Welt noch nicht kennt, ist in diesem Alter am empfänglichsten für Schmeicheleien, für Liebesbezeugungen, für Geschenke. Es weiss nicht, worauf der Mann, der ihm schön thut, es abgesehen hat [...] Armes Kind! Ehe du dich's versiehst, liegst du im Sumpfe, in der Schande, im Elend.»[5]
Die Gefahr, die der jugendlichen Frau durch fehlende Sozialkontrolle erwuchs,

lag also im Bereich der Sexualität. Wurden bei den jungen Männern Arbeitsunwilligkeit, Diebstahl und Vagabundieren als abweichende Verhaltensweisen gebrandmarkt, so war es bei den jungen Frauen die Verletzung der Keuschheitsregel. Wer als junge Frau die Keuschheitsnorm verletzte oder sie zu verletzen drohte, lief Gefahr, als «sittlich gefährdet» abgestempelt zu werden.
Das beschriebene Stimmungsbild der Stadt stellte somit für die jungen Frauen eine geradezu prekäre Situation dar. Frauen wurde zudem aufgrund der Geschlechtscharaktere leichtere sexuelle Verführbarkeit zugeschrieben. Uneheliche Mutterschaft und Prostitution waren die gefürchteten Folgen.
Es waren die Frauen der Sittlichkeitsbewegung, der evangelische Flügel der bürgerlichen Frauenbewegung, die sich der «sittlich gefährdeten» Frauen annahmen. Als Pionierinnen bauten sie für die jugendlichen Frauen ein Angebot von Hilfe und Schutz auf, um sie vor dem gefürchteten Schicksal zu bewahren.
In einer ersten Phase waren dies vor allem verschiedene Hilfsangebote und Heimgründungen. Diese markieren den Beginn einer sich immer weiter ausdehnenden weiblichen Jugendfürsorge. Es entstand ein Diskurs über Formen und Inhalte des geforderten Schutzes, an dem sich ein immer grösserer Fachkreis beteiligte. Die «sittlich gefährdeten» Frauen wurden Forschungs- und Betreuungsobjekte der Pädagogen, Psychologen, Psychiater, Sozialhygieniker und Juristen. Wichtige Stationen hin zur Institutionalisierung der weiblichen Jugendfürsorge waren das 1912 in Kraft tretende Schweizerische Zivilgesetzbuch und die Schaffung von eigenständigen Jugendämtern[6] nach dem Ersten Weltkrieg. Die Konzentration der bis anhin verschiedenen Verwaltungen zugeordneten Bereiche sollte eine lückenlosere und schnellere Erfassung der «Gefährdeten» und «Verwahrlosten» gewährleisten.
Die Sorge um die «gefährdeten» und «gefallenen» Frauen entpuppt sich als ein normatives Instrument. Die Ausgrenzung dieser jungen Frauen perpetuierte die Keuschheit als weibliche Norm und verfestigte einen Sozialcharakter der Scham und Zurückhaltung. Die Sorge um die «gefallenen» Frauen ist ein besonders deutliches Beispiel, wo das System von Schutz und Kontrolle zum Tragen kam. Interessant ist auch, dass im ausserfamiliären Raum für einmal nicht nur Männer als normative Instanz auftraten, sondern Frauen, Frauen der bürgerlichen Klasse, die ihre Vorstellung von Weiblichkeit und Mütterlichkeit sozialdisziplinarisch bei den Unterschichtsfrauen durchzusetzen versuchten.

Die Pionierarbeit der Frauen der Sittlichkeitsbewegung

Die Arbeit der Frauen der Sittlichkeitsvereine war eingebettet in die breit gefasste Zielvorstellung, Frauen aus der «sexuellen Sklaverei» zu befreien. Bei der Gründung des Frauenbundes zur Hebung der Sittlichkeit 1888 haben die Frauen den Slogan «Kampf und Hilfe» ihrer Arbeit vorangestellt. Der Kampf galt der Prostitution. Die bürgerlichen Frauen vertraten den Standpunkt, dass Prostitution gesellschaftlich nicht notwendig und deshalb «ausrottbar» sei. Sie verwarfen somit die damals weit verbreitete Haltung, die Prostitution als «notwendiges Übel» anerkannte. Die Frauen bedauerten, «nicht längst schon entschieden aufgetreten zu sein in einer Frage, welche in ihren schlimmen Konsequenzen hauptsächlich unser Geschlecht trifft, wodurch unser Geschlecht auf so unverantwortliche Weise erniedrigt, zur Ware gestempelt und ausser das Recht gestellt wird: dieses Unrecht sehen wir ein, und werden nicht nachlassen bis wir das Versäumte wieder gut gemacht haben.»[7] Die bürgerlichen Frauen betrachteten die Prostituierten als ihre Geschlechtsgenossinnen, die geopfert würden, um die sinnlichen Triebe der Männer zu befriedigen.

Der Kampf gegen die Prostitution war gleichzeitig ein Angriff auf die bürgerliche Sexualnorm, die aus Vorrechten für die Männer bestand. Die Frauen forderten von den Männern, dass sie sich den gleichen Sexualnormen zu unterwerfen hätten wie sie.

Ein anderer Teil ihrer Strategie im Kampf gegen die Prostitution war die ganz konkrete wohltätige Arbeit. Die Hilfe für die «Gefährdeten» und «Gefallenen» erachteten sie als notwendig, um Frauen letztendlich vor dem Schicksal der Prostitution zu schützen.

Das Angebot war vielfältig und auf spezifische Gefahrenkonstellationen ausgerichtet. Eine der ersten Einrichtungen war die «Bahnhofshilfe». Mit ihr sollte der erste Kontakt der jungen Frauen mit der Stadt in richtige Bahnen gelenkt werden. Vereinsmitglieder des 1877 gegründeten Internationalen Vereins Freundinnen junger Mädchen empfingen die von ausserhalb der Stadt ankommenden jungen Frauen am Bahnhof und boten ihnen erste Orientierungshilfen an. Dieses Angebot wurde schon früh professionalisiert: bereits 1886 und 1887 übernahmen in Genf und Zürich festangestellte Bahnhofagentinnen diese Arbeit.[8]

Ein weiteres Angebot waren geschützte Unterkünfte. Die Freundinnen junger Mädchen bauten in verschiedenen Städten der Schweiz Passanten- und Pensionsheime auf, die mit entsprechenden Hausregeln die jungen Frauen vor einem

Fehltritt bewahren sollten. Die Heime richteten sich an durchreisende, stellensuchende oder in Ausbildung stehende junge Frauen. Eines der ersten Heime dieser Art war das «Martaheim» in Zürich, das 1888 eröffnet wurde.[9] Bis 1936 wuchs die Zahl der von den Freundinnen junger Mädchen geführten Heime in der Schweiz auf 27 an.[10]
Der gleiche Verein gründete eine Reihe von «Stellenvermittlungs- und Erkundigungsbureaus», weil über Stellungsannoncen wiederholt Missbrauch getrieben wurde.[11] Sie sollten garantieren, dass «die Gefahren, denen [junge Mädchen] in fremder Umgebung ausgesetzt sind, nach Möglichkeit [ausgeschaltet] werden».[12]
Um Katholikinnen nicht dem Einfluss der protestantischen Vereine zu überlassen, wurde 1896 in Freiburg der katholische Mädchenschutzverein, heute unter dem Namen Pro Filia bekannt, gegründet. Der Verein arbeitete von Anfang an eng mit der katholischen Kirche zusammen und baute für junge Katholikinnen ein ähnliches Angebot auf.[13]
All diese Einrichtungen hatten das Ziel, Frauen vor dem männlichen Zugriff zu schützen und sie vor dem «Fall» zu bewahren. Es waren «präventive» Massnahmen im Kampf gegen die Prostitution.
Die praktische Arbeit mit Prostituierten und «sittlich gefährdeten» Frauen, die durch ihre Lebensführung früher oder später in die Prostitution abzugleiten drohten, sah etwas anders aus. Für diese Klientel gründeten die Frauen der Sittlichkeitsvereine spezielle Heime. In Zürich beispielsweise entstanden 1888 das vom Frauenbund zur Hebung der Sittlichkeit geführte Vorasyl Pilgerbrunnen. Für «erstgefallene ledige Mütter» baute der gleiche Verein das Versorgungshaus «Maternité». 1894 gründete die Heilsarmee mit Hilfe des Frauenbundes ein weiteres Heim für «gefallene Mädchen» in Zürich.
Das neuartige Angebot an sozialen Einrichtungen war nicht Zürich-spezifisch, sondern entwickelte sich mit zeitlicher Verzögerung in allen schweizerischen Städten. Auch an diesen Orten ging die Initiative von Frauengruppen aus, insbesondere von denjenigen, die seit 1901 im deutschschweizerischen Frauenbund zur Hebung der Sittlichkeit organisiert waren.
Mit der Eröffnung des ersten katholischen Heims für «Gefallene» 1907 in Belfaux und kurz darauf La Providence in Genf wurden auch für Katholikinnen entsprechende Institutionen geschaffen. Die Namengebung bereitete den Frauen des katholischen Mädchenschutzes allerdings einige Schwierigkeiten. Um «unbescholtene Mädchen» mit dieser als «Gefallenenfürsorge» bezeichneten Auf-

gabe nicht zu irritieren, gründeten Frauen des katholischen Mädchenschutzvereins 1909 den Schweizerischen Katholischen Fürsorgeverein für Frauen, Mädchen und Kinder.[14]

Das Erziehungskonzept der Heime

Die als notwendig und erfolgversprechend erachteten Gründungen der Heime hingen eng mit der Vorstellung über die Ursache der Prostitution oder einer «sittlichen Gefährdung» zusammen. Die meist jugendlichen Frauen waren in der Optik der engagierten Frauen Opfer einer ungenügenden oder falschen Erziehung. Sie waren von ihren Eltern entweder «grob vernachlässigt» oder «blind geliebt worden», was sie auf die «Strasse des Verderbens» geführt hatte.[15] «Gefährdet» waren somit diejenigen, die eine mangelhafte Erziehung genossen hatten, also ein Erziehungsdefizit aufwiesen: meist Frauen aus der Unterschicht. Diese jungen Frauen sollten durch Nacherziehung sittlich gefestigt und wieder in die bürgerliche Gesellschaft integriert werden.

Damit griffen die Frauen der Sittlichkeitsbewegung einen Gedanken auf, der bereits von der Schweizerischen Gemeinnützigen Gesellschaft in den Pauperismusdebatten des 19. Jahrhunderts vertreten worden war und zur Gründung privat geführter Besserungs- und Rettungsanstalten sowie von Korrektionshäusern geführt hatte.[16] Den beiden Bewegungen gemeinsam ist der Glaube an die Erziehungsfähigkeit normabweichender Jugendlicher und die Bereitschaft, diese wieder in die bürgerliche Gesellschaft zu integrieren.

Ein Heimaufenthalt wurde von den Frauen der Sittlichkeitsvereine als ideale Voraussetzung angesehen, um junge Frauen zu schützen und ihnen zu ehrbarer Arbeit zu verhelfen. Er hatte den Vorteil, dass die jungen Frauen aus ihrem angestammten Milieu heraustreten und dadurch einer positiven Beeinflussung zugänglich gemacht werden konnten: «Wenn Lasterhafte in jugendlichem Alter den Versuchungen entrückt und in eine gesunde Atmosphäre gebracht werden, wo ihnen Lust zu nützlicher Arbeit beigebracht wird, sind sie in den meisten Fällen als gerettet zu betrachten.»[17]

Das Erziehungsziel in den Heimen war, die jungen Frauen zu sittsamen und das hiess auch arbeitsamen Frauen zu erziehen. Mit dem Prinzip «ora et labora» sollte den jungen Frauen «Lust zu nützlicher Arbeit» beigebracht werden. Was für die bürgerlichen Frauen ein sittsames und arbeitsames Leben hiess, zeigt die Ausrichtung der Anstalten. Durch Hausarbeit, Nähen, Waschen und Anleitung in Gartenarbeit sollten die jungen Frauen auf ein Dasein als Dienstmädchen vorbereitet und später allenfalls zu guten Müttern erzogen werden. In diesem Erziehungsprogramm ist unschwer eine Sozialdisziplinierung der Unterschichtfrauen durch die bürgerlichen Frauen zu erkennen.

Aufschlussreich sind die Beschreibungen über die Herkunft der jungen Frauen. Sie stammten «aus derjenigen Mitte, die, so lange es Zeit wäre, nicht genügend»[18] geschützt werden konnten. Damit war das Arbeitermilieu gemeint. Was zu einer sittlichen Gefährdung und allenfalls zur Prostitution führen könne, begründeten die Frauen der Sittlichkeitsvereine folgendermassen: «Weil in den meisten Familien unserer Verwahrlosten Trunksucht, Bettel und Liederlichkeit zu Hause sind und Beten und Arbeiten gar nicht in Frage kommt, gewöhnen sich die Kinder von klein auf ans Faulenzen, an Unordentlichkeit und allmälig ans Laster.»[19]

Von den jungen Frauen, die in ihren Heimen waren, behaupteten sie, sie hätten «einen gelähmten Willen zum Guten» und würden sich durch einen «Drang nach Freiheit und Selbstbestimmung» auszeichnen. Viele von ihnen hätten «Erinnerungen an gestillte Leidenschaften», einen «Hang zu Lüge und Diebstahl» sowie eine «Abneigung gegen eine fortgesetzte Arbeit».[20] Diese charakterlichen Mängel würden sich in unheilvoller Weise mit einer viel zu früh geweckten Sexualität vermengen.

Stammten die «gefährdeten» Frauen aus der Unterschicht, so gehörten die Wohltäterinnen der Mittel- und Oberschicht an. Als mütterliche Helferinnen sahen sie sich dazu berufen, den jungen Frauen die Möglichkeit der Integration in die bürgerliche Gesellschaft zu bieten und sie so vor einem vorgezeichneten Weg zu retten. Die bürgerlichen Frauen übernahmen zum einen die fehlende soziale Kontrolle der Mütter und zum andren versuchten sie, die Mängel der elterlichen Erziehung durch Nacherziehung zu korrigieren. Sie bezeichneten sich als die «reinen» und empfanden es als Gnade, dass sie «in Verhältnisse hineingeboren wurden, wo die Macht der Versuchung durch Elternliebe» ferngehalten wurde, während ihre «Mitschwestern» von frühester Jugend an sittenverderbenden Einflüssen ausgesetzt waren.[21]

Die bürgerlichen Frauen waren es, welche die weiblichen Eigenschaften der Hingabe in Form der «organisierten Mütterlichkeit» in der ausserhäuslichen Arbeit einsetzten und dadurch Freiräume zu nutzen verstanden.[22] Für die jungen Frauen war das Hilfsangebot jedoch widersprüchlich, da der Schutz mit Kontrolle verknüpft war. Widersetzten sich die jungen Frauen, wurden sie fallengelassen.

Die Sorge um die jungen «gefährdeten» Frauen zeigt sehr deutlich die Kontrolle der Frauen über ihre Sexualität. Die Verletzung der sexuellen Norm wurde zur typisch weiblichen Devianz. Dass Frauen über ihr Geschlecht definiert wurden, kommt auch im damals gültigen Ehrkonzept zum Ausdruck. Die weibliche Ehre beruhte auf der körperlichen Unversehrtheit, der Keuschheit. Verlor die Frau diese, so war sie aus dem sozialen Netz «gefallen» und verlor die gesellschaftliche Anerkennung. Für den Mann, gemeint ist der bürgerliche Mann, gab es diese an seine Geschlechtlichkeit gebundene Ehre nicht. Seine Ehre war an seinen sozialen Status gebunden. Ein sexueller Fehltritt war allenfalls moralisch verwerflich, berührte seine Ehre jedoch niemals. Damit wird die Frage müssig, warum es für Männer keine solche Einrichtungen gab.

Die Institutionalisierung der weiblichen Fürsorge

Die Frauen der Sittlichkeitsbewegung beschränkten sich nicht auf ihre private Wohltätigkeit, sondern forderten vom Staat Unterstützung in ihren Bemühungen: durch regelmässige finanzielle Beiträge an die verschiedenen Einrichtungen und durch Gesetze, die sie in ihrer Arbeit unterstützten.

Die Zusammenarbeit der privaten Organisationen mit den Behörden im Bereich der konkreten fürsorgerischen Arbeit intensivierte sich seit Beginn des 20. Jahrhunderts. Ein gutes Beispiel dieser engen Zusammenarbeit ist die in Zürich neu geschaffene Stelle der Polizeiassistentin. 1907 reichte der Frauenbund beim Justizdepartement des Kantons Zürich und beim städtischen Polizeivorstand ein Gesuch für die Stelle einer Polizeiassistentin ein. Bereits 1908 wurde diesem Begehren entsprochen, allerdings musste der Frauenbund in den ersten fünf Jahren für die Finanzierung aufkommen.

Die Polizeiassistentin war eine neu geschaffene Institution, die eine Lücke im bisherigen System schloss. Frauen, die von der Polizei wegen Prostitutionsverdacht aufgegriffen wurden, mussten, wenn sie geschlechtskrank waren, ins Spital, wenn sie sich strafbar gemacht hatten, ins Gefängnis. In allen anderen Fällen wurden die Frauen wieder auf freien Fuss gesetzt. Mit diesen Frauen in Kontakt zu treten war nun die Aufgabe der Polizeiassistentin. Sie musste versuchen, die aufgegriffenen Frauen in ein Gespräch zu verwickeln und ihnen den «bestmöglichen» Weg aufzuzeigen. Die Polizeiassistentin kannte alle «Anstalten, alle Werke für Schutz, Bewahrung und Rettung» und war dadurch ein «wertvolles

Bindeglied zwischen den Behörden und den wohltätigen Gesellschaften».[23] Sie gewährleistete weiter, dass Lücken im Angebot schnell erkannt und ergänzt werden konnten. Auf die Initiative der Polizeiassistentin ging z. B. die Gründung des Mädchenheims zum Tannenhof 1913 zurück, das auf der Strasse aufgegriffene junge Frauen aufnahm.[24]

Auch auf der Gesetzesebene versuchten die Frauen ihren Einfluss geltend zu machen. Sie gingen von der grundsätzlichen Haltung aus, dass der Staat neue Sanktionsmöglichkeiten erhalten müsse, um auf die neuen grossstädtischen Verhältnisse adäquat reagieren zu können. Da der Frauenbund das Übel an der Wurzel anpacken wollte, erachteten sie eine staatliche Überwachung sämtlicher «Auswüchse» des modernen Lebens als unabdingbar.[25]

Die «geschlechtliche Entsittlichung» z. B. wollten sie aufhalten, indem sie nicht nur die Prostitution in all ihren Erscheinungen energisch bekämpft haben wollten, sondern alles, was zu «unsittlichen» Gedanken und Handlungen verleitete. Das bedeutete Einschränkungen der Bewilligungen von Wirtschaften, Tingeltangel, Varieté- und Tanzveranstaltungen – denn an diesen Orten wurde ihrer Meinung nach der Keim zur Unsittlichkeit gelegt, wurden Gefährdete der Verführung ausgeliefert. Gefordert wurde auch eine sittenpolizeiliche Überwachung von Annoncen, Büchern und Bildern.

Eine weitere gesetzliche Forderung war, die «Verführer» der weiblichen Jugend stärker zur Rechenschaft zu ziehen. Sie forderten daher auf der einen Seite eine harte Bestrafung dieser «lasterhaften» Männer. Es waren «Mädchenhändler», die junge Frauen verführten und der Prostitution zuführten, Kuppler und Zuhälter, die Frauen sexuell missbrauchten, und Männer, die ihre autoritäre Stellung als Arbeitgeber, Dienstherr, Pflegevater, Pfarrer etc. missbrauchten und jugendliche Frauen zu sexuellen Handlungen nötigten. In ihrer Eingabe zum Entwurf des ersten Schweizer Strafgesetzbuches von 1893[26] forderten die Frauen für diese sexualstrafrechtlichen Vergehen lange Haft und hohe Geldstrafen.

Neben der Bestrafung der Täter forderten sie auf der anderen Seite einen grösseren Schutz für die jugendlichen Frauen: die Heraufsetzung des Schutzalters auf 18 Jahre.

Da ausserehelihe weibliche Sexualität im Wert- und Normensystem der Frauen der Sittlichkeitsvereine einem Delikt gleichkam, überrascht es auch nicht, dass sie die Prostitution als Sittlichkeitsdelikt auffassten, das sie strafrechtlich sanktioniert haben wollten. Anders als in den bisherigen kantonalen Gesetzen wollten

sie im künftigen Schweizer Strafrecht die Prostituierte nicht mit Haft bestrafen, sondern sie befürworteten eine erzieherische Massnahme, d. h. die Einweisung in ein Erziehungsheim oder im Wiederholungsfall in eine Korrektionsanstalt. Diese Forderung stützte sich auf die Erfahrung ab, die sie in ihrer bisherigen praktischen Arbeit gewonnen hatten. Die Aufnahme in die Heime beruhte nämlich auf Freiwilligkeit und hatte keinerlei gesetzliche Grundlagen.
Gegenüber Frauen, die sich nicht einsichtig zeigten, d. h. gegenüber denjenigen, die ihr Hilfsangebot ausschlugen, waren sie im bisherigen System machtlos. Um die Effizienz ihres sozialpädagogischen Konzepts zu verbessern, waren gesetzliche Grundlagen erforderlich. Nur so konnte eine Heimeinweisung auch gegen den Willen der betreffenden jugendlichen Frau durchgesetzt werden.
Zum Durchbruch kamen die Forderungen der Sittlichkeitsvereinsfrauen erst nach dem Ersten Weltkrieg, als im Kanton Zürich 1919 das Jugendstrafrecht in Kraft trat, das für Jugendliche statt Haftstrafen erzieherische Massnahmen verhängte.[27]
Weiter forderten die Sittlichkeitsvereine, dass der Staat nicht nur bei bereits erfolgtem Fehlverhalten interveniere, sondern präventiv eingreifen solle. Um «Gefährdete» frühzeitig aus ihrer schlechten Umgebung entfernen zu können, befürworteten die Frauen der Sittlichkeitsvereine auch die Kindswegnahme durch die Vormundschaftsbehörde. Die gesetzlichen Grundlagen dafür waren 1912 durch Art. 284 des Schweizerischen Zivilgesetzbuches geschaffen.
Das Handeln der Frauen der Sittlichkeitsbewegung ist gekennzeichnet durch Widersprüchlichkeit. Als durchaus emanzipatorisch zu verstehen war, dass sie die Frauen aus der «sexuellen Sklaverei» befreien wollten und die Prostitution als Geschlechterfrage betrachteten. Zum anderen führte die Reduktion der Geschlechterfrage auf eine moralische Frage zwangsläufig zu Schlüssen, die dem emanzipatorischen Gehalt widersprachen und äusserst repressiv wirken konnten. Die aus einer überzeugten Wohlanständigkeit handelnden Wohltäterinnen blickten auf die «sittlich Gefallenen» herab. Zwischen den bürgerlichen Frauen und den Unterschichtfrauen bestand ein Machtgefälle. Die Helferinnen und Beschützerinnen waren die Reinen, auf der anderen Seite waren die Gefallenen. Es ging ihnen in der wohltätigen Arbeit nicht darum, Unterschichtfrauen gleiche Chancen und Möglichkeiten zu eröffnen, sondern es ging darum, diese über Sozialkontrolle und Nacherziehung zu bürgerlicher Tugendhaftigkeit zu erziehen. Hier musste das emanzipatorische Konzept versagen, weil ihr Kampf der Moral galt. Ihr Gleichheitspostulat richtete sich einzig auf die Moral, und die war rigide. So gesehen trugen die bürgerlichen Frauen dazu bei, dass die für

Mann und Frau ungleichen Sexualnormen verfestigt wurden und in den Institutionen, d. h. in der aufkommenden Fürsorge und in den gesetzlichen Bestimmungen, ihren Niederschlag fanden.

Anmerkungen

1 Für Deutschland vgl.: Krabbe Wolfgang, *Gesellschaftsveränderung durch Lebensreform. Strukturmerkmale einer sozialreformerischen Bewegung in Deutschland der Industrialisierungsperiode*, Göttingen 1974.
2 Dominique Puenzieux, Brigitte Ruckstuhl, *Medizin, Moral und Sexualität. Die Bekämpfung der Geschlechtskrankheiten Syphilis und Gonorrhöe in Zürich 1870–1920*, Zürich 1994.
3 *Dem Collecten-Verein zur Hebung der Sittlichkeit* 21 (1900), 4.
4 Detlev J. K. Peukert, *Grenzen der Sozialdisziplinierung. Aufstieg und Krise der deutschen Jugendfürsorge 1878–1932*, Köln 1986.
5 *Dem Collecten-Verein zur Hebung der Sittlichkeit* 21 (1900), 4.
6 In Deutschland und Österreich entstanden während dem Ersten Weltkrieg zahlreiche neue Jugendämter. In der Schweiz machte der Kanton Zürich mit der Schaffung des Kantonalen Jugendamtes 1919 den Anfang. 1920 schuf die Stadt Bern das erste städtische Jugendamt. Briner, *Das Jugendamt des Kantons Zürich*, Separatabdruck aus der Schweizerischen Zeitschrift für Gesundheitspflege (1921), 44–58.
7 *Eingabe des Zürcherischen Frauenbundes zur Hebung der Sittlichkeit* (1892), 1.
8 *50 Jahre Freundinnenarbeit in der Schweiz 1886–1936*, o. O., 3.
9 C. A. Schmid, A. Wild, *«Zürich, deine Wohltaten erhalten dich!» 167 Wohltätige und gemeinnützige Anstalten, Vereine und Fonds der Stadt Zürich*, Zürich 1900, 209.
10 *50 Jahre Freundinnenarbeit*, 4.
11 1936 führte der Verein Freundinnen junger Mädchen 29 solcher Büros.
12 *50 Jahre Freundinnenarbeit*, 4.
13 Anfänglich konzentrierte sich der Verein auf katholische Gebiete. 1900 wurden die ersten Heime in Luzern und Lugano errichtet, bis zum Ersten Weltkrieg folgten weitere in Freiburg (1904), Zug (1906), Solothurn (1911), Chur (1912) und Walchwil (1913). Die als «Bahnhofsmission» bezeichnete Beratung an den Bahnhöfen wurde sehr bald von vollamtlich beschäftigten Agentinnen geleistet. Zuerst 1902 in Luzern, dann folgten 1903 die protestantischen Hochburgen Basel und Zürich, 1905 Rorschach, 1906 Chiasso, 1912 Genf und Freiburg, 1913 St. Margrethen und Lausanne. Für Stellensuchende baute der katholische Mädchenschutz eine Stellenvermittlung und einen Informationsdienst auf. Diese Einrichtungen klärten jede vermittelte Stelle sorgfältig ab. Mehr zum katholischen Mädchenschutz: *50 Jahre Schweizerischer Katholischer Mädchenschutzverein*, o. O., 1946 und Radiosendung vom 9. Oktober 1990, 20.00 Uhr, DRS 1, *Herzlich willkommen im Mariaheim*.
14 *50 Jahre Schweizerischer Katholischer Mädchenschutzverein*, 29–31.
15 *Jahresbericht des Zürcherischen Frauenbundes zur Hebung der Sittlichkeit* (1910), 5.
16 Johann Kaspar Zellweger, Mitglied der Schweizerischen Gemeinnützigen Gesellschaft,

eröffnete 1841 in Bächtelen eine Anstalt für straffällige männliche Jugendliche im Alter von 13–17 Jahren; 1859 wurde in Luzern eine weitere Anstalt mit ähnlichen Zielsetzungen, der Sonnenberg, eröffnet. *Neue Verhandlungen der Schweizerischen gemeinnützigen Gesellschaft über Erziehungswesen, Gewerbefleiss und Armenpflege*, Jg. 1835–1860.

17 *Erklärungen und Begründungen zu unseren Wünschen*, ZB LK 653.
18 *Jahresbericht des Zürcherischen Frauenbundes zur Hebung der Sittlichkeit* (1894), 14.
19 *Jahresbericht des Zürcherischen Frauenbundes zur Hebung der Sittlichkeit* (1893), 16.
20 *Jahresbericht des Zürcherischen Frauenbundes zur Hebung der Sittlichkeit* (1910), 6.
21 *Jahresbericht des Zürcherischen Frauenbundes zur Hebung der Sittlichkeit* (1894), 14.
22 Sachsse Christoph, *Mütterlichkeit als Beruf*, Frankfurt a. M. 1986.
23 *Aufgeschaut! Gott vertraut!* 6 (1913), 10.
24 *Achter Bericht des kantonalen zürcherischen Vereins zur Bekämpfung der öffentlichen Unsittlichkeit und der Schweizerischen Kommission zur Bekämpfung der Unsittlichkeit 1910–1915*, 38.
25 *Erklärungen und Begründungen zu unseren Wünschen*, ZB LK 653.
26 *Eingabe des Zürcher Frauenbundes zur Hebung der Sittlichkeit an den schweizerischen Bundesrat*, September 1893, abgedruckt in: Weiss Theodor, *Die Prostitutionsfrage in der Schweiz und das schweizerische Strafgesetzbuch. Materialien, Betrachtungen und Vorschläge*, Bern 1906, 163–164.
27 Werner Schlegel, *50 Jahre Jugendstrafrechtspflege im Kanton Zürich*, Festschrift zum 50jährigen Bestehen des kantonalen Jugendamtes, Zürich 1969, 117–123. Vgl. auch: Robert Briner, *Verwahrlosung und Kriminalität der schulentlassenen Jugend. Separatdruck aus der Schweizerischen Zeitschrift für Gesundheitspflege* 3 (1923).

ANNA GOSSENREITER

Die Sterilisation in den 1920er und 1930er Jahren als Sozialpolitik und medizinisches Mittel

Medizinisierung sozialer Probleme: Die Eugenikdiskussion

Das ausgehende 19. Jahrhundert suchte in den Naturwissenschaften, d. h. in Anthropologie, Medizin und Biologie, nach Lösungen für soziale Probleme wie Verbrechen, Prostitution, Geschlechtskrankheiten, Alkoholismus. Eifrig wurden die Körper und Schädel von Prostituierten, Verbrechern und Geisteskranken vermessen und statistisch ausgewertet, um den vermuteten Zusammenhang zwischen «Körperbau und Charakter»[1] zu beweisen. Die Theorie Cesare Lombrosos[2] vom «geborenen Verbrecher» hatte Konjunktur, ebenso wie biologistische Auffassungen des Geschlechterverhältnisses und der Geschlechtscharaktere. Erinnert sei hier nur an Möbius (1853–1907) mit seinem Buch über den «physiologischen Schwachsinn des Weibes».
Die Evolutionstheorie Darwins (1809–1882), die in Europa und den USA breit rezipiert wurde, bewirkte eine grundlegende Veränderung der Wahrnehmung der Realität, und zwar in den Kategorien eines wissenschaftlichen biologischen Naturgesetzes. Sie trat damit in Konkurrenz zu einer mehr sozialwissenschaftlich orientierten Weltsicht, wie sie etwa die marxistische darstellt. Die Probleme, die sich mit der Industrialisierung einstellten – Pauperisierung der Massen, Urbanisierung, Auflösung alter Formen sozialer Kontrolle mit Folgen wie Verelendung, Kriminalität, Prostitution, Massenepidemien –, konnten so neu gedeutet werden als «Degenerationserscheinungen», verursacht durch die fehlende «natürliche Auslese» und die überproportionale Vermehrung «minderwertiger» Bevölkerungsschichten. Damit stellte sich schliesslich die Frage nach der Beeinflussbarkeit nicht nur der Quantität, sondern auch der *Qualität* der Bevölkerung.
Die vom britischen Naturforscher Francis Galton (1822–1911) um 1880 gegründete Eugenikbewegung forderte eine Verbesserung der Qualität der Bevölkerung. Damit stellte sie sich in einen Gegensatz zu vielen Intellektuellen und

Politikern, die angesichts sinkender Geburtsziffern in den westlichen Industrieländern um die Jahrhundertwende vor allem nach Quantität riefen.

Mit ihrer Auffassung von der «Entartung» der Völker und dem Glauben, dass in den modernen Industriegesellschaften eine «natürliche Auslese» fehle und also durch eine künstliche Kontrolle und Regulierung der Fortpflanzung ersetzt werden solle, ist die Eugenikbewegung eigentlich antidarwinistisch zu nennen. Denn Darwin glaubte, dass die «Stärkeren» sich von alleine durchsetzen würden («survival of the fittest»), während die Eugenikbewegung nicht das Recht des Stärkeren, sondern eine *staatliche Regulierung* der Fortpflanzung forderte. Insofern ist sie als sozialpolitische Bewegung mit praktischen Zielen zu verstehen. Erreicht werden sollten diese Ziele mit Reformen, und – dies ist das eigentlich Neue an der Eugenik – mit den modernen medizinischen Möglichkeiten des späten 19. bzw. des 20. Jahrhunderts: neben Verhütung und Euthanasie («Beseitigung» verkrüppelter Neugeborener mit «milden Narkosen»[3]) vor allem mit der Sterilisation.

Eugenische Theorien wurden quer durch die politischen Lager aufgegriffen und weiter entwickelt; viele EugenikerInnen verstanden sich als SozialistInnen, und alle verstanden sich als reformerisch und progressiv. Vertreten waren in erster Linie Sexualforscher, Anthropologen, Feministinnen sowie zahlreiche Ärzte und Ärztinnen, unter ihnen viele Psychiater.

Das positivistisch-naturwissenschaftliche Denken war in der Psychiatrie sehr wirksam. Die Hoffnung, dass alle Geisteskrankheiten letztlich Gehirnkrankheiten seien, führte zur Überinterpretation der Rolle der Vererbung. Die Annahme der Erblichkeit wurde auch auf die sogenannten Psychopathien und auf charakterliche Merkmale ausgedehnt. Das Vorhandensein solcher «geistiger» oder «charakterlicher» Krankheiten wurde am Massstab des erwünschten sozialen Verhaltens gemessen, soziales Fehlverhalten wurde zunehmend pathologisiert.

Einfluss der Eugenikbewegung in der Zürcher Psychiatrie

In Zürich wirkte mit dem Psychiater August Forel ein führender und sehr einflussreicher Vertreter der Eugenikbewegung. Forel vertrat wie andere Eugeniker die Ansicht, dass soziale Probleme ihre Ursachen weniger in den bestehenden Verhältnissen als vielmehr in den betroffenen Personen, konkret in deren genetischer Veranlagung, hätten. Man müsse diese Probleme an der Wurzel an-

packen, meinte er, also in das Fortpflanzungsverhalten sozial Unangepasster eingreifen. Forel war ausserdem ein unermüdlicher Kämpfer gegen Alkohol, Prostitution und soziale Missstände, die er als «keimverderbende Einflüsse» auffasste, also als negative Beeinflussung des menschlichen Erbmaterials. Die gesunden, «wertvollen Anlagen» waren seine Obsession. Er glaubte, dass sich alles vererbe, «bis auf die feinsten Nuancen des Gemütes, der Intelligenz und des Willens, bis auf kleine Details in den Nägeln, den Haaren, der Knochenform etc.».[4]
August Forel führte in der Schweiz 1892 die ersten Kastrationsexperimente aus eugenischen Gründen durch und machte kein Hehl aus seinen Intentionen: «Ich liess auch ein hysterisches vierzehnjähriges Mädchen kastrieren, deren Mutter und Grossmutter Kupplerinnen und Dirnen waren und die sich bereits aus Vergnügen jedem Knaben auf der Strasse hingab, weil ich dadurch der Entstehung unglücklicher Nachkommen vorbeugen wollte. Damals war es Mode, Hysterische therapeutisch zu kastrieren und ich nahm diese Mode als Vorwand für mein Vorgehen, das in Wirklichkeit nur einen sozialen Zweck hatte.»[5]
Das Vorbild Forels, der von 1879 bis 1898 Direktor der psychiatrischen Klinik Burghölzli in Zürich war, hatte auf seine Nachfolger und Schüler einen enormen Einfluss. Die Zürcher Psychiatrie stand bis weit in die 40er, wenn nicht bis in die 50er Jahre ganz in seiner Tradition.
Das gilt für den Forel-Schüler und Nachfolger Eugen Bleuler, Direktor der psychiatrischen Klinik Burghölzli von 1898 bis 1927, ebenso wie für Hans W. Maier, Direktor des Burghölzli von 1927 bis in die 40er Jahre, und viele andere.[6]
Die Eugeniker unter den Ärzten und Psychiatern versuchten ihre Überzeugung, dass sozial unangepasstes Verhalten weniger eine Frage des Willens oder eine Folge von Milieueinflüssen sei als vielmehr eine Frage der Vererbung, auch in der Fürsorge durchzusetzen. Denn gerade die soziale Fürsorge trug nach eugenischer Auffassung zur Vermehrung der Asozialen und Kranken bei, «weil die [...] Sorge für die Hilflosen diese eben nicht zugrunde gehen lässt, wie es unter natürlichen Umständen der Fall ist».[7] In zahlreichen Vorträgen vor Armenbehörden und Waisenämtern rechneten Psychiater den Fürsorgebeamten vor, wieviel solche unheilbare, kranke Fürsorgefälle den Staat kosteten und wie sich das Elend mit der Vererbung immer mehr ausbreite. Armut, Unehelichkeit, Verbrechen, Prostitution und geistige Krankheit wurden dabei zuweilen als gleichermassen krankhaft bezeichnet.[8]

Das Vormundschaftsrecht und die Ausdehnung des Kompetenzbereichs von Ärzten und Psychiatern

Das halbe Jahrhundert nach 1895 brachte der Psychiatrie eine ungeahnte Ausweitung der wissenschaftlichen Arbeitsmöglichkeiten und Tätigkeitsbereiche. Die Psychiatrie sprengte «die Begrenzung durch die Anstaltsmauern» und dehnte ihre Tätigkeit auf die «verschiedensten Zweige des sozialen Lebens» aus.[9] Indem Ärzte und Psychiater ihrer Auffassung, dass letztlich jede Abweichung von der gesellschaftlichen Norm einen pathologischen Hintergrund habe, Geltung verschafften, boten sie sich auch als Experten an, welche die bestehenden gesellschaftlichen Probleme zu lösen versprachen.

In der Schweiz wurde mit der Einführung des Zivilgesetzbuches (ZGB) im Jahre 1912 diese Mitsprache institutionalisiert, indem in vielen Fällen, vor allem aber bei Entmündigungen, ein ärztliches bzw. psychiatrisches Gutachten erforderlich war. Diese Gutachtertätigkeit insbesondere verschaffte den Ärzten eine Schlüsselposition.

Der Fürsorgegedanke, der dem Vormundschaftsrecht zugrunde liegt, verbindet Justiz und Medizin und überwindet potentielle Gegensätze, etwa in der Auffassung des freien Willens und der persönlichen Freiheit. Diese Allianz ist nicht unproblematisch, besonders in bezug auf die Entmündigungen wegen Geisteskrankheit. Der Begriff der Geisteskrankheit ist juristisch schwer zu fassen, die Forderung nach einem rein «naturwissenschaftlichen» Krankheitsbegriff, nach «biologischen Tatsachen» nicht einlösbar. Durch das ärztliche Gutachten hat die «Krankheit» aber rechtliche Konsequenzen, also z. B. den Verlust der Mündigkeit und damit der freien Handlungsfähigkeit. Wie weit manche Ärzte hier gehen wollten, zeigt die Forderung des Zürcher Psychiaters Charlot Strasser, der verlangte, dass in Zweifelsfällen die Gesundheit bewiesen werden müsse,[10] was im Endeffekt eine Umkehrung des juristischen Grundsatzes «in dubio pro reo» durch die medizinische Profession bedeutete.

Bei der durch den Föderalismus bedingten Kleinheit der verschiedenen Instanzen in der Schweiz war «stets ein persönlicher Kontakt zwischen den Justizorganen und den massgebenden Vertretern der Ärzteschaft möglich», was der Zürcher Psychiater Maier sehr begrüsste, denn «hierdurch ist es leichter, Schwierigkeiten, die sich der Durchführung neuer Ideen entgegenstellen, zu beseitigen, als in grossen Staatsgebilden». Die Psychiatrie habe deshalb hier unter «besonders günstigen rechtlichen Verhältnissen arbeiten» können.[11] Unschwer, sich vorzustellen, dass durch solche persönliche Kontakte die Fürsorge lückenloser und reibungsloser funktionierte. Damit war aber auch die Gefahr einer für die Betroffenen unüberschaubaren und unangreifbaren Allianz sämtlicher Behörden und Instanzen gegeben.

Institutionalisierte Fürsorge hat immer eine Doppelfunktion: einerseits bedeutet sie Hilfe für die sozial Schwachen, anderseits soll sie die gesellschaftliche Stabilität erhalten und wirkt darum notwendigerweise sozial disziplinierend. Von den EmpfängerInnen sozialer Fürsorge wird immer auch Anpassung an gesellschaftliche Normen gefordert.

Ich habe mich mit Vormundschaftsfällen der Stadt Zürich in den 20er und frühen 30er Jahren befasst, deren mangelnde soziale Anpassung schliesslich zu ihrem Ausschluss von der Fortpflanzung, also zur Sterilisation, führte. Dabei interessierte mich der Aspekt der Pathologisierung sozial auffälligen Verhaltens bzw. die Medizinisierung sozialer Probleme.

Durchsetzung eugenischer Paradigmen in der Fürsorge

Die Agitationstätigkeit der Psychiater bei den Fürsorgebehörden zeitigte Erfolg. Dies belegen u. a. die Jahresberichte der psychiatrischen Poliklinik oder Publikationen der Fürsorgebehörden aus den 20er und 30er Jahren. Wenn die Fürsorger radikalen eugenischen Forderungen auch skeptisch gegenüberstanden und daran festhielten, dass das «Milieu» neben der «Vererbung» eben auch eine wichtige Rolle spielte, so ist doch unverkennbar, dass zum Teil eugenische Positionen übernommen wurden – nicht zuletzt aus Kostengründen. War es doch wesentlich billiger, eine Frau sterilisieren zu lassen, als sie und ihre unehelichen Kinder unterstützen zu müssen.

Die ambivalente Haltung der Behörden zeigt sich z. B. im Geschäftsbericht der Stadt Zürich von 1927: «Mit den vorhandenen Charakter und Geistesanlagen muss natürlich gerechnet werden. Doch zeigt sich dem Fürsorger immer wieder, dass namentlich bei Kindern und Jugendlichen auch die Umgebung von nicht zu unterschätzendem Belang ist [...]; eine gewisse Biegsamkeit ist, wo nicht eigentliche Krankheit vorliegt, doch fast überall noch vorhanden.»[12]

Im Laufe der 20er Jahre wurden der Psychiatrischen Poliklinik immer mehr «nichtgeisteskranke» Menschen überwiesen, bei denen «ihre Lebensführung oder die Art ihrer Delikte den Verdacht einer Geisteskrankheit erweckt hatten». Dies seien meist «moralisch minderwertige verbrecherische oder haltlose Menschen».[13] Und im Jahresbericht von 1926 heisst es: «Die sozial-psychiatrische Bedeutung unserer Poliklinik tritt mit ihrem längeren Bestehen immer mehr in den Vordergrund. So wurden uns z. B. von den Behörden immer mehr Fälle überwiesen, um den Ursachen der Verarmung oder Verwahrlosung psychiatrisch nachzugehen.» Zwischen 1919 und 1933 stieg auch die Zahl der Entmündigten nach Art. 369 ZGB (wegen Geistesschwäche und -krankheit) in der Stadt Zürich von 513 auf 1071 an – sie hatte sich in 14 Jahren mehr als verdoppelt.

Sterilisation aus eugenischen Gründen als Frauenschicksal

Die Sterilisation aus eugenischen Gründen ist in der Schweiz ein ausgesprochenes «Frauenthema» – es wurden hierzulande fast nur Frauen sterilisiert, im Gegensatz etwa zu den USA oder zum nationalsozialistischen Deutschland. Im Kanton Waadt, der als einziger Kanton der Schweiz seit 1928 eine Sterilisationsgesetzgebung kannte, die Sterilisationsmassnahmen bei unheilbar geisteskranken und -schwachen Personen vorsah, wurden zu 90% Frauen sterilisiert.[14]
Die Überzeugung, dass die Sterilisationsfrage eine «Frauenfrage» sei, wurde bereits 1929 von einer Leserbriefschreiberin vertreten, die das waadtländische Sterilisationsgesetz kommentierte und kritisierte, dass das Problem männlicher Sexualgewalt gegen weibliche Schwachsinnige nicht anders gelöst werde und dass das Gesetz von einem ausschliesslich männlichen Gremium beschlossen worden sei. Man liefere die «Anormalen» den Psychiatern und Neurologen aus und löse für die Betroffenen keine Probleme.[15]
Auch die aus eugenischen Gründen sterilisierten Mündel der Vormundschaftsbehörde Zürich waren fast alle weiblich, aber waren sie tatsächlich «schwachsinnig»? Der sogenannte Schwachsinn erweist sich bei der Untersuchung der Akten als ausgesprochen dehnbarer Begriff. Er bezeichnet nicht nur intellektuelle Defizite, sondern auch moralische, was sich etwa im Begriff des «moralischen Schwachsinns» deutlich zeigt. Oft handelt es sich beim «Schwachsinn» auch schlicht um mangelnde Bildung oder darum, dass ein Psychiater, der aus der Oberschicht stammte, unfähig war, die Lebensweise dieser Frauen, die durchwegs aus der Unterschicht stammten, zu verstehen, geschweige denn zu akzeptieren.
Bei den meisten Frauen, die sterilisiert wurden, waren uneheliche Schwanger-

schaften mit im Spiel. Dies ist eine Erklärung dafür, dass die Massnahme der Sterilisation fast nur Frauen traf: durch unerwünschte Schwangerschaften gerieten sie in die Maschinerie von Psychiatrie und Fürsorge. Die Psychiatrie wollte mit Sterilisationen ihre eugenischen Ziele erreichen, und die Fürsorge wollte für uneheliche Kinder und arme Mütter nicht bezahlen.

Dies verdeutlicht ein Auszug aus einem Gutachten von 1927: «Nach den bisherigen Erfahrungen muss damit gerechnet werden, dass bei der absoluten Hemmungs- und Einsichtslosigkeit der Expl. wieder neue Schwängerungen und Geburten eintreten werden, deren Früchte von ihr nicht erhalten werden können und somit dem Staate zur Last fallen. Dass von eugenischem Standpunkte aus die Kinder einer solchen Mutter der Gesellschaft keinen wertvollen Zuwachs bedeuten können, ist evident.»

Ein wichtiger Grund liegt meines Erachtens aber auch in der «Freiwilligkeit» des Eingriffs. Es gab kein Zwangssterilisationsgesetz, wie es in Deutschland 1934 eingeführt wurde. Die Betroffenen mussten ihre Einwilligung geben, und die war offenbar von Frauen leichter zu erhalten. Ein Arzt hielt 1938 seine diesbezüglichen Erfahrungen wie folgt fest: «Wir können immer wieder feststellen, dass der Eingriff von den Frauen viel leichter angenommen wird als von den Männern. Die Männer sehen auch in der Sterilisation eine eigentliche Kastration im psychologischen Sinne und gegen dieses Vorurteil ist bis jetzt nur schwer anzukämpfen.»[16]

Männer liessen sich von den Argumenten der Ärzte offenbar nicht überzeugen. Hans W. Maier, Burghölzli-Direktor ab 1927, schrieb 1938 nach jahrelanger einschlägiger Erfahrung, dass der Eingriff «bei Frauen häufiger und meist auch mit weniger Schwierigkeiten durchgeführt werden» könne als bei Männern, «die ja in dieser Richtung viel weniger kontrollierbar sind und schwerer sich zur Operation entschliessen».[17] Bei entschiedenem Widerstand war die Sterilisation für die Ärzte mit einem gewissen Risiko verbunden. Sie mussten damit rechnen, dass Betroffene oder ihre Angehörigen später wegen Körperverletzung Anzeige erstatteten.

Andere Faktoren, wie z. B. sexistische Vererbungstheorien, die behaupteten, der Schwachsinn oder asoziales Verhalten von Frauen vererbe sich viel stärker als der von Männern, mögen zusätzlich eine Rolle gespielt haben (vgl. Anm. 7).

Die Pathologisierung und Sterilisation «haltloser» Frauen

Zunehmend wurden nun «lasterhafte» Frauen psychiatrisch begutachtet und pathologisiert. Sie wurden wegen Schwachsinn, moralischem Schwachsinn, pathologischem Lügen und dergleichen entmündigt. Ihr Sexualverhalten spielte dabei eine entscheidende Rolle. Zum Teil wurden sogar Prostituierte in Irrenanstalten gesperrt. «Die durch die Vormundschaftsbehörde beantragte Einweisung konnte zwar nicht mit der Begründung der Prostitution erfolgen, sondern musste eine geistige Störung (eigentliche Geisteskrankheit, pathologischer Charakter etc.) namhaft machen, aber solche finden sich ja bekanntlich bei einem sehr grossen Prozentsatz der Prostituierten.»[18] Für den Autor, einen Juristen, ist es eine nicht zu hinterfragende Tatsache, dass Dirnen zu einem grossen Teil pathologisch veranlagt seien.

Der Fall *Ida H.* z. B. galt als Dirne und wurde in eine psychiatrische Klinik eingewiesen. Sie hatte sich «ausser mit den vom Vaterschaftsprozess ihres ausserehelichen Knaben her bekannten Männern noch mit verschiedenen anderen ganz leichtsinnig [...] in geschlechtliche Beziehungen eingelassen» und hatte sich mit einer Geschlechtskrankheit angesteckt. Überdies sass sie wegen Betrügereien in Untersuchungshaft. Sie wurde nach Art. 370 und Art. 369 entmündigt, wegen «moralischer Imbezillität» und «Pseudologia Phantastica» (krankhafte Lügensucht). Das psychiatrische Gutachten bezeichnet sie als «haltlose Psychopathin mit starker Phantasie, Neigung zu hysterischen Symptomen und angeborener Schwäche».[19]

«Es empfehle sich, da sie nach den bisherigen Erfahrungen nicht in der Freiheit belassen werden könne, eine längere Internierung in der Anstalt Rheinau [psychiatrische Anstalt]. Gestützt auf dieses Zeugnis [ärztliches Gutachten des Burghölzli] konnte ihre Aufnahme in der Anstalt Rheinau erwirkt werden, allerdings erst nach Verhandlungen mit der Anstaltsdirektion, die anfänglich den Einwand erhob, Ida H. gehöre als Dirne in eine Korrektionsanstalt.»[20]

Nach einem kurzen Intermezzo in Freiheit wurde Ida H. ins Burghölzli eingeliefert und die Direktion «um ein Gutachten darüber ersucht, ob es nicht angezeigt sei, an Ida H. die Sterilisation vorzunehmen».[21] Ausser ihrem «moralischen Defekt» und ihrer Lügenhaftigkeit bestand bei ihr keine Geisteskrankheit, aber es reichte, um sie psychiatrisieren zu können.

Bei der psychiatrischen Begutachtung spielten soziale Kriterien und Geschlechtsnormen eine entscheidende Rolle. «Der Begriff der Geisteskrankheiten ist eben

kein medizinischer sondern ein sozialer», schrieb Eugen Bleuler 1919 hellsichtig. «Geisteskrankheiten sind ursprünglich Abweichungen von der geistigen Norm, die ihren Träger sozial untüchtig machen oder ihm erhebliche Schwierigkeiten bereiten», schrieb er weiter. Und was die betroffenen Frauen sozial untüchtig machte, waren ihre unkontrollierbare Sexualität bzw. ihre unehelichen Schwangerschaften und Männerbeziehungen.
Die am häufigsten festgestellte «Devianz» von Frauen, von Psychopathinnen oder Geistesschwachen, war denn auch «sexuelle Haltlosigkeit». Diese galt bei Frauen als krankhaft und gleichzeitig verbrecherisch und asozial. Denn die wirtschaftliche und soziale Nützlichkeit der Frauen wurde vorrangig in ihrer Gebärfähigkeit sowie in der Haushaltführung und Kindererziehung gesehen. Als weibliche Norm galt die Ehefrau, die als einfühlsame Hausfrau für das leibliche und seelische Wohl ihrer Familie sorgte. Durch sexuelle Kälte und Selbstkontrolle hatte sie das systemgefährdende Potential der Sexualität zu kanalisieren und zu entschärfen.

Sterilisationskriterien bei Frauen: Beispiele

Die folgende Zusammenstellung einiger Fälle zeigt, aus welchen Gründen sterilisiert wurde und welche Kriterien bzw. welche Abweichungen von der weiblichen Norm eine Sterilisation nach sich ziehen konnten.
1. Uneheliche Schwangerschaften und wechselnde Männerbeziehungen. Das ledige Dienstmädchen Dora S. wurde 1923 im Alter von 25 Jahren ungewollt schwanger. Die Vaterschaft konnte nicht eindeutig festgestellt werden, da Dora S. in der fraglichen Zeit mit zwei oder drei Männern geschlafen hatte. Ein psychiatrisches Gutachten ermöglichte schliesslich die Abtreibung, diagnostiziert wurde Psychopathie. Unter dem Einfluss der Schwangerschaft könnten psychische Gleichgewichtsstörungen auftreten, meinte der Gutachter, und «[…] aus diesem Grunde halten wir die Berechtigung für vorliegend, die Schwangerschaft zu unterbrechen, sind aber der Meinung, dass gleichzeitig eine Sterilisation ausgeführt werden sollte, um für später die nämlichen Komplikationen zu vermeiden.» Ausserdem müsse man die Frau entmündigen, damit sie durch die Sterilisation nicht noch haltloser werde und sich vielleicht gar prostituiere.
Die Abfolge von unehelicher Schwangerschaft, Sterilisation (oder, wahlweise, jahrelange Internierung) und Entmündigung ist für viele Fälle aus der Zeit typisch.

Damit wurden Frauen, nicht nur auf sexuellem Gebiet, total überwacht, kontrolliert und entrechtet.

2. *Haushaltsführung.* Ein weiteres Kriterium bei der Sterilisation war die Fähigkeit, einen Haushalt selbständig zu führen. Der Zürcher Psychiater Sigwart Frank schreibt 1925: «Wir müssen uns klar darüber sein, dass die Führung eines Haushalts für eine normale Frau ganz erheblich mehr Sache des Gefühlslebens als des Verstandes ist. [...] Das Studium der abnormen Frau kann uns erst richtig die Augen darüber öffnen, was eine normale, tüchtige Hausfrau wirtschaftlich bedeutet.» Eine geistig «abnorme» Frau, so impliziert Frank damit, sei eben nicht fähig, einen Haushalt zu führen, bzw. das Fehlen dieser Fähigkeit deute eben auf eine «Abnormität» hin.

Die Haushaltsführung war u. a. Thema eines Gesprächs zwischen der Dienstmagd Olga S. und ihrem Gutachter. Dieser schreibt an die Vormundschaftsbehörde: «Zuerst besteht sie darauf, dass sie noch Kinder haben möchte, lässt sich dann aber doch klar machen, dass ich ihr das entschieden abraten müsse, einmal weil die Kinder voraussichtlich in den Nerven schwach sein würden und dann, weil sie nicht fähig sei, Kinder zu erziehen oder einen Haushalt mit solchen richtig zu führen.» Olga S. wehrte sich: «Sie hat verschiedene Einwände: sie habe schon ein Kind und das sei gesund. Es sei allerdings auch gerne lustig, wie sie, Olga.» Ausserdem argumentiere die junge Frau, dass sie sehr wohl fähig sei, einen Haushalt zu führen.

Ihr Widerstand hatte Erfolg: sterilisiert wurde sie nicht, dafür wurde sie interniert; dies biete «ihr Schutz vor ihr selbst und vor leichtfertigen Mannspersonen». Es ging Behörden und Psychiater einzig darum, weitere uneheliche bzw. «minderwertige» Kinder zu verhindern.

3. *Sterilisation als Therapie: «Abschwächung der Sexualität».* In einer medizinischen Dissertation aus dem Jahre 1925 finden sich auch Hinweise auf regelrechte Experimente an Frauen, etwa fragwürdige Sterilisationsmethoden zur «Abschwächung der Sexualität»: «Dieses intelligente, aber arbeitsscheue psychopathische Mädchen lebte nur von der Strasse.» Bereits als 14jährige sei sie geschlechtskrank gewesen: «Um sie wenigstens vor Nachkommenschaft zu schützen, wurde sie sterilisiert. Auf ihre Psyche hatte die Operation gar keine Wirkung. Sie musste schliesslich ihres moralischen Defektes wegen zu dauernder Internierung in eine Anstalt gebracht werden. Um ihre Sexualität abzuschwächen, wurde 1923 die Röntgenkastration vorgenommen. Der Erfolg derselben war aber sehr gering, so dass doch noch die operative Kastration ausgeführt

werden musste. Die Patientin beruhigte sich nachher sehr rasch und konnte entlassen werden.»[22]

Die Indikationen verwischen sich: Nicht immer ist explizit von eugenischen oder rassenhygienischen Bedenken die Rede. Ob gesundheitliche Risiken, soziale oder rassenhygienische Faktoren den Ausschlag gaben, lässt sich nicht immer feststellen. Die Angaben über die Anzahl der Sterilisationen überhaupt und speziell aus eugenischen Motiven sind lückenhaft.

Ich habe hier einige Zahlen zusammengetragen. 1926 etwa wurden in der Psychiatrischen Poliklinik Zürich 67 Frauen sterilisiert, 1927 waren es 122. In der Basler Frauenklinik waren es zwischen 1920 und 1933 insgesamt 960 Frauen. Die Amtsvormundschaft Zürich gibt zwischen 1908 und 1934 die Zahl von 60 Sterilisierten an, wovon 51 Frauen. Bei diesen Fällen spielte nach Angaben der Behörde das eugenische Moment die Hauptrolle.

Eine 1937 publizierte Studie über die Folgen der Sterilisation untersuchte das Befinden von 293 sterilisierten Frauen, bei welchen das eugenische Motiv ausschlaggebend gewesen war: «[...] alle Fälle sind erblich stark mit Schwachsinn oder Psychopathie belastet.»[23]

Die Folgen der Sterilisation

Die Sterilisationsmassnahmen richteten sich zentral gegen die Gebärfähigkeit sozial unerwünschter Frauen. Die weibliche Norm aber war die Hausfrau und Mutter. Die von der Sterilisation betroffenen Frauen litten laut der oben erwähnten Studie darunter, keine Kinder mehr haben zu können. Noch mehr aber litten sie unter dem Gefühl, als «ausmerzungsbedürftig» zu gelten.

Während dem psychologischen Moment bei Männern (Angst vor dem Verlust der sexuellen Potenz) von ärztlicher Seite Rechnung getragen wurde, wurde die psychische Auswirkung der Sterilisation auf Frauen oft vernachlässigt oder heruntergespielt. Immerhin konnte es auch nach einer (als unbedenklich dargestellten) Tubensterilisation vorkommen, dass «aus rein psychologischen Momenten», die «mit der anatomischen Veränderung des Genitale direkt nichts zu tun» hatten, «Minderwertigkeitsgefühle, depressive Gedanken» auftraten.[24]

Der Autor der Nachstudie hielt fest, das «weit verbreitete Dogma von der Unschädlichkeit der operativen Sterilisation» sei falsch. Die Nachuntersuchung an sterilisierten Frauen hätte gezeigt, dass in 40% der Fälle «beträchtliche

Nachteile» aufgetreten seien. Dies gelte vor allem für die Sterilisation aus eugenischen Gründen: «Dass hier die Fälle mit ungünstiger seelischer Verarbeitung des Sterilisationserlebnisses verhältnismässig eine noch grössere Rolle spielen als bei der medizinischen Indikation, ist leicht begreiflich. Auch wenn die Sterilisierte mit dem Eingriff, dessen Durchführung ja hier immer von der Umgebung angeregt wird, freiwillig einverstanden war, so kommt es eben doch sehr oft vor, dass die Betreffende erst wenn sie älter wird den Verzicht auf Kinder schmerzlicher empfindet und das Gefühl bekommt, für die Umwelt als Minderwertige gezeichnet zu sein und als schädlich und ausmerzungsbedürftig zu gelten.»[25]

Die Nachteile seien ausschliesslich psychogener Art: «Leiden unter unbefriedigter Mütterlichkeit, unter «gestörter körperlicher Integrität». Einige Frauen hätten «moralisch-religiöse Schuldgefühle», bei anderen würden ihre Sexualität oder die Menstruation «ungünstig beeinflusst». Ferner nennt Binder «Minderwertigkeitsgefühle», die zu Eheproblemen und Neurosen oder auch «paranoider Verarbeitung» führten. Man solle sich bei der eugenischen Sterilisation nicht darüber hinwegtäuschen, dass man den einzelnen (!) oft veranlasse, «um der Gesamtheit willen sehr beträchtliche subjektive Leiden auf sich zu nehmen». Allerdings wertet der Autor die Vorteile, «die durch eine gut begründete, freiwillige eugenische Sterilisierung der Allgemeinheit erwachsen, [...] im allgemeinen höher [...] als das seelische Leiden, welches das operierte Individuum dann in Kauf nehmen muss, wenn es nachträglich mit dem durchgeführten Eingriff doch nicht mehr zufrieden ist».

Genau diese Einstellung, welche die Rechte des Individuums einem abstrakten «Volksganzen» unterordnet, die blind war für das Leiden der Einzelperson, führte im nationalsozialistischen Deutschland zu einer völlig entmenschlichten Psychiatrie. Die Entwicklungen in Deutschland wurden von schweizerischen Psychiatern im übrigen interessiert verfolgt, da und dort wurde fast bedauert, dass in der freiheitlich gesinnten Schweiz so etwas wie das 1934 im Nachbarland eingeführte Zwangssterilisationsgesetz nicht möglich sei. Aber der Klinikdirektor Hans W. Maier, der in früheren Jahren ein solches Gesetz gefordert hatte, hielt schon 1932 fest, die Praxis der prophylaktischen Sterilisation habe sich bewährt, «trotzdem oder vielleicht weil wir keine positiven gesetzlichen Bestimmungen für ihre Durchführung besitzen. Das Wichtige ist, dass uns keine gesetzlichen Hindernisse im Wege stehen.» Zwangssterilisationsgesetze hält Maier nicht mehr für notwendig, denn seiner «Erfahrung nach kann [...] hier durch

Androhung von Sicherungsmassnahmen, z. B. Anstaltsinternierung oder Verwahrung, ein indirekter Druck ausgeübt werden, der den gleichen Erfolg hat wie ein solches Gesetz».[26]

Die schweizerische Bevölkerungs- und Familienpolitik blieb vom aussenpolitischen Bruch von 1945 praktisch unberührt: die Eugenik war in der Schweiz auch nach 1945 ein Thema. Die 1932 gegründete Zentralstelle für Ehe und Sexualberatung, die schon in den 30er Jahren Veranstaltungen zur «Erbverantwortung» durchgeführt hatte, organisierte noch 1949 im Zürcher Volkshaus einen Veranstaltungsabend zum Thema «Verhütung erbkranken Nachwuchses». Referenten waren nicht selten Psychiater. Manfred Bleuler z. B., Sohn Eugen Bleulers und Burghölzli-Direktor, referierte als Mitveranstalter der dritten Tagung der schweizerischen Eheberatungsstellen in seiner Klinik vor Vertreterinnen und Vertretern der Fürsorge zur «psychiatrisch-eugenischen Beratung von Ehekandidaten».[27]

Anmerkungen

1 Kretschmer (o. w. A.), *Körperbau und Charakter*, Berlin 1921.
2 Cesare Lombroso (1836–1909), italienischer Arzt und Anthropologe, veröffentlichte 1876 die Schrift *Der Verbrecher*.
3 August Forel, *Die sexuelle Frage*, München 1905, 399.
4 August Forel, *Sexuelle Frage*, 21.
5 August Forel, *Sexuelle Frage*, 381.
6 Von Forel stark beeinflusst zu sein erklärte auch der Schweizer Psychiater Rüdin, von 1925 bis 1928 Direktor der psychiatrischen Universitätsklinik in Basel, der 1933 als einer der Autoren des offiziellen Kommentars zum deutschen «Gesetz zur Verhütung erbkranken Nachwuchses» zeichnete (Gütt/Rüdin/Ruttke) und der 1937 der NSDAP beitrat. Vgl. August Forel, *Briefe, 1864–1927*, Bern 1968, 322 f.
7 Eugen Bleuler, *Lehrbuch der Psychiatrie*, Berlin 1916, 146.
8 Vgl. Ludwig Frank, *Psychiatrie und Armenpflege*, Zürich 1911. «Von der Erfahrung ausgehend, dass gerade die Vererbung dieser moralischen Defektzustände eine ausserordentlich hochgradige ist, verlangen wir Psychiater die völlige Ausmerzung solcher Menschen aus unserer Gesellschaft, erstens um die Menschheit vor ihnen zu schützen und zweitens um ihre Fortpflanzung hintanzuhalten.» Gerade für Armenpfleger seien diese Fragen von allergrösstem Interesse: So kosteten die Nachkommen einer «mit Defekten veranlagten Frau [...], die 1740 geboren war, den Staat in 75 Jahren an Gefängnis, Unterstützung und direktem Schaden 5 Millionen Mark [...].» So seien 709 der 824 «direkten Nachkommen nicht normal» gewesen, es waren «106 Uneheliche, 181 Prostituierte, 142 Bettler und Vagabunden, 64 im Armenhaus, 76 Verbrecher».
9 Manfred Bleuler, «Die Entwicklung der wissenschaftlichen Psychiatrie und medizinischen Psychologie in Zürich im vorigen halben Jahrhundert (1895–1945)», in: *Festschrift zur 200-Jahr-Feier der Naturforschenden Gesellschaft Zürich*, Zürich 1946.

10 Charlot Strasser, *Psychiatrie und Strafrecht,* Zürich 1927.
11 Hans W. Maier, «Psychiatrische Erfahrungen über Schwangerschaftsunterbrechung und Unfruchtbarmachung», *Deutsche Medizinische Wochenschrift* 58 (1932), 1827.
12 *Geschäftsbericht der Stadt Zürich* (1927), 326.
13 *Jahresbericht der Psychiatrischen Poliklinik Zürich,* 1923.
14 H. Steck, «Die Durchführung des waadtländischen Sterilisationsgesetzes», in: Stavros Zurukzoglu, *Verhütung erbkranken Nachwuchses,* Basel 1938, 232.
15 *La stérilisation des anormaux. Une protestation féminine,* Bulletin féminin, jan. 1929, abgedruckt bei: Philippe Ehrenström, «Eugénisme et politique», *Les Annuelles* 2 (1991), 84.
16 H. Steck, *Die Durchführung,* 232.
17 Hans W. Maier, «Die Gruppe der Schizophrenien», in: Stavros Zurukzoglu, *Verhütung.,* 123.
18 Max Brunner, *Beitrag zum Internierungsverfahren für Geisteskranke,* Diss., Zürich 1924, 42.
19 *Protokollheft des Waisenamtes der Stadt Zürich,* 9. Januar 1923.
20 *Protokollheft,* 1. Oktober 23
21 *Protokollheft,* 19. November 25.
22 Sigwart Frank, *Praktische Erfahrungen mit Kastration und Sterilisation psychisch Defekter in der Schweiz,* Diss., Berlin 1925, 44.
23 Hans Binder, zit. in: Stavros Zurukzoglu, «Probleme der Eugenik», in: Ders. (Hg.), *Verhütung erbkranken Nachwuchses,* Basel 1938, 45.
24 Guggisberg, «Die Aufgabe der Gynäkologie», in: Stavros Zurukzoglu, *Verhütung erbkranken Nachwuchses,* Basel 1938, 76.
25 Der ganze folgende Abschnitt bezieht sich auf Hans Binder, *Psychiatrische Untersuchungen,* zit. in: Stavros Zurukzoglu, «Probleme der Eugenik», 44–46.
26 Hans W. Maier, *Psychiatrische Erfahrungen,* 1830.
27 Vgl. dazu den Artikel von Martin Lengwiler, Nadja Ramsauer und Thomas Meyer, «Wer hat Angst vor der Eugenik?», *WochenZeitung (WoZ),* 14. April 1995.

Adressen der Autorinnen und Autoren / Adresses des auteures

Lynn BLATTMANN, Klusstrasse 3, 8032 Zürich
Sabina BRÄNDLI, Rindermarkt 16, 8001 Zürich
Susanna BURGHARTZ, Arlesheimerstrasse 5, 4053 Basel
Simone CHIQUET, Pfirsichstr. 17, 8006 Zürich
Kathrin DÄNIKER, Neufeldstr. 128, 3012 Bern
Anna GOSSENREITER, Rötelsteig 4, 8037 Zürich
Rudolf JAUN, Zeunerstrasse 7, 8037 Zürich
Anne-Lise HEAD-KÖNIG, Rebgasse 9, 4147 Aesch
Eva KLESLI, Samaritergasse 7, 1700 Freiburg
Martin LENGWILER, Feldstr. 60, 8004 Zürich
Sybille MALAMUD, Bolleystrasse 42, 8006 Zürich
Liliane MOTTU-WEBER, 29 Chemin des Pinsons, 1226 Thônex
Chantal OSTORERO, Mon Moulin, 1813 St-Saphorin
Dominique PUENZIEUX, Zurlindenstr. 47, 8003 Zürich
Brigitte RUCKSTUHL, Winzerhalde 10, 8049 Zürich
Marianne RYCHNER, Winkelriedstr. 34, 3014 Bern
Annamarie RYTER, Hirzbrunnenallee 47, 4058 Basel
Kathrin SIMON-MUSCHEID, Baslerstrasse 235, 4123 Allschwil
Regina WECKER, Gstadstrasse 13, 4153 Reinach

Weitere Bücher aus dem CHRONOS Verlag

Claudia Hagmayer, Bis dass der Tod Euch scheidet. Witwen in der Schweiz um 1900. ISBN 3-905311-36-4

Martin Leuenberger, Mitgegangen – mitgehangen. «Jugendkriminalität» in Basel 1873–1893. ISBN 3-905278-46-4

Christine Luchsinger, Solidarität, Selbständigkeit, Bedürftigkeit. Der schwierige Weg zu einer Gleichberechtigung der Geschlechter in der AHV 1939–1980. ISBN 3-905311-66-6

Dominique Puenzieux, Brigitte Ruckstuhl, Medizin, Moral und Sexualität. Die Bekämpfung der Geschlechtskrankheiten Syphilis und Gonorrhöe in Zürich 1870–1920. ISBN 3-905311-52-6

Gregor Spuhler u. a. (Hg.), Vielstimmiges Gedächtnis. Beiträge zur Oral History. ISBN 3-905311-45-3

Eva Sutter, «Ein Act des Leichtsinns und der Sünde». Illegitimität im Kanton Zürich: Recht, Moral und Lebensrealität (1800–1860). ISBN 3-905311-35-6

CHRONOS Verlag
Münstergasse 9
CH-8001 Zürich
Tel. (01) 252 49 83   Fax (01) 252 49 22